KB266037

자본론을
읽는 시간

자본론을 읽는 시간

카를 마르크스 원저 | 김수행 지음 | 박도영 정리

Karl Marx

해냄

나와 『자본론』

나는 1975년 9월부터 1982년 2월까지 런던대학교에서 경제학을 공부하고 『마르크스의 공황론』으로 경제학 박사학위를 받았습니다. 박정희와 전두환의 독재정치와 '빨갱이 사냥'이 극성을 부리던 이 기간에, 외국에서지만 마르크스를 공부하는 것은 큰 모험이었습니다. 그냥 좋아서 마르크스를 연구하는 것이 아니라 한국에 가서 한자리를 차지하고 싶은 생각이었다면, 당연히 마르크스는 피해야 할 대상이었습니다. 나는 가족과 함께 런던 한복판인 첼시의 학교 기숙사에 살면서도 전화를 놓지 않았습니다. 내가 마르크스를 연구하는 것이 알려지면, 한국에 돌아가지도 못할까 걱정했기 때문입니다.

영국에서 나에게 친구란 아내밖에 없었고, 나는 답답할 때마다 아내를 펍에 데리고 가서 내가 알아낸 마르크스 이론을 설명하곤

했습니다. 아내는 우리 집안을 먹여 살리는 데는 매우 뛰어났지만, 마르크스 이론은 잘 이해하지 못했습니다. 나는 어떻게 하면 아내가 쉽게 이해할 수 있을까를 고심하다가, 누구보다 마르크스 이론을 쉽게 설명할 수 있게 되었습니다. 학생 여러분도 이 책이 쉽고 재미있다고 생각할 것입니다.

왜 내가 마르크스를 좋아하게 되었을까요? 나는 어릴 적부터 우리 사회에 대한 불만이 있었습니다. 공부 잘하던 친구들이 중학교·고등학교·대학교에 가지 못하는 것을 보면서, '그 친구들이 계속 공부한다면, 우리 사회가 더 좋아질 텐데……' 하고 안타까워하던 기억이 납니다. 우리 사회가 이들로 하여금 중도에 학업을 포기하게 하는 것은 큰 문제라는 생각을 가지게 된 것입니다.

그렇게 좋다는 서울대학교 경제학과에 들어와서도 우리 사회에 관한 나의 궁금증을 해명하는 강의는 하나도 없었습니다. '상품들 사이의 수요와 공급'이 경제문제를 항상 해결하며, 이 해결책이 언제나 개인과 사회 전체에 가장 좋은 결과를 가져온다는 것이었습니다. 현실과는 완전히 동떨어진 결론을 내면서 희희낙락하는 꼴이 가관이었습니다. 그러나 다행하게도 나는 전통 깊은 학생 동아리에 들어가서 경제학과 한국 사회에 대한 선배들의 비판을 많이 들을 수 있었고, 동기 그리고 선후배 들과 나눈 이야기 속에서 새로운 것을 더 많이 알게 되었습니다.

걸핏하면 간첩단 사건을 조작하여 반공의식을 고취하는 분위기 속에서는, 대부분의 학자와 지식인 들은 자본주의와 한국의 독재정치, 재벌경제, 남북분단 등의 기존 체제에 문제점을 제기하는 것조

차 두려울 수밖에 없었습니다. 그래서 한국어로 된 사회과학 책은 읽을 것이 별로 없었고, 3개월 동안 학원에서 일본어를 배워 일본 책을 읽기 시작했습니다.

인류의 경제적 역사인 경제사에 관한 책에서, 인류는 '원시공산 사회→노예 사회→봉건 사회→자본주의 사회'를 거쳤으며, 사회주의 또는 공산주의 사회로 발전하여 간다는 이야기를 처음 접했습니다. 나로서는 참으로 대단한 발견이었습니다. '아하, 지금과 같은 엉터리 사회는 변할 수밖에 없다는 것이지.' 이 '역사발전단계설'을 마르크스가 처음 제시했다는 것도 알게 되었습니다. 또한 인류 역사가 한 단계에서 다른 단계로 발전하는 것은 지배계급과 피지배계급 사이의 계급투쟁에 의한 것이라는 주장도, 1961년에 벌어진 5·16군사정변 이래 항상 보고 듣는 현실과 일치하기 때문에, 더욱 이해하기가 쉬웠습니다.

그리고 대학 3학년 때 경제학의 역사인 경제학사를 공부하게 되었는데, 경제학사의 큰 줄기의 하나인 '마르크스경제학'을 빼고 강의하는 것이었습니다. 분명히 이 분야를 연구한 교수가 있었을 텐데, 정부의 탄압을 예상했는지 강의할 생각도 하지 않는 것이었습니다. 그래서 여러 일본 책들을 보면서 어렵게 마르크스경제학을 공부하다 보니, 저자들 사이에 해석이 달라 헷갈리는 부분이 매우 많았습니다. 마르크스가 직접 쓴 『자본론』을 구할 수가 없어 읽을 수 없었기 때문입니다.

이 어려움은 1972년 2월부터 한국외환은행 런던 지점에 근무하면서 해결되었습니다. 서점에 들렀더니 마르크스의 『자본론』이 쫙

깔려 있었습니다. 이런 나라도 있나 하고 깜짝 놀랐습니다. 1968년에 프랑스에서 일어난 학생과 노동자 들의 혁명과 함께, 자본주의를 비판하는 마르크스 사상이 부활했기 때문입니다.

2010년 4월 오늘도 실업자와 인민대중('국민대중'이라고 말하면 한국 국적을 가져야 한다는 것이 마음에 걸리고, '서민'이라고 하면 중류 이하의 사람이라는 의미가 있어 마땅하지 않아, 부자나 특권층을 뺀 사람들은 '인민대중'이라고 부르기로 함)이 매우 어려운 생활에 허덕일 뿐 아니라, 수십만의 청소년들이 수만 개의 일자리를 놓고 서로 차지하려고 악전고투하고 있습니다. 과학기술이 놀랄 만한 수준에 이르렀고, 인간들의 지식과 능력도 전보다 훨씬 더 개발되었으며, 사회 전체의 부가 엄청난 규모로 축적되었는데도, 인간의 대부분이 자살을 생각할 정도로 삶에서 기쁨을 느끼지 못하고 있다는 사실은, 분명히 자본주의 체제에 무슨 큰 문제점이 있기 때문일 것입니다. 마르크스의 『자본론』은 여러분에게 이 문제점이 무엇인가를 속 시원하게 알려줄 것입니다.

2010년 4월

김수행

『자본론』은 어떤 책인가

카를 마르크스는 1867년 7월에 『자본론』 제1권(자본의 생산과정) 독일어 제1판을 발간했습니다. 제1권은 마르크스 자신이 독일어 제2판(1873년), 프랑스어판(1872년부터 1875년까지 신문에 연재함)까지 출판했으므로, 그 내용이나 문체에서 가장 완전하게 마르크스 자신의 것입니다. 그러나 『자본론』 제2권(자본의 유통과정)과 제3권(자본주의적 생산의 총과정)은, 마르크스가 죽은 뒤, 엥겔스가 마르크스가 남긴 원고들을 정리해서 각각 1885년과 1894년에 독일어로 발행했습니다.

따라서 제2권과 제3권에 대해서는 마르크스가 남긴 원고들을 엥겔스가 모두 포함시켰는가 또는 편집하는 과정에서 엥겔스의 생각이 너무 많이 들어간 것이 아닌가 하는 의문이 제기되기도 합니다만, 지금

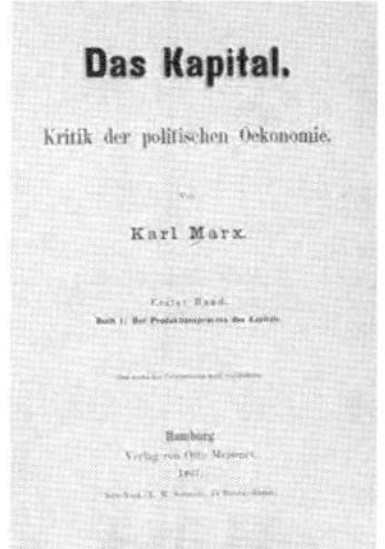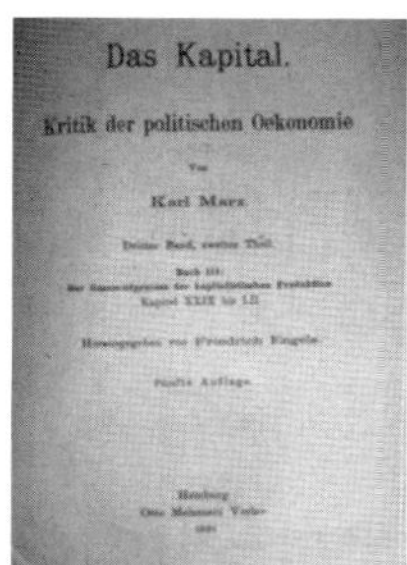

『자본론』 제1~3권 표지

까지의 결론은 '엥겔스의 편집이 매우 공정하다'라는 것입니다.

책 이름이 『자본론』Disa Kapital 또는 Capital 이니까 '자본'에 관한 책이라는 것은 분명합니다. 흔히들 국정원, 검찰, 경찰이 이야기하듯이, "『자본론』은 사회주의나 공산주의에 관한 책이다"라는 판단은 전혀 옳지가 않습니다. 이것은 책 전체의 분량 중 사회주의(또는 공산주의, 마르크스는 두 용어를 동일한 의미로 사용했음)에 관한 이야기가 아주 적다는 사실에서도 분명히 나타나고 있습니다.

한국어판 『자본론』(김수행 옮김, 비봉출판사)에서 인명 해설, 참고 문헌, 색인을 뺀 분량을 보면, 제1권(상·하, 2015 개역판)이 1,062쪽, 제2권(2015 개역판)이 664쪽, 그리고 제3권(상·하, 2015 개역판)이 1,151쪽으로 총 2,877쪽인데, 이 중 자본주의 이후의 새로운 사회에 관해 이야기한 것을 모으면 13쪽(0.5퍼센트)밖에 되지가 않습니다. 결국 『자본론』에는 '자본주의가 어떻게 유지되고 발전되는가?'에 관한 연구가 전체의 99.5퍼센트를 차지하는 데 반해, '자본주의가 무슨 이

유로 새로운 사회로 넘어가는가? 새로운 사회의 특징은 무엇인가?'
에 대한 언급은 0.5퍼센트에 지나지 않는다는 것입니다. 물론 이렇
다고 해서 『자본론』이 자본주의 체제를 옹호하고 있다는 이야기는
아닙니다. 자본주의 체제를 과학적으로 분석하고 있기 때문에, 자
본주의 체제의 문제점을 제시하고 논리적으로 비판하고 있다고 말
해야 옳을 것입니다.

　『자본론』의 내용을 파악할 때 반드시 기억해야 할 것은, 마르크
스가 '인간의 노동'을 무엇보다도 강조하고 있다는 점과, 경제를 구
성하는 생산·교환·분배·소비의 영역 중에서 '생산'을 가장 중시하
고 있다는 점입니다. 인간이 자연에 노동을 가하여 필요한 것을 얻
지 못하면 인간과 인간 사회는 존속할 수 없습니다. 왜냐하면 인간
은 육체적·정신적 노동을 통해 의식주와 문화생활에 필요한 재화와
서비스를 얻고 있을 뿐만 아니라, 개인의 육체적·정신적 능력과 인
류의 사회적·집단적 능력을 개발하고 있기 때문입니다.

　뒤에서 자세히 설명하겠지만, 마르크스는 "인간의 노동만이 새로
운 가치 또는 부를 창조한다"라고 말하고 있는데, 이것이 노동가치
설의 기본입니다. 그리고 마르크스가 경제의 구성 요소 중에서 생
산을 가장 중시한다는 것은, 생산하지 않으면 교환·분배·소비가 있
을 수 없다는 의미뿐만 아니라, 무엇을 어떻게 생산하는가에 따라
교환·분배·소비의 형태가 달라지기 때문입니다. 예컨대 모든 노동
자가 공동으로 노동해서 쇠고기를 생산한다면, 쇠고기를 시장에 가
져가서 팔기보다는 그냥 노동자 각자의 노동시간에 따라 나눌 수도
있을 것이며, 쌀만 먹다가 쇠고기를 먹게 되어 나이프와 포크가 필

요하게 될 것이기 때문입니다.

마르크스는 『자본론』 제1권의 서문에서 『자본론』의 목적은 '자본주의 사회의 경제적 운동법칙을 밝히는 것'이라고 말합니다. 다시 말해 자본주의 사회가 경제적인 측면에서 볼 때 어떤 요소들로 구성되어 있으며, 이런 구성 요소들이 어떤 관계를 맺고 있는가, 그리고 이 관계는 어떻게 변화·발전하고 있는가를 밝히려고 한 것입니다.

여기에서 말하는 경제적인 측면에서 본 자본주의 사회의 구성 요소들은, 쉽게 설명하면, 자본주의 사회를 구성하는 경제적 계급들입니다. 그는 당시 '세계의 공장'이던 1850년대의 영국에서 경제와 경제학을 연구했기 때문에, 자본주의 사회의 경제적 계급들을 현재와 마찬가지로 자본가 계급·지주 계급·임금노동자 계급으로 크게 나누었으며, 자본가 계급은 다시 산업자본가 계급·상업자본가 계급·금융자본가 계급으로 나눴습니다. 그리고 이들 계급들 사이의 관계를 연구함으로써 자본주의 경제의 순환과 발전을 이론화한 것입니다.

그런데 마르크스에 따르면, 뒤에서 자세히 설명하겠지만, 자본주의 경제는 인간들의 필요와 욕구를 직접적으로 충족시키는 것을 목적으로 삼고 있는 것이 아니라, 자본가 계급의 이윤 획득 욕구를 충족시키는 것이 목적이라고 합니다. 이 사실은 지금의 경제 위기나 공황에서 잘 나타나고 있습니다. 실업자가 크게 증가한 근본적인 이유는, 자본가들이 손실을 보지 않으려고 기존의 노동자들을 대량 해고했기 때문입니다. 실업자가 생활하면서 겪을 곤란이나 정신적인 타격을 가장 중요하게 고려하는 새로운 사회에서는 결코 지금과 같이 대규모로 실업자를 만들어내지 않을 것입니다. 노동자 전체의 하루 노동시간을 예컨대 10시간에서 5시간으로 단축하여 일자리를 나누어 갖든지 정부가 새로운 일자리를 창출함으로써, 고귀한 인적 자원을 낭비하지 않으려고 할 것이기 때문입니다.

그리고 마르크스는 자본가가 획득하려는 이윤의 원천에 관해 완전히 새로운 이론을 정립했습니다. 이윤은, 공장이나 사업체를 운영하는 산업자본가 계급이 임금노동자 계급의 '하루의 노동' 중 일부에 대해 임금을 지급하지 않기 때문에 생긴다는 것입니다. 예컨대 자본가가 노동자에게 하루 10시간을 노동시키면서 하루의 임금으로 10만 원을 주는 경우를 생각해봅시다.

마르크스에 따르면, 노동자가 10시간 일하면 실제로는 10만 원이 아니라 이를테면 20만 원의 새로운 가치 또는 부가가치를 창조한다고 합니다. 따라서 노동자는 하루 10시간의 노동에 의해 창조한 20만 원 중 10만 원은 자기 임금으로 받고, 나머지 10만 원은 자본가에게 공짜로 바치고 있다는 것입니다. 이것을 가리켜 "자본가가 노동자를 착취한다"라고 말하는데, 노동자의 하루 10시간 노동 중 5시간은 '지급 받는 노동'이고, 나머지 5시간은 '지급 받지 못하는 노동' 또는 잉여노동이 되는 셈입니다. '이윤의 원천은 바로 이 잉여노동이다'라는 이론이 마르크스경제학의 토대이며, 어느 누구도 아직까지 이 이론을 비판하여 새로운 과학적인 이윤이론을 정립하지 못했습니다.

현재 경제학계를 지배하는 주류경제학(자본가 계급을 위한 부르주아경제학이라고도 부른다)에는 처음부터 이윤이론이라는 것이 없었습니다. 물론 주류경제학에서는 "자본가가 투자하기 위해 돈을 모으느라고 소비를 억제하는 등 큰 희생을 했으므로, 이윤은 이런 자본가의 희생에 대한 대가이다"라고 이야기하기도 합니다. 이에 대해 마르크스는 다음과 같이 응수합니다. "자본가가 희생에 대한 대가로 이윤을 가져가는 것은 인정할 수 있지만, 그 희생이 어떻게 이윤을 창조하는지를 보여야 할 것 아닌가?"라고요.

또한 부르주아경제학은 "자본가가 위험을 무릅쓰고 투자를 했기 때문에, 이윤은 위험에 대한 보상이다"라고 주장합니다. 이 주장도 "위험이 어떻게 이윤을 창출하는지를 보여라"라는 요구에 답할 수가 없습니다. 미국에서 폭발한 2008년 9월의 금융공황은, 귀신같은 금융투기꾼들wizards이 너무 큰 이익을 얻으려고 너무 큰 위험을 무릅쓴 결과라고 볼 수 있습니다. 이 경우에는 위험이 이윤을 낳는 것이 아니라 손실을 낳고, 미국 금융계뿐만 아니라 세계 금융계를 파산시킨 꼴이 되었습니다.

이제 『자본론』의 내용을 좀 더 구체적으로 살펴봅시다.

제1권(자본의 생산과정)에서는 자본이 어떻게 이윤을 생산하는가, 그리고 자본의 축적과정이 어떻게 자본관계(자본가가 노동자를 착취하는 관계)를 유지하고 재생산하는가를 주로 연구하고 있습니다. 이 연구를 위해, 마르크스는 경제를 구성하는 생산·교환·분배·소비의 영역들 중 생산 영역에 주의를 집중합니다. 그는 이윤의 원천인 잉여노동을 증가시키는 방법으로 노동시간의 연장, 노동강도의 강화, 노동생산성의 향상 등을 역사적으로 그리고 논리적으로 설명합니다. 그리하여 제1권 전체의 분량(1,062쪽) 중 26.8퍼센트(284쪽)가 역사적인 이야기이며, 69.4퍼센트(738쪽)가 이론이고, 나머지 3.8퍼센트(40쪽)는 서문입니다.

제1권의 내용을 요약하면 다음과 같습니다. 이윤은 자본가가 생산영역에서 착취한 노동자의 잉여노동이 응고한 것이고 자본가는 더욱 큰 이윤을 얻기 위해 새로운 과학기술을 끊임없이 도입해 실업자를 대규모로 만들어냄으로써, 노동자 계급의 세력을 약화시켜 자본과 노동 사이의 착취관계를 유지하고 재생산한다는 것입니다.

제2권(자본의 유통과정)에서는 자본가가 투자한 화폐가 어떤 과정을 통해 더욱 늘어나는가(또는 증식하는가)를 연구하고 있습니다. 화폐가 투자되어 생산요소들(생산수단과 노동력)로 전환되고, 이 생산요소들이 상품을 생산하며, 이 상품이 팔려 다시 화폐로 되돌아오는 과정에 관한 연구입니다. 여기에서는 자본이 투자되어 이윤과 함께 회수되는 데 걸리는 시간(자본의 회전시간)이 자본의 연간 이윤율에 큰 영향을 미치고 있다는 것이 강조되고 있습니다.

예컨대 자본가가 자본 1,000원을 투자해서 200원의 이윤을 얻는데 걸리는 시간이 1년에서 4개월로 단축된다면, 전에는 자본가가 1,000원을 투자해 1년 동안 200원의 이윤을 얻었을 뿐인데, 이제는 1,000원을 투자해 1년 동안 600원(=200원×3회전)의 이윤을 얻을 수 있습니다. 이렇게 자본의 회전시간이 단축되면, 연간 이윤율이 전자의 경우에는 20퍼센트(=200원/1,000원)였지만, 후자의 경우에는 60퍼센트(=600원/1,000원)로 급상승합니다. 이리하여 자본가는 자본의 회전 시간을 단축하기 위해, 예컨대 자동차 조립 공장에서는 컨베이어벨트의 회전 속도를 올려 노동자들로 하여금 정신없이 일하게 할 것입니다.

그리고 제2권의 마지막 편인 제3편에서는 1년 동안 생산된 상품들(이윤을 품고 있음)이 어떤 경로를 거쳐 판매되는가가 재생산표식에 의해 해명되고 있습니다. 마르크스는 연간 생산물을 기계와 원료 등 생산에 사용되는 생산재와, 개인적 소비에 사용되는 소비재로 구분하면서, 생산 부분을 생산재 생산 부문(제1부문)과 소비재 생산 부문(제2부문)으로 나눕니다.

2009년 1년 동안 생산된 연간 생산물이 12월 31일에 모여서 하루 만에 모두 팔린다고 가정하면, 생산재는 제1부문과 제2부문의 자본가에게 팔려야 할 것이고, 소비재는 제1부문과 제2부문의 노동자와 자본가에게 팔려야 할 것입니다. 그런데 자본가가 2009년 12월 31일에 생산재를 구매하는 것은, 2010년에도 생산을 계속하겠다고 결정했기 때문입니다.

만약 자본가가 2010년의 이윤율 또는 수익률이 좋지 않을 것으로 예상하여 생산을 중단하기로 결정한다면, 2009년도의 연간 생산물은 생산재나 소비재 모두 팔리지 않을 것입니다. 소비재가 팔리지 않는 이유는, 자본가가 2010년에도 생산을 계속해야만 노동자들을 계속 고용하여 임금을 줄 것이고, 그래야만 노동자들이 이 임금으로 소비재를 살 수 있기 때문입니다.

여기에서 자본가의 장래 예상 또는 기분 상태에 따라, 경제가 크게 변동할 뿐만 아니라, 한 사회의 모든 구성원들의 의식주 생활이 큰 영향을 받는다는 것을 알 수 있습니다. 이것을 가리켜 "자본가 계급의 독재"라고 말합니다. 자본가 계급의 모든 재산을 사회 전체가 합리적이고 민주적으로 사용하는 사회가 되면, 자본가 계급의 독재는 사라지고 1원 1표(돈을 많이 가진 사람이 더 큰 영향력을 행사함

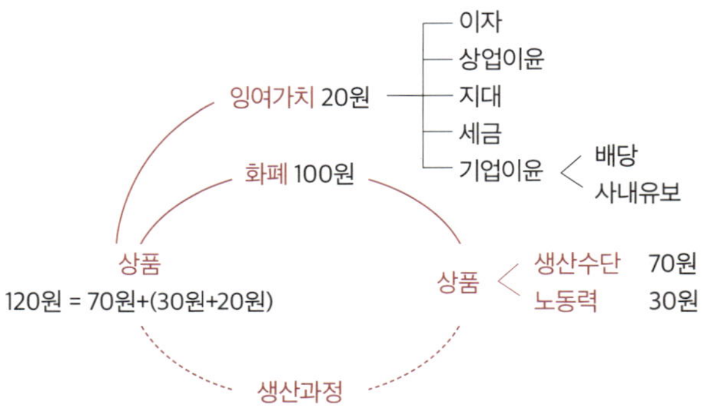

『자본론』에서 분석한 개념들을 도식화한 그림

니다)가 아닌 1인 1표(한 사람이 한 표를 행사합니다)의 새로운 사회가 될 것입니다.

제3권(자본주의적 생산의 총과정)에서는 자본가 계급 전체가 노동자 계급 전체로부터 착취한 잉여가치(또는 이윤)가 개별 자본가들 사이에 평균이윤으로 분해되는 것, 그리고 잉여가치가 산업자본가·상업자본가·금융자본가·지주 사이에 기업이윤·상업이윤·이자·지대의 형태로 분배되는 것을 이론적으로 해명하고 있습니다.

제3권의 내용을 계급투쟁과 관련해 파악한다면, 자본주의 경제에서는 잉여가치의 생산을 둘러싸고 산업자본가 계급과 노동자 계급이 투쟁하게 된다는 것, 그리고 잉여가치의 분배를 둘러싸고 지배계급들(산업자본가·상업자본가·금융자본가·지주) 사이에 이익의 대립이 있지만, 이 대립은 노동자 계급이 창조한 잉여가치의 분할을 둘러싼 것이므로, 지배계급들은 노동자 계급을 착취하는 데는 공동보조를

16

취한다는 것입니다.

이 책『자본론을 읽는 시간』에서는『자본론』세 권 전체를 해설하지는 않습니다. 좀 이해하기 어려운 부분들이 있기 때문입니다. 따라서 제1권에 집중하면서 필요한 범위 안에서 제2권과 저3권의 내용을 삽입했습니다.

특히 현재 세계가 당면한 핵심 과제인 세계대공황을 설명허야 할 필요가 있기 때문에『자본론』제3권에 있는 공황이론을 이 책의 5부 2장에 넣었고, 또한 최근에 유행하는 주식 매매와 펀드 가입을 통해 큰돈을 번다는 것이 새로운 부나 가치를 창조하는 것인가 아니면 남의 주머니를 터는 것에 지나지 않는가를 해명하기 위해『자본론』제3권에 있는 상업자본과 금융자본에 관한 이론을 이 책의 4부 3장에 삽입했습니다.

이 책을 통해 우리나라 청년들이 현재의 사회를 비판적으로 관찰하면서 다양한 사상과 이론에 논리적이고 과학적으로 접근해 가길 바랍니다. 더불어 "특정한 사상과 이론이 국가이익에 해가 된다면 학교에서 가르치지 말아야 한다"라는 지배계급의 억압과 독재에 대항할 수 있기를 바랍니다. 지배계급은 대체로 자신들의 계급이익을 국가이익으로 둔갑시킵니다.

| 일러두기 |

1. 이 책에서 인용한 카를 마르크스의 『자본론』은 김수행이 번역하고 비봉출판사가 발행한 제1~3권 2015 개역판이다.
2. 책 쪽수는 '(Ⅰ : 102)'처럼 표시했는데, 이는 『자본론』 제1권 102쪽을 가리킨다.
3. 여기에 인용되는 애덤 스미스의 『국부론』은 김수행이 번역하고 비봉출판사가 2007년 발행한 제1개역판이다.
4. 인용하는 번역문 안에 있는 [ ] 안의 내용은 필자가 추가한 것이다.
5. 이 책은 2010년에 출간한 『청소년을 위한 자본론』의 개정판으로, 작고한 저자를 대신해 박도영 교수가 정리하며 시의성이 있는 내용의 경우 현재 시점에 맞는 자료로 수정·보완하였다.

차례

2부

잉여가치의 생산을 분석하기 위한 준비

3부
절대적 잉여가치의 생산

4부

상대적 잉여가치의 생산

5부

자본의 축적과정과 새로운 사회

1부

카를 마르크스의
일생과 연구방법

마르크스는 인류 역사가 단계적으로 발달해 왔으며 자본주의 사회는 인류 역사의 특수한 단계에 속한다는 것을 강조했습니다. 다시 말해 자본주의는 영구불멸하는 사회형태가 아니라 새로운 사회로 바뀔 수밖에 없다는 것입니다. 그리고 자본주의 사회의 경제적 운동법칙을 발견하기 위해, 자본주의 사회를 단순화시켜 자본주의적 생산양식이라는 개념을 만들어내고, 이 생산양식의 주연배우로 자본가 계급과 임금노동자 계급을 등장시켜 이들 사이의 착취관계를 연구했습니다. 이런 연구방법은 인간의 본성에 의거하고 있는 부르주아경제학(또는 주류경제학)과는 전혀 다른 과학적인 방법입니다.

주류경제학의 위기:
1960년대, 1970년대, 그리고 2000년대

2008년 9월에 폭발한 세계적인 금융공황과 산업공황 때문에 주류경제학이 1980년대부터 내세운 '신자유주의' 또는 '신보수주의'는 완전히 신뢰를 상실했습니다. 모든 분야에서 정부의 개입이나 규제를 거부하고 시장에 맡길 것을 요구하여 사실상 시장만능주의를 실현한 주류경제학이, 갑자기 얼굴색 하나 바꾸지 않고 공적 자금을 퍼부어 파산 중인 금융기관과 금융자본가를 살려내야 한다고 정부에 대해 아우성쳤기 때문입니다. 도대체 '시장은 항상 효율적이다'라는 주장을 금과옥조로 여기던 주류경제학의 돌변을 어떻게 해석해야 할까요?

'주류경제학은 자본가 계급의 이익을 옹호하기 위해 자본가 계급의 상식이나 이데올로기를 정교한 논리나 수학으로 합리화하고 있는 속류 경제학'이라는 마르크스의 비판이 그대로 타당한 것 같습니다. 어떤 이론이 옳은가 그른가를 판단하지 않고, 그 이론이 자본가 계급에게 이익이 되느냐 손실이 되느냐를 따지는 속류 부르주아경제학의 파탄을 피할 수 없게 된 것입니다. 특히 자본주의 사회체제 그 자체의 존속과 멸망이 문제되고 있는 시점에서도, 여전히 '자본주의는 인간의 본성에 적합하기 때문에 영구불멸하다'라고 믿는 주류경제학의 황당무계와 무기력은 모든 사람들을 놀라게 하기에 충분합니다.

그런데 주류경제학의 위기는 지난 1960년대 후반과 1974년의 공황에서도 드러났다는 사실을 기억해야 할 것입니다. 1960년대 후반에는 호황 중의 물질적 풍요를 배경으로 부르주아경제학이 위기에 빠졌다는 반성이 크게 일어난 적이 있습니다. 베트남전쟁을 반대하는 세계적인 학생운동, 1968년 봄에 드골 대통령을 몰아낸 프랑스의 민중운동, 학생들의 학교 점거, 노동자들의 공장 점거와 파업 확대 등은 자본주의 사회체제 전반에 대한 불만의 표시였습니다. '나는 왜 사회에서 외로운가, 왜 따돌림을 받는가, 나는 왜 무기력한가' 등의 '인간의 소외'가 토론의 주요한 제목으로 등장했는데, 처음에는 '대중 속에 개인의 고독'이라는 관점이 우세하다가, 나중에는 '공장 안에서 노동자들의 종속'이라는 관점이 대두하면서 마르크스에 대한 연구가 새로 불붙기 시작했습니다.

공장 노동자들이 자기들의 뜻에 따라 작업을 행하는 것이 아니라, 오히려 기계의 부속물로서 기계의 리듬에 따라 흥미 없고 싫증나는 단순한 작업을 반복할 수밖에 없었기 때문입니다. 또한 노동자들이 자기들의 능력을 계발하거나 여유를 얻기 위하여 일하는 것이 아니라, 자기들의 원수인 자본가들의 이익을 위하여, 더 나아가 자기들의 적인 자본가 계급의 세력을 더욱 강화하기 위하여 일하고 있었기 때문입니다.

대학에서 가르치는 주류경제학은 이런 소외문제를 다룰 수 있는 기초가 전혀 없었습니다. 왜냐하면 주류경제학에서는 모든 인간이 날 때부터 일정한 재산(예를 들어 노동자는 노동력이라는 재산)을 가진 자유롭고 평등한 개인이며, 이 개인들이 자기 재산의 상호교환을 통하여 소비자의 효용극대화와 생산자의 이윤극대화를 달성한다고 보기 때문입니다.

따라서 주류경제학은 소비재와 생산요소의 가격이 어떻게 결정되는가에 대해서만 관심을 가졌고, 자본이 이윤을 추구하는 과정에서 발생하는 자본과 노동의 갈등과 대립은 처음부터 없는 것으로 가정하여 버린 것입니다. 그런데 자본주의 체제에 대한 비판이 놀랄 만한 세력을 가지고 폭발하고 있었기 때문에, 주류경제학자들은 분배문제에 더욱 큰 관심을 쏟아야 한다는 것에 대체로 합의를 보았습니다.

하지만 주류경제학은 처음부터 이윤이나 지대의 원천에 관해 연구할 수 있는 분석도구가 없었으므로 연구가 전혀 진전되지 못했습니다. 이리하여 1960년대 말에 유럽의 모든 대학에서 자본주의 체제를 옹호하는 사회과학자들이 학생들의 수업 거부와 직접적인 사퇴 요구로 말미암아 대학을 떠나지 않을 수 없었습니다.

두 번째 부르주아경제학의 위기는 1974년에 폭발한 세계공황을 계기로 나타났습니다. 이른바 스태그플레이션stagflation을 어떻게 이해하고 어떻게 극복할 것인가가 주제였습니다. 실업자가 증가하면서 경제도 침체 속에 빠져 있는데도, 물가는 계속 높은 수준으로 상승했기 때문입니다. 케인스적인 재정금융 확대정책은 실업을 감축하기는커녕 물가만 상승시켰기 때문에, 케인스경제학은 신뢰를 잃게 되었습니다.

그 대신 실업의 감축보다는 인플레이션의 억제가 경제정책의 제1순위라고 주장하는 극우파 프리드먼M. Friedman의 '통화주의'가 점차 경제학계를 지배하기 시작했습니다. 통화주의는 불황에서도 긴축적인 통화정책을 채택하여 물가를 잡아야만 정상적인 경제성장이 가능하며, 통화량을 증가시키는 주된 원인이 사회보장제도의 실시와 노동조합의 임금 인상이라고 주장했기 때문에, 금융자본가와 산업자본가 및 부자 들로부터 지지를 받았습니다.

높은 실업률과 높은 물가 상승으로 사회가 극심한 혼란 속에 빠져 있을 때, 영국에서는 1979년 5월에 극우파인 대처가 수상으로 당선되었고, 1980년 11월에 미국에서는 극우파인 레이건이 대통령으로 당선되었습니다. 이리하여 이른바 '신자유주의' 또는 '신보수주의'가 세계적인 규모에서 실시되기 시작한 것입니다.

2008년 9월에 폭발한 세계대공황과 그 이후의 상황을 이해하고 그 대안을 제시하기 위해서는 마르크스경제학을 공부할 필요가 있습니다. 1부에서는 카를 마르크스의 일생을 살펴보고, 그가 어떤 학문적·정치적 활동에 종사했으며 그가 이룩한 학문적 대발견의 내용은 무엇인가를 알아볼 것입니다. 또한 마르크스의 경제학 연구방법론이 주류경제학의 그것과 어떻게 다른가도 지적할 것입니다.

01

삶과 경제학 여정

마르크스의 일생에서 방적 공장 사장의 아들이자 공산주의자인 엥겔스를 만난 사건은, 마르크스의 경제학 연구에 크게 기여했을 뿐만 아니라, 고정적인 직업을 가지지 않는 마르크스의 경제생활에도 크게 기여했습니다. 물론 엥겔스는 현실적이고 구체적인 경제·정치·전쟁·역사·철학 등의 문제들을 과학적으로 파악하는 데 뛰어난 재능을 가지고 있었고, 마르크스는 추상적이고 논리적인 이론 구성에 천재적인 재능을 가지고 있었습니다.

가족

마르크스는 1818년 5월 5일에 독일의 트리어Trier*에서 중산층 유대계 법률가의 아들로 태어나서, 1883년 3월 14일64세에 영국 런던

---

* 독일 남서부의 모젤강을 끼고 있는 룩셈부르크와의 접경 도시. 독일에서 가장 오래된 도시 중 하나이며, 로마 시대의 유적이 많다.

에서 죽었습니다.

그는 1835년[17세]에 본 대학교 법학부에 입학하고 그다음 해에 베를린 대학교의 법학부로 옮겼으며, 여기에서 법률·역사·철학(특히 헤겔 철학)을 연구했습니다. 1838년[20세]에는 부친이 죽었고, 1840년[22세]에는 예나 대학교에서 철학박사 학위를 받았는데, 논문은 그리스철학자인 데모크리토스와 에피쿠로스의 차이점에 관한 것이었습니다.

1836년[18세]에 네 살 연상의 예니 폰 베스트팔렌*과 은밀하게 약혼한 뒤, 1843년[25세]에 결혼했습니다. 자녀를 일곱 명이나 낳았지만, 네 명은 어린 나이에 죽었고, 성장하여 결혼한 자식은 첫째 딸 예니, 둘째 딸 로라, 그리고 넷째 딸 엘리너 등 세 명뿐이었습니다.

초기 정치활동

마르크스는 박사학위를 받은 뒤 교수가 되기를 원했으나, 그의 혁명적 민주주의 사상(절대주의 왕정을 철폐하고 보통·비밀선거를 실시하라는 주장)을 싫어한 프러시아 왕정이 그에게 교수 자리를 허락하지 않았습니다. 그리하여 1842년[24세] 쾰른에 있는 《라인신문》의 편집인이 되었는데, 이 신문에는 엥겔스 등 '청년헤겔파'가 자주 기고했습니다. 그러나 1년이 되지 않아 프러시아 정부가 《라인신문》이 왕정과 자본주의의 타도를 선동한다는 이유로 폐쇄 명령을 내렸으므로,

---

* 1814~1881. 마르크스보다 네 살 위였던 그녀는 귀족 가문이었던 집안의 반대에도 불구하고 마르크스와 결혼했다. 평생을 가난과 정치적 박해로 살아가면서도 마르크스의 든든한 동반자로 평생을 그와 함께했다.

마르크스는 편집인의 자리를 사임하고 파리로 갔습니다.

파리에서 혁명적 민주주의자이고 정치평론가인 독일인 아르놀트 루게*와 함께 1844년26세에《독불연보》창간호를 발간했는데, 마르크스는 여기에 실린 엥겔스의 논문「정치경제학 비판 개요」에 큰 감명을 받아 영국 경제학자들의 저작을 프랑스어 번역판으로 읽기 시작했습니다(당시 마르크스는 영어를 읽지 못했음). 그러나 보통·비밀선거를 실시할 것을 주장한 루게의 혁명적 민주주의와 사유재산의 철폐를 주장한 자신의 공산주의 사상 사이에 차이가 있었기 때문에, 마르크스는 루게와 헤어지게 됩니다.

엥겔스와의 공동저작

마르크스는 1844년 8월부터 12월까지 파리에 머문 엥겔스와 함께 온갖 이론적·현실적 문제들을 논의하면서 서로의 의견이 일치하는 것을 확인했습니다. 이 만남이 혁명적 민주주의와 공산주의로 향하는 모험에서 두 사람을 묶는 끈이 되어, 평생을 동지로서 함께 저술하고 함께 투쟁하게 한 것입니다.

엥겔스는 마르크스보다 두 살 아래이며, 부친은 바르멘Barmen의 방적 공장 사장이었고, 영국 맨체스터에도 공동 소유의 방적회사를 가지고 있었습니다. 엥겔스는 고등학교를 마치고 군대에 있으면서 베를린 대학교에서 주로 철학을 청강했으며, 청년헤겔파로서 큰 역

---

* 1802~1880. 독일의 사상가로서 1848년 3월 혁명 당시 공화주의자로서 프랑크푸르트 국민의회에서 활약하고, 잡지《개혁》을 발행하였다. 만년에는 국가주의로 전향하여 비스마르크를 지지하였다.

엥겔스와 마르크스
마르크스는 엥겔스의 논문 「정치경제학 비판 개요」에 크게 감명 받았다.

할을 했습니다. 부친의 강요로 일찍부터 방적 공장 운영에 참여함으로써 현실을 올바로 관찰하는 눈을 키웠으며, 따라서 경제·정치·전쟁·군사학·역사에 관해 조예가 깊었습니다.

또한 엥겔스는 인문학적 소양이 풍부해서 시를 쓰고 그림을 그렸으며, 영국의 고전파 경제학, 독일의 헤겔 철학, 프랑스의 공산주의 사상 등을 두루 섭렵했습니다. 그는 1842년 11월부터 1844년 7월까지 앞서 말한 맨체스터 방적 공장에서 경영을 배우면서도, 영국의 공장제도와 노동자의 일상생활을 깊이 관찰한 뒤 1845년에 『영국 노동자 계급의 상태』*라는 불후의 명작을 남겼습니다.

---

* 영국 노동자 계급의 생활상을 산업혁명의 시각에서 다각도로 분석한 엥겔스의 초기 저서. 자본주의가 만들어낸 노동자들의 삶은 어떠하며, 그러한 삶이 사회에 미치는 전반적인 영향은 무엇인지에 대해 기술하고 있다.

엥겔스의 판화

엥겔스는 자신의 저서 『영국 노동자 계급의 상태』(1845)에 직접 그린 삽화를 수록했다.

특히 엥겔스는 어려운 개념과 이론을 쉽게 풀어내는 재주가 남달라 마르크스의 매우 추상적인 개념과 이론을 구체화하는 데 큰 공헌을 했습니다. 또한 논쟁에서도 남들의 기분을 크게 상하지 않게 하는 능력이 있어 국제 공산주의 운동을 조직하고 확대하는 사업에 크게 이바지했습니다.

마르크스와 엥겔스는 1844년 8월부터 12월까지 첫 공동작업으로 독일의 청년헤겔파인 브루노 바우어*를 비판하는 『신성가족』을 썼습니다. 앞서 마르크스는 1844년 7월부터 파리의 급진적인 독일 신문《전진》에 자주 기고하다가 프랑스 정부로부터 추방 명령을 받

---

* 1809~1882. 독일의 신학자이자 철학자. 처음에는 헤겔 우파였으나, 뒤에 헤겔의 종교철학에 대하여 슈트라우스보다 더 철저하게 비판함으로써 헤겔 좌파로 전향하였다.

아 브뤼셀로 옮겼습니다. 그 뒤 바르멘에서 브뤼셀로 옮긴 엥겔스는 마르크스와 함께 1845년 9월에 『독일 이데올로기』를 썼는데, 이 글에서 그들은 최초로 역사적 유물론을 전개했습니다.

뒤에 자세히 설명하겠지만, 역사적 유물론에서는 어느 사회든 경제가 '토대'를 이루고, 그 토대 위에 법률적·정치적·문화적 '상부구조'가 세워져 있다고 봅니다. 그리고 토대를 이루는 생산력(기계와 노동자의 생산성)과 생산관계(생산에 참여하는 사람들 사이의 계급관계)가 서로 조화를 이루지 못해 현재의 생산관계가 생산력의 발달을 저지할 때는, 상부구조에서 그 생산관계를 타파하려는 계급투쟁이 일어나 주어진 사회를 변혁시킨다는 것입니다. 이 역사적 유물론은 헤겔이 말한 역사관(헤겔은 절대정신 또는 신이 세상을 변화·발달시킨다고 주장했으며, '역사는 절대정신의 자기실현'이라고 말했다)을 거꾸로 뒤집은 것입니다.

그들은 또한 1848년 1월에 『공산당선언』을 완성했습니다. 이 선언문은 두 사람이 참가한 국제노동자조직인 공산주의자 연맹(전 이름은 '정의연맹'이었음)의 선언문으로서, 한편으로는 자본주의의 역사적 성과(생산기술의 급속한 향상, 온갖 생산물의 대량생산, 세계적인 교류 확대)를 찬양하고, 다른 한편으로는 심화하는 경제 위기와 공황 그리고 단결하는 노동자 계급 때문에 자본주의가 붕괴하게 될 것이라고 예측했습니다. 이 선언문의 끝에는 "만국의 프롤레타리아여, 단결하라!Proletarians of all lands unite!"라는 격문이 붙어 있습니다.

『공산당선언』은 한국어 번역판으로도 본문이 34쪽에 지나지 않은 작은 책이지만, 자본주의의 장래에 관심이 있는 사람은 누구나 반드시 읽어야 할 매우 중요한 저작입니다. 이런 저작을 29세와 27세의 젊은 학도가 썼다는 것이 놀랍고 부러울 뿐입니다.

마르크스 자신의 저작

물론 마르크스 자신도 우수한 저작을 많이 남겼습니다. 1843년25세에 쓴 「헤겔 법철학의 비판을 위하여」에서는 국가(정부)와 관료가 사회의 '일반이익'을 대표하지 않는다고 비판했습니다. 왜냐하면 국가가 사유재산을 보호하고 있으므로 일반시민들이 가난하더라도 부자들의 재산으로부터 도움을 받을 수 없기 때문이며, 그리고 관료는 일반시민들의 이익보다 자신의 출세에 정신없기 때문입니다.

26세인 1844년에 쓴 『경제학·철학 초고』에서는 직접적 생산자인 노동자가 자본주의 사회에서 자신감과 생기를 잃고 점점 더 퇴화함으로써, 자본주의 사회가 멸망할 것이라고 예측했습니다. 왜냐하면 노동자는 공장이나 사무실에서 일하지만 자기를 위해 일하는 것이 아니라 사장인 타인을 위해 일하기 때문입니다. 또한 노동자가 열심히 일하여 사장에게 큰 이윤을 얻게 해주면 사장은 그 이윤으로 노동자를 더 잘살게 해주는 것이 아니라 기계를 도입해 노동자를 해고하고, 노동자에게

『공산당선언』 표지

낮은 임금을 주면서도 오랫동안 더욱 열심히 일하라고 윽박지르기 때문입니다.

결국 직접적 생산자인 노동자는 밤낮으로 일함으로써 자기를 억압하고 착취하는 적enemy인 사장을 더욱 강하게 만들 뿐이라는 기막힌 구조 때문에 결국 넋과 기력이 빠져 제대로 일할 수 없게 될 것이며, 따라서 자본주의 사회는 망할 것이라는 이야기입니다.

또한 1846년 12월에 출판된 프루동*의 『빈곤의 철학』에 대해 마르크스는 1847년 7월에 『철학의 빈곤』을 저술함으로써 비판했습니다. 마르크스에 따르면, 자본주의 사회에 만연하는 빈곤문제를 슬퍼하거나 어쩔 수 없다고 하거나 "빈곤한 사람에게도 행복은 있다" 또는 "빈민을 어떻게 해서라도 구제해야 한다"라고 말하는 것은 대안이 되지 못하며 '자본주의 사회에서는 왜 빈곤문제가 필연적으로 생기는가?'를 밝히는 것과, 빈곤문제를 해결하기 위해서는 빈곤이 바로 자기 자신의 문제로 되어 있는 세력과 연대하여 현재의 체제에 도전해야 한다는 것입니다.

1848년 2월에 프랑스에서는 민주주의를 확대하기 위한 2월 혁명이 터져 유럽 전체로 번졌습니다. 그리하여 벨기에 정부는 한 달 뒤에 마르크스에게 추방 명령을 내렸으며, 마르크스는 쾰른으로 돌아왔습니다. 쾰른에서 《신라인신문》을 창간해 대표 편집인이 되고 엥겔스도 편집인이 되었으나, 프러시아 정부는 1년도 되지 않아 《신라

---

* 1809~1865. 프랑스의 무정부주의 사상가이자 사회주의자. 『재산이란 무엇인가?』에서 자본가의 사적 소유를 부정하며 힘 대신 정의를 가치의 척도로 삼아야 한다고 주장하였다. 그의 사상은 제1인터내셔널 조직과 파리코뮌 수립에 큰 영향을 끼쳤다.

대영박물관 도서실
영국으로 망명한 마르크스는
대영박물관 도서실에서 경제
학을 연구했다.

인신문》이 폭력으로 정부를 무너뜨리는 것을 선동한다는 이유로 마르크스에게 추방 명령을 내렸습니다. 이에 마르크스는 1849년 8월 24일 민주주의가 가장 발달한 영국 런던으로 망명하고, 거기에서 죽을 때까지 살게 됩니다.

마르크스는 1851년33세부터 런던의 대영박물관 도서실British Museum Library에서 경제학 연구를 새롭게 시작했습니다. 이 연구의 결과가 결국 『자본론: 정치경제학 비판』*으로 귀결되었는데, 『자본론』이 완성될 때까지 흔히 '『자본론』 원고'라고 부르는 수많은 연구들을 수행하였습니다.

첫 번째 『자본론』 원고는 1857년부터 1858년 사이에 쓴 『그룬트

---

* 경제학은, 1870년대 이전에는 '정치경제학political economy'이라는 이름으로 불렸으며, 1870년대가 되면서 '경제학economics'이라는 이름으로 불렸다. 『자본론』의 부제가 '정치경제학 비판'인 이유는 마르크스가 자기 이전의 각종 경제학을 비판하면서 '새로운 경제학'을 세우겠다는 의미를 반영했기 때문이다.

리쎄』(일명 '정치경제학 비판 요강')입니다. 이 원고는 출판하기 위해 쓴 것이 아니라, 『자본론』에서 다루고자 했던 수많은 항목들을 미리 뽑아 재구성한 노트입니다. 두 번째 『자본론』 원고는 『자본론』 제1권 제1편에 들어갈 '화폐'에 관해 쓴 것으로, 『정치경제학 비판을 위하여』라는 제목으로 1859년에 출판되었습니다. 세 번째 『자본론』 원고는 1861년부터 1863년 사이에 쓴 『잉여가치학설사』 세 권입니다. 마르크스가 공장장의 이윤, 상인의 이윤, 은행의 이자, 지주의 지대 등이 '어디에서 어떻게 생기는가?'를 조사하기 위해, 자기 이전의 경제학자들 199명(애덤 스미스, 데이비드 리카도 등 인명 색인에 올라 있는 사람의 수)의 저작을 읽고 논평한 것인데, 출판하기 위해 만든 것이 아니라 자기 스스로 공부하기 위해 만든 노트입니다.

이런 준비기간을 거쳐 드디어 1867년 7월에 『자본론』 제1권의 독일어 제1판이 발간되었습니다. 제1권은 마르크스 자신이 독일어 제2판, 프랑스어판까지 출판했으나, 『자본론』 제2권과 제3권은 1883년 마르크스가 죽은 뒤에 엥겔스가 그가 남긴 원고를 정리해서 각각 1885년과 1894년에 독일어로 발행했습니다.

단호하고 직선적인 성격

마르크스는 『자본론』 제1권 독일어 제1판의 서문 끝에서 다음과 같이 말합니다.

나는 과학적 비판에 근거한 의견이라면 무엇이든 환영한다. 그러나 내가 한 번도 양보한 일이 없는 이른바 여론이라는 편견에 대해서는 저 위대한 플로렌스 사람(단테)의 다음과 같은 말이 항상 변함없이 나의 좌우명이다. "제 갈 길을 가라. 남이야 뭐라든!"(I: 8)

위의 말은 마르크스의 단호하고 직선적인 성격을 단적으로 나타내고 있지만, 1860년대 중반에 다시 유행하던 '고백 게임'에서 두 딸 예니와 로라의 질문에 마르크스가 다음과 같이 고백한 것이 마르크스의 성격 전체를 훨씬 더 잘 드러내는 듯합니다.

아버지가 가장 좋아하는 덕목은? 단순성

아버지가 남자에게서 가장 좋아하는 덕목은? 강인성

아버지가 여자에게서 가장 좋아하는 덕목은? 연약성

아버지의 주된 성격은? 목적의 단일성

아버지가 생각하는 행복은? 싸우는 것

아버지가 생각하는 불행은? 굴복하는 것

아버지가 가장 쉽게 용서할 수 있는 악덕은? 쉽게 속는 것

아버지가 싫어하는 악덕은? 굴종

아버지가 가장 싫어하는 사람은? 마틴 터퍼[*]

아버지가 가장 좋아하는 일은? 독서에 빠지는 것

아버지가 가장 좋아하는 시인은? 셰익스피어, 아이스킬로스[**], 괴테

[*] 1810~1889. 내용 없는 도덕을 설교하는 시들을 지은 영국의 시인
[**] BC 525~BC 456. 그리스의 비극 시인

아버지가 가장 좋아하는 산문 작가는? 디드로[*]

아버지가 가장 좋아하는 영웅은? 스파르타쿠스[**], 케플러[***]

아버지가 가장 좋아하는 여주인공은? 그레트헨[****]

아버지가 가장 좋아하는 꽃은? 서향daphne

아버지가 가장 좋아하는 색깔은? 빨강

아버지가 가장 좋아하는 이름은? 로라, 예니

아버지가 가장 좋아하는 요리는? 생선

아버지가 가장 좋아하는 표어는? 모든 인간적인 것은 나와 관련이 있다

아버지가 가장 좋아하는 좌우명은? 모든 것을 의심하라

사회주의적 노동운동

마르크스는 1864년 9월에 창립된 국제노동운동 단체인 제1인터내셔널The International Working Men's Association을 운영하는 일에 깊이 관여했으며, 1871년 3월 18일부터 5월 28일까지 프랑스의 노동자들이 파리에 세운 노동자 정부(파리코뮌)를 지지하는 제1인터내셔널의 성명서를 썼습니다.

또한 그는 국제노동운동에서 퍼지고 있는 무정부주의(바쿠닌주의

[*]   1713~1784. 프랑스의 혁명적 부르주아 사상가이자 문필가, 대표적인 계몽주의자

[**]   고대 로마의 노예 반란 지도자. 검투사 출신으로서 기원전 73년 로마제국에 대항하여 이른바 제3의 노예전쟁 또는 검투사의 전쟁이라 불리는 노예들의 반란을 주도했다.

[***]   1571~1630. 병약과 빈곤 그리고 전쟁으로 인한 재난 중에도 행성의 세 법칙을 발견한 독일의 천문학자

[****]   괴테의 『파우스트』 제1부에 나오는 여주인공

바리케이드를 치고 있는 파리코뮌 참여자들

2개월이라는 짧은 기간이었지만 파리의 시민과 노동자 들이 세운 혁명적 자치정부인 파리코뮌은, 세계사에서 처음으로 수립된 노동자 계급의 자치에 의한 민주주의 정부라고 평가 받는다.

와 프루동주의)와 노동조합주의를 물리치기 위해, 노동자 계급의 정치투쟁, 노동자 정당의 건설, 정치권력의 장악 등을 강조했으며, 자본가 계급의 자본을 사회로 환원하는 것의 중요성을 강조했습니다. 그러나 무정부주의와 노동조합주의가 점점 더 강화됨에 따라 제1인터내셔널은 1872년 9월에 본부를 뉴욕으로 옮기기로 결의하였고, 이에 따라 마르크스의 활동이 중지되었습니다.

그 뒤 마르크스는, 독일의 두 노동당[라살주의적 '독일노동당'과 마르크스주의적 '사회민주노동당'을 말한다. 라살(1825~1864)은 정부의 도움을 받아 노동자복지를 증진시키고자 노력한 인물이다]이 합당하고 1875년 5월에 고타_{Gotha}* 에서 독일 '사회주의 노동당(뒤에 '사회민주당'으로 개명

---

* 독일 튀링겐주에 있는 도시. 독일 사회주의 노동당이 이곳에서 결성되어 '고타 강령'을 채택한 것으로 유명하다.

함)'을 창립하기 위해 만든 '강령 초안'을 비판했습니다(『고타 강령 초안 비판』). 이 글에서 마르크스는 공산주의*가 낮은 단계로부터 높은 단계로 옮겨간다고 주장하면서, 낮은 단계의 특징은 '능력에 따라 노동하고 노동에 따라 분배'하는 것이지만, 높은 단계에 이르면 '능력에 따라 노동하고 필요에 따라 분배한다From each according to his ability, to each according to his needs'라는 깃발이 휘날리게 된다고 말했습니다.

다시 말해 자본주의 사회로부터 갓 벗어난 낮은 단계의 공산주의에서는 각자에게 노동한 시간에 따라 사회의 총생산물을 분배하는데, 이것은 예를 들어 소유한 주식 수에 따라 회사의 이윤을 분배하는 자본주의 사회의 분배원칙과 전혀 다릅니다. 또한 높은 단계의 공산주의에서는 각자의 필요와 욕구에 따라 사회의 총생산물을 분배하게 되는데, 이것은 예컨대 병원 진료와 치료가 모두 무료인 영국에서 아픈 사람은 병원에 자주 가고 아프지 않은 사람은 병원에 가지 않는 것과 마찬가지의 원리입니다.

마르크스와 엥겔스는 독일의 노동운동에서 소시민적인 또는 프티부르주아적인('소시민' 또는 '프티부르주아적'이라는 말은, 자본주의 사회를 온존시키면서 그 속에서 자기들의 생활을 향상시키고자 하는 사상 조류를 가리킨다) 뒤링** 박사의 영향력이 커지는 것에 대해 우려를 표시했고, 엥겔스는 마르크스와 상의하면서 『오이겐 뒤링 씨의 과학 변

---

* 또는 사회주의. 마르크스와 엥겔스는 두 용어를 동일한 의미로 사용했는데, 레닌이 사회주의 이후에 공산주의가 온다고 구분했다.
** 카를 오이겐 뒤링. 1833~1921. 독일의 철학자이자 경제학자로서 사회민주주의 사상을 전개하였다.

혁』(이른바 『안티 뒤링』)을 1878년에 발간했습니다. 그리고 1882년에 엥겔스는 사회주의를 널리 알리기 위해 위 책 중 세 개의 장을 다시 써서 『사회주의: 공상으로부터 과학으로』라는 대중적인 책으로 다시 출간했습니다.

가난한 저술가로서의 삶

마르크스는 가난한 저술가로 일생을 보냈습니다. 22세에 철학박사 학위를 받은 뒤 교수가 되려고 노력했지만 프러시아 정부가 그의 급진적인 사상을 문제 삼아 교수로 받아주지 않아, 고정적인 일자리를 얻지 못했기 때문입니다. 그가 가장 오랫동안 유지한 일자리는 1851년에서 1862년까지 미국의 일간신문 《뉴욕 데일리 트리뷴》에 유럽 문제를 해설하는 기사를 쓰는 일이었습니다. 그도 처음에는 아버지에게 도움을 받았으나 20세에 아버지가 돌아가신 뒤로 도움을 받지 못했고, 결혼해서는 귀족인 처가로부터 도움을 좀 받았지만 항상 가난했습니다.

물론 『자본론』을 출판하여 약간의 금전적 도움을 받기는 했습니다. 1867년에 출판된 『자본론』 독일어 제1판은 1,000부가 발행되었고, 1872년에서 1873년 사이에 출판된 독일어 제2판은 3,000부, 1872년에 간행된 러시아어판은 3,000부, 그리고 1872년에 파리에서 간행되기 시작한 프랑스어판은 1만 부가 발행되었기 때문입니다[『자본론』 제1권의 내용을 노동자들이 알기 쉽게 요약한 작은 책 『자본론 입문』을 1873년에 발간한 모스트Johann Most는, 당시에 "『자본론』은 제1권만 출간되었는데도 이미 광범한 독자를 끌고 있지만, 책값이 너무 비싸 보통의 노동자들은 살 수가 없습니다”라고 하였다(『자본론 입문』, 오타니 데이노쓰케 옮김, 2009 참조)].

그러나 당시 런던의 평균 수준으로 세 딸을 키우기 위해서는 많은 돈이 필요했는데, 이 돈의 대부분을 친구인 엥겔스로부터 받아 썼습니다. 엥겔스는 1850년 7월에 맨체스터에 있는 공동 소유의 방적 공장을 경영하기 위해 다시 그곳으로 가서 아일랜드 출신의 메리 번스와 결혼했습니다. 1869년에는 방적 공장을 공동 소유자에게 넘겨주면서 보상금을 받았고, 그 이듬해에 런던의 마르크스 집에서 멀지 않은 곳에 살면서 마르크스를 지원한 것입니다.

혁명가 마르크스의 비문

마르크스의 부인은 1881년 12월 21일에, 그리고 마르크스는 1883년 3월 14일에 런던에서 죽었습니다. 마르크스의 가족묘는 런던 시내 북쪽의 하이게이트 공동묘지에 있으며, 비문에는 다음과 같이 쓰여 있습니다.

지금까지 철학자들은 세계를 여러 가지 각도에서 해석하는 일에만 열중했다. 그러나 문제의 핵심은 세계를 변혁시키는 일이다.

The philosophers have only interpreted the world in various ways. The point however is to change it.

이 비문은 1845년 마르크스가 쓴 「포이어바흐에 관한 테제들」의 마지막 11번째 테제입니다. 마르크스와 엥겔스는 헤겔의 관념론을 버리고 유물론으로 전환하는 과정에서 포이어바흐의 『기독교의 본질』(1841)로부터 많은 영향을 받았습니다. "신은 하늘나라에서 스스로 살고 있는 성스러운 존재가 아니라 인간의 두뇌가 만들어낸 것"이라는 주장은, 헤겔이 말하는 이데아(이념 또는 생각)가 세상을 변화·발전시킨다는 주장을 완전히 무너뜨리는 것이었기 때문입니다.

그러나 마르크스는 포이어바흐를 연구하는 과정에서 "종교는 인민의 아편이다(1844년에 쓴 「헤겔 법철학의 비판을 위하여」 중 서설에서)"라고 주장하면서, 포이어바흐의 형이상학적 유물론을 비판하게 됩니다. 왜냐하면 인민대중에게 현실적인 고통을 잠시나마 잊게 하면서 환상적인 행복을 주는 아편 같은 종교를 비판하기 위해서는 현실적인 고통과 낙망의 원인에 대한 비판이 절대로 필요하기 때문입니다. 그다음 마르크스는 「포이어바흐에 관한 테제들」에서 인간들이 살아가는 환경을 변화시킴으로써 인간들의 지식과 능력을 변화시키는 '혁명적 실천'이 필요하다는 점을 크게 강조하고 있습니다. 세상을 이리저리 '해석'하는데 시간을 보내지 말고 세상을 '변혁'시켜야만 온갖 미신들이 사라진다는 이야기입니다.

마르크스가 엥겔스에게 보낸 구호 요청 편지들

"1주 전에는 전당포에 맡긴 옷을 찾지 못해 외출을 할 수 없었네. 그리고 이제 외상 거래가 끊겨서 고기를 먹을 수도 없네. 모든 이런 일들은 하찮은 일이지만 어느 날 이것들이 스캔들이 될지도 몰라 걱정이네."(1852. 2. 27)

"나의 아내와 어린 예니 모두가 아프네. 그런데 돈이 없어 의사를 부를 수가 없네. 지난 8~10일 동안 나는 가족들에게 빵과 감자만 먹였는데 오늘은 그것마저도 먹일 수 있을지 걱정이네……. 어떻게 하면 이런 경제적 곤란으로부터 벗어날지……."(1852. 9. 8)

"우리의 불행은 이제 최악의 상태에 도달했네."(1853. 1. 21)

"지난 10일 동안 우리 집에는 한 푼의 돈도 없었네."(1853. 10. 8)

"현재 나는 전당포에만 수입의 25퍼센트를 지급하고 있네. 빚도 하도 많아 가계부를 정리할 수가 없네. 우리 동네에 콜레라가 들어오고 있는데, 돈이 한 푼도 없다는 것이 정말 걱정스럽네."(1854. 9. 13)

"내가 이층에서 당신에게 지난번 편지를 쓰는 동안, 아내는 아래층에서 빚쟁이들에게 둘러싸여 빚을 갚으라고 독촉받고 있었네."(1857. 12. 8)

"나는 방금 지방세 징수관으로부터 세 번째로 보낸 마지막 경고 편지를 받았네. 월요일까지 세금을 내지 않으면 월요일 오후에 재산압류인을 보낸다고 하네. 가능하다면 몇 파운드라도 보내주게."(1857. 12. 18)

02

자본주의 경제 연구방법

마르크스는 인류 역사가 단계적으로 발달해 왔으며 자본주의 사회는 인류 역사의 특수한 단계에 속한다는 것을 강조했습니다. 다시 말해 자본주의는 영구불멸하는 사회형태가 아니며 새로운 사회로 바뀔 수밖에 없다는 것입니다. 그리고 자본주의 사회의 경제적 운동법칙을 발견하기 위해, 자본주의 사회를 단순화시켜 자본주의적 생산양식이라는 개념을 만들어내고, 이 생산양식의 주연배우로 자본가 계급과 임금노동자 계급을 등장시켜 이들 사이의 착취관계를 연구했습니다. 이런 연구방법은 이기심이라는 인간의 본성에 의거하고 있는 부르주아경제학(또는 주류경제학)과는 전혀 다른 과학적인 방법입니다.

자본주의 사회는 인류 역사의 특수한 단계

마르크스에 따르면, 인류는 대체로 원시공산 사회, 노예 사회, 봉

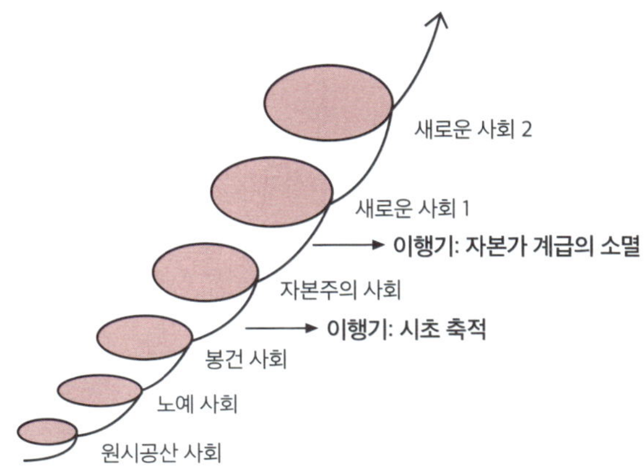

<그림 1-1> 인류의 역사

건 사회, 자본주의 사회로 발전하여 왔으며, 앞으로 사회주의(공산주의) 사회[마르크스는 사회주의(공산주의) 사회를 '인간에 의한 인간의 착취가 없는 사회' 또는 '자유로운 생산자들의 연합'이라고 전망했다. 현실 사회주의 나라(과거의 소련이나 동유럽 또는 현재의 북한이나 쿠바 사회)가 마르크스가 말한 사회주의 사회인가에 대해서는 많은 의문이 제기되었다. 특히 1990년대 전반기에 다수의 현실 사회주의 나라가 몰락했는데, 현재의 평가에 따르면 현실 사회주의 나라에서 노동자들이 해방되지 못하고 국가 관료와 공산당 간부에 의해 지배·억압되고 있었기 때문에, 마르크스가 말한 사회주의 사회가 아니었다는 주장이 대세다]로 발전할 것이라고 합니다. 그러나 나중에 마르크스는 다음과 같은 점을 분명히 했습니다.

첫째로 위의 역사발전단계설은 자기가 살던 유럽에 국한되는 것이며, 지구상의 모든 나라가 반드시 따랐다든가 따라야 함을 의미하지 않는다는 것입니다. 둘째로 사회주의 사회에서 인류 역사가 끝나는 것이 아니라, 이 단계에서 '타인 노동의 착취에 의거하는 사적 소유'가 사라지기 때문에 이와 같은 사적 소유로 말미암아 생기는 계급투쟁이 끝난다는 것입니다. 따라서 인류 사회는 사회주의 사회 이후에도 개인과 개인 사이의 관계나 사회와 자연 사이의 관계의 변혁 등을 통해 여러 단계의 새로운 사회를 겪을 것으로 보입니다.

마르크스는 자본주의가 인류 역사의 하나의 특수한 단계이며, 자본주의 경제는 다음과 같은 역사적 특수성 또는 차별성을 가지고 있다고 봅니다.

첫째로 생산의 목적이 인간의 욕구와 필요를 직접적으로 충족시키는 것에 있는 것이 아니라, 자본가 계급의 이윤 획득에 있다는 것입니다. 따라서 자본주의에서는 독특한 사건들이 일어나고 있습니다. 기계를 도입하는 경우를 살펴봅시다. 기계는 종래의 생산량을 더 빨리 생산해 내기 때문에 노동자들에 노동시간을 단축시켜 주고, 어렵고 힘든 일을 대신하기 때문에 노동자들이 편하게 노동할 수 있게 합니다. 따라서 기계 그 자체는 노동자를 노동으로부터 해방시키고 그들의 여가시간을 증가시켜 줍니다.

그러나 자본가들이 이윤을 증대하기 위해 기계를 도입하면, 값싼 상품을 대량으로 생산해 시장을 독점하기 위해 노동자의 노동시간을 오히려 연장하고, 컨베이어벨트를 더욱 빨리 회전시켜 노동자가 눈코 뜰 사이 없이 작업에 매달리게 하며, 이미 고용한 노동자들을 해고하기 때문에, 노동자 계급은 더욱 힘들고 가난하게 됩니다.

둘째로 자본주의 사회에서는 생산이 무계획적으로 이루어진다는

영화 <모던 타임즈>의 한 장면

1900년대 미국의 산업혁명을 풍자한 코미디 무성영화. 컨베이어벨트에서 하루 종일 볼트 조이는 일을 하는 주인공 찰리의 이야기를 소재로, 자본주의의 비인간성을 유쾌하게 고발하는 명작이다.

점입니다. 개별 자본가는 자기의 상품을 만드는 데 필요한 기계나 원료와 노동력*을 시장에서 상품으로 구입하여, 생산과정에서 노동자로 하여금 기계를 사용해 원료를 가공하여 상품을 만들게 합니다. 그리고 이 상품을 시장에 팔아 화폐를 얻음으로써, 다시 상품을 생산할 수 있게 됩니다.

그런데 개별 자본가는 자기의 상품을 사회가 얼마나 많이 필요로 하는지를 알지 못하는 상태에서 상품을 생산하여 시장에 공급합니

---

* 노동력은 노동자가 가진 정신적·육체적 힘이다. 노예와 달리, 현재의 노동자는 자기 몸 전체를 자본가에게 파는 것이 아니라, 예컨대 하루나 한 주나 한 달, 1년 동안 노동력을 자본가에게 판다. 따라서 노동력이 상품이며, 노동력의 하루 가격이 일당이고, 노동력의 한 달 가격이 월급이다(3부 2장 참조).

다. 결국 시장에서 실제로 팔린 상품량을 통해서만 사회가 자기의 상품을 얼마나 많이 필요로 했는가를 사후에 알게 됩니다. 이에 따라 어떤 때는 공급이 수요를 초과하는 과잉생산이 나타나고, 또 어떤 때는 공급이 수요보다 적은 과소생산이 생깁니다. 과잉생산에서는 상품의 가격이 하락하고, 상품을 팔지 못한 자본가는 파산할 수도 있습니다. 이런 이유로 경제적 혼란이 일어납니다.

그리고 무계획적인 생산에서는 개별 자본가들이 새로운 상품과 생산방법을 경쟁적으로 도입하기 때문에, 유행에 뒤떨어진 상품을 생산하는 자본가나 낡은 생산방법을 가지고 있는 자본가는 파산할 수밖에 없으며, 이에 따라 인적·물적 자원이 대규모로 낭비됩니다. 따라서 자본주의 경제는, 주민들의 필요량에 따라 재화와 서비스를 생산하는 계획경제에서보다 훨씬 더 큰 불확실성과 불안정성에 사로잡히게 됩니다. 그래서 '시장이 가장 효율적'이라고 주장하는 근거는 매우 약한 편입니다.

셋째로 자본주의 사회는 다른 모든 역사적인 사회와 마찬가지로 당연히 몰락할 것이지만, 몰락의 주된 이유는 경제 위기와 공황[*]이 심각해지면서 사회의 물적·인적 자원이 점점 더 낭비된다는 점과, 이 과정에서 자본가 계급과 노동자 계급 사이의 투쟁이 격렬해진다는 점에 있습니다. 특히 과학기술이 발달하여 생산능력이 모든 주민

---

[*] 경기변동에서 '활황' 국면을 지나 경기나 후퇴하는 국면을 '경제 위기'라고 부른다. 경제 위기에서는 정부가 재정금융 확장정책을 채택하기 때문에 대체로 경기가 회복되는 것이 일반적이지만, 확장정책을 펴는데도 파산이나 실업이 더욱 증가하면, 경기는 '공황' 국면에 빠진다고 말할 수 있다. 미국 경제는 2007년 중반 이후 경제 위기에 빠졌고, 2008년 9월에 거대한 투자은행 리먼브라더스가 파산할 때 공황에 빠졌다(5부 2장 참조).

1930년대 대공황의 상처

마르크스는 경제 위기와 공황을 자본주의가 몰락하는 주된 원인으로 제시했다. 사진은 1932년 미국의 대공황으로 무료 급식을 받기 위해 길게 줄을 선 노숙자와 실업자의 행렬이다.

들을 잘살게 할 수 있는 수준에 도달하고 있는데도, 일부 거대 자본가들이 모든 이익을 독점하기 때문에 주민들 대부분이 억압과 궁핍에서 헤어나지 못하는 것에 대한 반항이 자본주의 사회를 타도하는 원동력이 될 것입니다. 사실상 경제 위기와 공황은 자본주의적 생산관계 또는 자본가 계급이 거대한 생산력을 제대로 관리하지 못하고 있음을 분명히 보여줍니다. 경제 위기와 공황에서는 수많은 상공업 기업들과 금융 기업들이 파산하고 수많은 노동자들이 실직하기 때문에, 엄청난 규모로 생산력이 낭비됩니다.

그런데 이처럼 생산력이 낭비되고 노동자 계급과 인민들의 생활이 비참하게 되는 궁극적인 이유가 자본가 계급이 모든 주민들의 필요와 욕구를 충족시키기 위해 생산하지 않고 이윤을 증가시키기 위해 생산하기 때문임을 주민들이 알게 되면서 사회혁명의 시대가 닥쳐온다고 말할 수 있을 것입니다.

자본주의적 생산양식과 사회구성체

마르크스는 『자본론』 제1권 독일어 제1판 서문에서 다음과 같이 말했습니다.

> 현대 사회의 경제적 운동법칙을 발견하는 것이 이 책의 최종 목적이다(I: 6).

> 이 책에서 내 연구대상은 자본주의적 생산방식, 그것에 대응하는 생산관계와 교환관계다. 이것들이 전형적으로 나타나고 있는 나라는 지금까지는 영국이다. 영국이 나의 이론 전개에서 주요한 증거가 되는 이유는 이 때문이다(I: 4).

마르크스는 '사회'를 올바르게 이해하기 위해 '경제'를 철저히 연구해야 한다고 믿었습니다. 그리하여 역사상의 구체적 사회들을 단순화시켜, 사회의 본질과 기본구조를 파악하는 방법으로 생산양식이라는 개념을 창조했습니다. 노예적 생산양식, 봉건적 생산양식, 자본주의적 생산양식 등이 그것입니다.

생산양식은 경제적 토대와 그 위에 선 이데올로기적 상부구조로 구성됩니다. 경제적 토대를 구성하는 항목들은, 생산력과 생산관계(및 교환관계)입니다. 생산력은 한 사회의 생산능력을 가리키는데, 이것은 어떤 노동수단으로 어떻게 생산하는가를 나타내는 생산방식, 과학기술의 발달 정도, 노동자들의 숙련과 지식 정도에 달려 있습니다.

생산관계는 누가 토지·공장·기계·원료 등 생산수단을 소유하며, 누가 생산물을 처분하는가, 생산의 목적은 무엇인가, 사람들은 어떤 위계질서 또는 계급관계에서 재화와 서비스를 생산하는가 등을 포함합니다. 그리고 교환관계는 노동생산물이 유통하는 형태를 나타내는데, 물물교환, 화폐를 매개로 하는 상품교환, 상품과 화폐가 사라진 배급 형태 등이 있을 것입니다. 이 교환관계는 생산관계 안에 포괄되는 것이 보통입니다. 이런 경제적 토대 위에 서 있는 이데올로기적 상부구조에는 정치·법률·사상·문화 등이 포함됩니다.

그런데 어떤 사회의 생산관계가 생산력이 발전하도록 촉진하지

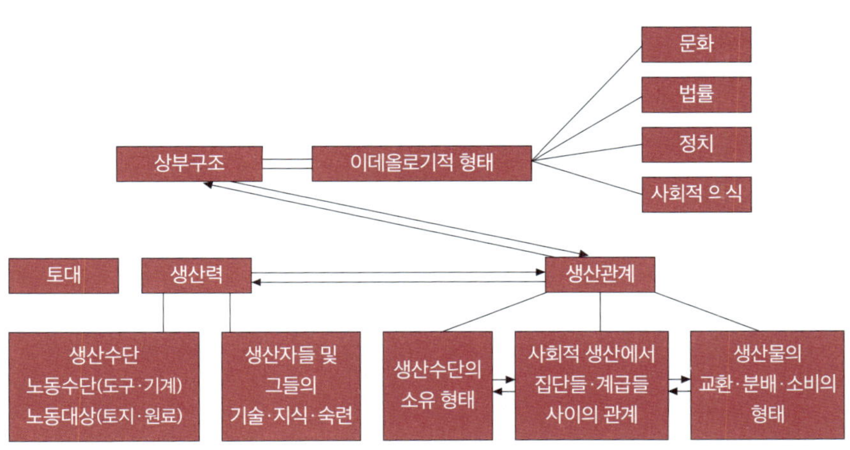

<그림 1-2> 생산양식

못하고 오히려 저지하게 된다면, 다시 말해 생산력과 생산관계 사이에 모순이 생긴다면, 지배계급과 피지배계급 사이의 계급투쟁이 이데올로기적 상부구조에서 일어나 낡은 사회를 무너뜨리고 새로운 사회를 만들어내게 될 것입니다. 마르크스는 다음과 같이 말합니다(이른바 '유물사관의 공식').

사회의 물질적 생산력은 그 발전의 어느 단계에서 당시의 생산관계—이 생산관계를 법률적 용어로 표현한 것이 소유관계인데, 물질적 생산력은 이 소유관계의 틀 안에서 작용해 온 것이다—와 충돌하게 된다. 이 생산관계 또는 소유관계가 생산력을 발전시키는 형태로부터 생산력의 발전을 저지하는 형태로 바뀐다는 말이다. 이 시점에서 사회혁명의 시대가 닥쳐온다. 생산력과 생산관계의 충돌에 관한 인간들의 의식은 법률적·정치적·종교적·예술적·철학적, 한마디로 말해 이데올로기적 형태들을 통해 표현되며, 또한 인간들은 이런 형태들을 통해 투쟁함으로써 생산력과 생산관계의 충돌을 해결하게 된다(마르크스, 『정치경제학 비판을 위하여』의 서문 중에서).

자본주의적 생산양식의 특징은 공장·기계·원료 등을 소유한 자본가 계급이 기계적 대공업에 의거하여 임금노동자 계급을 착취하는 상품·화폐경제라는 점에 있습니다. 따라서 자본주의적 생산양식에 관한 연구는 자본가 계급과 임금노동자 계급 사이의 계급관리에 관한 연구가 핵심입니다.

그런데 『자본론』이 자기의 이론을 뒷받침하는 증거로 자주 내놓

1,200만 명	아기·노인·주부 등 비경제활동 인구, 행정관리·목사·법률가·군인 등 '이데올로기적' 신분들, 금리생활자·지주 등 불로소득자, 구호빈민·부랑자·범죄자 등
161만 명	광공업 종사자(노동자·자본가·자영업자 모두 포함)
110만 명	농업 종사자
121만 명	하인·하녀·심부름꾼 등 봉사자 계급
408만 명	기타

<표1-1> 1861년 잉글랜드와 웨일즈의 인구조사

는 1850년대의 영국 사회에서는, 자본주의적 생산양식을 구성하는 자본가 계급과 임금노동자 계급 외에도 다양한 인구집단이 존재했습니다. 제1권 602쪽에서 603쪽에 걸쳐 마르크스가 인용한 1861년 잉글랜드와 웨일즈의 인구조사에 따르면, 총인구 2,000만 명기 〈표1-1〉과 같이 구성되어 있었습니다.

만약 광공업과 농업 전체에서 자본주의적 생산(즉 자본가가 임금노동자를 고용하여 생산하고 있는 것)이 진행되고 있다고 가정하더라도, 자본주의적 생산에 직접적으로 종사하는 사람들(161만 명+110만 명)은 총인구의 13.6퍼센트(2,000만 명 중 271만 명)에 지나지 않습니다. 사실 광공업 종사자나 농업 종사자 중에는 자영업자(자기가 공장이나 토지를 소유하면서 가족과 함께 생산하는 사람)도 제법 많을 텐데, 자영업자는 자본가이면서 노동자이기도 하는 중간 계급에 속하기 때문에, 자본주의적 생산양식을 연구하는 단계에서는 연구 대상이 되지 않습니다. 또한 하인·하녀·심부름꾼 등 봉사자 계급이 총인구의

6.1퍼센트(2,000만 명중 121만 명)를 차지하고 있는데, 이 계급은 자본가 계급의 개인적 안락을 위하여 일하지만 이윤을 생산하는 사업에는 직접적으로 기여하지 않기 때문에, 자본주의적 생산양식의 연구대상이 되지 않습니다.

이처럼 현실의 자본주의 사회에는 자본가 계급과 임금노동자 계급뿐 아니라 그 밖의 다양한 계급이 함께 살고 있습니다. 따라서 자본주의 사회는 자본가 계급과 임금노동자 계급 사이의 정치적·경제적·이데올로기적 관계에 의해 지배되면서도, 이 두 계급과 기타 다양한 계급 사이의 정치적·경제적·이데올로기적 관계에 의해서도 영향을 받는 사회라고 말해야 할 것입니다(예컨대 1960년대 이전의 한국에서는, 대통령 선거를 할 때마다 각 정당이 농촌 자영농민의 표를 어떻게 끌어 모을까를 두고 고심했다).

이런 의미에서 자본주의 사회를 '자본주의적 사회구성(사회구성체)'이라고 부릅니다. 자본주의 사회를 완전히 이해하려면, 자본주의적 생산양식의 구조와 발전법칙뿐만 아니라 자본주의적 생산양식과 그 밖의 생산양식(예를 들어 자영업자가 운영하는 광공업·농업·서비스업) 사이의 상호관계도 파악해야 할 것입니다.

자본주의적 생산양식의 연구

마르크스는 '현대 자본주의 사회의 경제적 운동법칙'을 발견하기 위해, 『자본론』에서 자본주의적 생산양식의 구조와 발전을 연구했습니다. '구조'를 연구한다는 것은, 자본가 계급과 임금노동자 계급 사이의 착취관계를 연구하는 것과 나아가 노동자 계급으로부터 착취한 잉여가치가 자본가 계급(산업자본가·상업자본가·금융자본가) 사이에서, 그리고 자본가 계급과 지주(토지소유자) 계급 사이에서 어떻게 분배되는가를 연구하는 것을 가리킵니다. 그리고 '발전'을 연구한다는 것은, 자본이 축적됨에 따라 노동자 계급과 자본가 계급의 상황(착취관계와 분배관계)이 어떻게 변화하고, 경제 위기와 공황은 왜 반복되는가를 연구하는 것을 가리킵니다.

이런 연구방법은 자본주의 사회의 큰 계급인 산업자본가 계급·상업자본가 계급·금융자본가 계급·지주 계급·노동자 계급 사이의 경제적 상호관계를 폭로할 뿐만 아니라, 이 계급들 사이의 대립·갈등·투쟁의 방향도 예견하게 합니다. 이것에 관한 『자본론』의 결론을 미리 짧게 말하면, 다음과 같습니다.

산업자본가에 의해 고용된 임금노동자는 생산과정에서 노동을 통해 부가가치를 창조하는데, 이 부가가치는 자기가 받는 '임금'과 산업자본가에게 공짜로 제공하는 '잉여가치'로 이루어져 있습니다(이 잉여가치를 산업자본가가 가지는 것을 "자본가가 노동자를 착취한다"라고 말하는 것이므로, '착취'가 무슨 대단한 '범법행위'인 것처럼 생각해서는 안 된다). 그런데 산업자본가가 사업을 시작할 때 은행(금융자본가)으로부터 돈을 꾸어온 경우에는, 이 잉여가치로부터 금융자본가에게 '이자'를 지급해야 합니다.

또한 산업자본가가 스스로 공장에 직판장을 세워 상품을 팔지 않고 상인(상업자본가)에게 상품을 판매하도록 맡기는 경우에는 이 잉여가치 중 일부를 상인에게 '상업이윤'으로 주어야 하며, 공장 부지를 지주로부터 빌린 경우에는 이 잉여가치에서 '지대'를 지급해야 할 것입니다. 그리고 남는 것이 산업자본가의 '기업이윤'이 된다는 것입니다.

이것이 임금·이자·상업이윤·지대·기업이윤 사이의 '경제적 상호관계'인데, 여기에서 정치적 투쟁관계를 이끌어낼 수 있습니다. 곧 잉여가치를 이자·상업이윤·지대·기업이윤으로 나누어 가지는 문제에 대해서는 금융자본가·상업자본가·지주·산업자본가 사이에 대립과 투쟁이 일어나지만, 부가가치 중 임금을 축소하고 잉여가치를 확대하는 문제에 대해서는 그들 모두가 합심하여 노동자 계급과 투쟁하게 된다는 것입니다.

물론 마르크스는 자본주의 경제를 완전히 분석하기 위해서는, 자본가·지주·임금노동자 계급들 사이의 관계를 연구할 뿐만 아니라, 국가·대외거래·세계 경제도 연구해야 한다고 생각했습니다. 그러나 그는 국가·대외거래·세계 경제에 관해 체계적으로 연구할 수 있는 시간을 가지지 못하고 죽었습니다. 따라서 힐퍼딩*의 『금융자본』과 레닌**의 『제국주의』가 국가·대외거래·세계경제를 다루고 있다는 점에서 주목받았습니다.

그리고 자본가·지주·임금노동자 계급들 사이의 관계에 관해서도 가장 기본적인 지식만 『자본론』 세 권에 남겼을 뿐이고, 구체적 형

---

* 루돌프 힐퍼딩. 1877~1941. 독일의 정치가이자 경제학자. 독점자본주의 단계의 경제를 산업자본과 은행자본이 결합된 금융자본의 운동이라는 측면에서 해명한 『금융자본』을 저술하여 마르크스 경제학의 발전에 공헌하였다.

** 블라디미르 레닌. 1870~1924. 러시아의 혁명가이자 정치가. 러시아 11월 혁명의 중심인물로서 러시아 마르크스주의를 발전시켜 공산당 혁명 정권을 수립했다.

태의 자본(예를 들어 독점자본, 국가
자본)이나 자본주의적이 아닌 형태
의 농업(예를 들어 자작농, 소작농)이
나 노동자 계급의 투쟁방법(예를 들
어 노동조합)에 관해서는 거의 서술
하지 않았습니다.

『자본론』의 목적이 자본주의적
생산양식의 구조와 발전을 연구하
는 것이므로, 『자본론』을 사회주의
등 자본주의 이후에 건설할 새로운
사회나 자본주의 사회의 변혁과 혁
명에 관한 책이라고 생각하는 것은

블라디미르 레닌

마르크스주의자인 레닌은 자신만의 노
선인 레닌주의를 창시했다.

큰 잘못입니다. 물론 『자본론』에는 새로운 사회에 관한 묘사가 몇
군데 있으며, 그 쪽수를 합하면 대체로 13쪽(전체 쪽수의 0.5퍼센트,
「여는 글」 참조)이 됩니다.

그런데 이 묘사도 새로운 사회를 어떻게 건설하는가에 관한 것이
아니라, 자본주의 사회의 특수성을 분명히 드러내기 위하여 새로운
사회의 특징(예를 들어 착취의 소멸, 생산수단의 공유, 계획경제)을 언급
한 것에 지나지 않습니다. 그러나 『자본론』에는 자본주의 사회가 자
기의 '경제적 운동법칙'에 따라 변화·발전하는 과정에서 왜 새로운
사회로 이행할 수밖에 없는가는 제법 자세히 분석되어 있다고 말할
수 있습니다(5부 3장 참조).

부르주아경제학과 어떤 차이가 있나

『자본론』은 자본주의적 생산양식의 구조와 발전을 분석한다고 말했으므로, 자본주의적 생산양식이 미리 주어져 있고 이 자본주의적 생산양식이 자본가나 노동자의 개인행동에 일정한 제약을 가하게 됩니다. 예컨대 자본주의 사회에서 자본가는 이윤을 얻기 위해 노력하는 인간일 뿐이며, 노동자는 임금을 얻어 살아가려고 애쓰는 인간일 뿐입니다.

이런 의미에서 마르크스는 "자본가는 자본이 사람으로 변신한 것이고, 노동자는 노동이 사람으로 변신한 것이다"라고 말합니다. 만약 자본가가 박애주의자여서 노동자가 불쌍하다고 매우 높은 임금을 준다면 이 자본가는 경쟁에서 뒤쳐져 결국 회사 문을 닫고 자본가의 지위를 버려야 하기 때문에, '자본가는 이윤을 얻기 위해 노력하는 인간'이라고 규정하는 것이 타당하게 됩니다.

그러나 자본주의 사회를 유지하는 것과 자본가 계급을 옹호하는 것을 목적으로 삼는 부르주아경제학* 또는 주류경제학은, 모든 사회는 수많은 인간들이 단순히 모인 것에 불과하다고 보기 때문에 인간의 본성과 행태를 알아야 사회의 구조와 발전을 알 수 있습니다. 따라서 부르주아경제학에서 모든 인간 사회를 분석하는 출발점은 인간 그 자체가 됩니다.

---

* 마르크스는 부르주아경제학을 과학적인 부르주아경제학(예: 애덤 스미스와 데이비드 리카도의 경제학)과 속류 부르주아경제학으로 구분한다. 속류 부르주아경제학은 어떤 이론의 옳고 그름을 밝혀내는 것에 관심이 없고, 그 이론이 자본가 계급에게 이로운가 해로운가에만 관심을 가진다.

더욱이 인간 그 자체는 변하지 않는 본성과 행태를 가지고 있으므로, 인류의 역사는 원시공산 사회, 노예 사회, 봉건 사회, 자본주의 사회로 발달해 온 것이 아니라, 인류 역사는 처음부터 지금까지 인간의 본성에 가장 적합한 사회(부르주아경제학은 인간의 본성에 가장 적합한 사회는 자본주의 사회라고 주장하고 있다) 하나만이 존속해 왔으며, 앞으로도 자본주의 사회가 인류 역사의 종말이 올 때까지 존속할 것이라고 말합니다.

그런데 유구한 역사 속에서도 전혀 변하지 않는 인간 그 자체 또는 아무런 사회적 관련을 가지지 않는 순수한 원자론적인 개인은, 현실적으로 결코 존재할 수가 없습니다. 왜냐하면 인간은 가족적 관련을 갖지 않고서는 결코 탄생할 수 없기 때문입니다. 그리하여 부르주아경제학은 어쩔 수 없이 절해고도[*]에 살았다는 로빈슨 크루소를 '순수한 개인'의 대표자로 삼아 설명하기 시작하지만, 로빈슨 크루소는 배가 바다에 빠져 섬에 혼자 살기 전에 이미 자본주의 사회의 물을 먹었던 사람입니다.

그러므로 부르주아경제학은 '인간은 이기적이고 최소 희생으로 최대 이익을 얻으려는 경제인(호모 에코노미쿠스)'이라고 '가정'하게 된 것입니다. 쉽게 말하면, 부르주아경제학은 '경제인'이라는 허수아비를 만들고, 자기가 필요로 하는 인간의 모든 성격(예를 들어 이기주의나 합리성, 경쟁심)을 허수아비에게 주입함으로써, 경제이론을 만들어내고 있는 중입니다. 그런데 이렇게 하더라도 개인의 합이 사회라

---

* 육지에서 아주 멀리 떨어져 있는 외딴섬

는 주장, 또는 개인의 본성이 그대로 사회의 움직임을 결정한다는 주장은 타당하지 않는 경우가 많습니다.

예컨대 모든 개인이 본성에 의해 근검절약하여 저축하려고 한다면, 부르주아경제학은 당연히 사회의 저축 총액이 증가한다고 말해야 할 것이지만, 실제로는 사회의 저축 총액이 '0'이 될 수 있다는 점입니다. 왜냐하면 모든 사람이 저축을 한다고 상품을 구매하지 않으면 상품이 팔리지 않아 생산업체에서 생산을 중단하고 노동자들을 모두 해고할 것이므로, 그 사회에는 소득이 없어지고 따라서 저축이 사라질 수밖에 없기 때문입니다.

또한 부르주아경제학은 역사상의 모든 인간이 '경제인'이라고 보면서, 인류 사회가 처음부터 종말까지 자본주의 사회라고 주장합니다. 그러므로 부르주아경제학은 자본주의를 비판하는 마르크스경제학을 싫어할 뿐만 아니라, 경제의 역사(경제사) 그리고 경제학의 역사(경제학사)에 전혀 관심을 가지지 않습니다.

그러나 노예 사회의 직접적 생산자인 '노예'와 자본주의 사회의 직접적 생산자인 '임금노동자'가 동일하다고 말할 수 없습니다. 왜냐하면 노예는 노예주의 재산으로 노예주가 죽이든지 살리든지 자기 마음대로 처분할 수가 있었지만, 임금노동자는 자본가와 인격적·법적으로는 대등하며 자기 몸 전체를 파는 것이 아니라 자기의 노동력을 일정한 기간을 정하여 팔고 있기 때문입니다.

더욱이 모든 인간이 경제인이라면, 피지배계급인 노예와 임금노동자는 자기 자신의 이해타산에 의해 노예로 되거나 임금노동자로 되기를 '선택'했다고 주장할 수밖에 없는데, 이것은 현실 역사에 대한 최대의 무식을 드러내는 것입니다(2009년에 발생한 대규모 실업자들에 대해, 부르주아경제학자들은 '일자리가 많은데도 취업하기를 거부하는' 자발적 실업자라고 비난했지만, 실제로는 아무리 일하고 싶어도 일자리를 찾을 수 없는 비자발적 실업자들이었다). 이는 앞으로 2부 1장에서 자세히 이야기할 것입니다.

마르크스 장례식에서 엥겔스가 한 애도문

　3월 14일 오후 2시 45분에 살아 있던 가장 위대한 사상가가 생각을 멈추었습니다. 우리가 그를 홀로 남겨둔 2분 뒤에 다시 돌아오니 그는 안락의자에서 평안하게 그러나 영원히 잠들어 있었습니다. 그의 죽음으로 말미암아 유럽과 아메리카의 전투적인 프롤레타리아의 역사과학은 말할 수 없는 손실을 입을 것입니다. (중략)

　다윈이 유기적 자연의 발전법칙을 발견했듯이, 마르크스는 인간역사의 발전법칙을 발견했습니다. 그러나 이 발전법칙은 다음과 같은 매우 단순한 사실들입니다. 인간이 정치·과학·예술·종교 등을 추구할 수 있기 전에, 인간은 무엇보다 먼저 의식주 생활을 해야 한다는 사실 그리고 직접적인 물질적 생활수단의 생산과 어떤 인간집단이 달성한 경제발전의 수준이 그 인간집단의 국가기구, 법적 관념, 예술, 심지어 종교적 관념이 진화해 온 토대를 이룰 뿐만 아니라, 이 토대에 의해 그런 것들이 설명되어야 한다는 사실입니다. (…)

　또한 마르크스는 현재의 자본주의적 생산양식과 이 생산양식이 창조한 부르주아 사회를 지배하는 특수한 운동법칙을 발견했습니다. 잉여가치의 발견은 부르주아경제학자들과 사회주의적 비판가들이 해결하려고 암중모색해 온 그 운동법칙에 갑자기 서광을 비추었습니다. 한 사람의 일생에서 이러한 두 가지 사실을 발견했다는 것으로도 그 삶은 충분하다고 할 수 있습니다. (…)

　마르크스는 무엇보다도 먼저 혁명가였습니다. 그의 일생에서 진정한 임무는, 자본주의 사회와 이 사회가 만들어낸 국가기구의 타도에, 그리고 현대의 프롤레타리아—그가 처음으로 이들에게 자기 자신의 처지와 욕구, 그리고 해방의 조건을 자각하게 했습니다—의 해방에 이러저러한 방식으로 기여하는 것이었습니다. 이리하여 투쟁은 그에게 필수적인 삶의 요소였습니다. 그는 정열적으로 강인하게 투쟁해서 성공을 거두었습니다. (…)

이 때문에 그는 그 시대에 가장 많은 미움과 비난을 받은 사람이었습니다. 정부들—절대주의적이든 공화주의적이든—은 그를 자기의 영토에서 추방했고, 부르주아—보수주의자이든 극단적인 민주주의자이든—는 앞다투어 그에게 중상모략을 일삼았습니다. 그러나 마르크스는 이런 모든 것을 거미줄처럼 걷어버리고 무시했습니다. 지금 그는 수백만 명의 혁명적 노동자들에게 사랑과 존경과 애도를 받으면서 누워 있습니다. 그의 이름과 업적은 수 세기에 걸쳐 빛날 것입니다.

2부

잉여가치의 생산을
분석하기 위한 준비

『자본론』은 가장 깊은 곳의 추상적인 본질로부터 출발하여, 차례차례 더 구체적인 현상형태를 전개하면서, 끝에 가서는 자본주의의 경제적 운동법칙을 제시하고 있습니다. 구체적으로 이야기하면, '상품'과 상품의 '가치'로부터 시작하여 '화폐'로 나아가고, 그다음 화폐가 어떻게 '자본'으로 전환되는가를 설명한 뒤, 자본이 어떻게 이윤을 얻는가를 서술하고, 자본이 이윤을 재투자하는 자본축적 과정에서 자본가 계급과 노동자 계급의 상태는 어떻게 변하는가를 마지막으로 서술하고 있습니다.

『자본론』 제1권의 연구과제

　『자본론』 제1권의 연구과제는, 첫째로 '자본이 이윤 또는 잉여가치를 어떻게 생산하는가'이고, 둘째로 '자본이 노동을 착취하는 사회적 계급관계가 어떻게 유지되고 재생산되는가'입니다.

　첫 번째 과제를 담당하는 부분은 제3편(절대적 잉여가치의 생산), 제4편(상대적 잉여가치의 생산), 제5편(절대적 및 상대적 잉여가치의 생산), 제6편(임금)이고, 두 번째 과제를 연구하는 부분이 제7편(자본의 축적과정)입니다. 따라서 제1편(상품과 화폐), 제2편(화폐가 자본으로 전환), 제8편(이른바 시초 축적)은 위의 핵심 부분을 보완하고 있는 셈이므로, 잉여가치의 생산을 분석하기 위한 준비라고 생각할 수 있습니다.

　『자본론』 제1권 제1편은 상품과 화폐가 무엇인가를 설명하고 있습니다. '화폐'에 대한 설명이 필요한 이유는, 자본가가 이윤을 얻기 위하여 투자할 때 가장 먼저 화폐의 형태로 투자하기 때문입니다. 그런데 화폐가 무엇이며 어떻게 발생했는가를 해명하다 보니 상품들의 교환과정에서 화폐가 발생한 것을 알게 되었기 때문에, 상품을 화폐보다 먼저 서술하게 된 것입니다. 또한 상품을 설명하려면 당연히 '상품의 가치'를 해명해야 하는데, 이 과정에서 노동가치설이 성립되었습니다. 이 노동가치설은『자본론』전체의 내용뿐만 아니라 마르크스주의 전체를 이해하기 위해 필수불가결한 이론입니다.

이리하여 제1편에서 상품과 화폐를 설명한 뒤, 제2편에서는 화폐가 어떤 조건에서 자본으로 전환되는가를 해명하게 됩니다. 그렇게 화폐가 자본으로 전환된 뒤에 비로소 자본이 어떻게 잉여가치를 생산하는가에 관한 설명이 제3편에서 제6편까지 이어지고 있습니다.

그런데 제8편은 역사적으로 자본가 계급과 임금노동자 계급이 어떻게 형성되었는가를 영국의 사례에서 밝히고 있습니다. 봉건 사회로부터 자본주의 사회로 이행하는 시기에, 한편에서는 소수의 사람들이 어떻게 거대한 재산을 자기 수중에 넣게 되었는가, 즉 '자본가 계급의 탄생'을, 다른 한편에서는 대다수 사람들이 어떻게 모든 재산을 잃고 자기가 가진 노동력을 팔지 않으면 안 되게 되었는가, 즉 '임금노동자 계급의 탄생'을 해명하고 있는 셈입니다.

이 책에서는 자본주의 사회가 어떤 사회인지를 미리 분명히 알려주기 위해,『자본론』의 제8편부터 설명하려고 합니다. 흔히『자본론』을 제1편부터 읽기 시작하는 사람들은 너무 어려워 금방 싫증을 내면서 책을 던져버리고 맙니다. 따라서 이야기 부분이 많은 제8편, 제10장(노동일)과 제25장 제5절(자본주의적 축적의 일반법칙의 여증)부터 읽기를 권합니다.

01

자본과 임금노동의 최초 형성과정

자본주의의 핵심적 특징인 자본과 임금노동의 관계(자본관계), 곧 자본가가 임금노동자를 착취하는 관계는 봉건 사회로부터 어떻게 형성되었는가, 다시 말해 자본주의를 성립시키는 '최초 자본'이 어떻게 형성되었는가를 해명하는 것이, 『자본론』 제1권 제8편(이른바 시초 축적)의 과제입니다. 시초 축적은 최초 자본의 형성이라고 바꾸어 말할 수 있습니다.

그런데 어느 한 사람이 화폐·생활자료·기계·기타 생산수단(원료 등)을 가지고 있더라도, 만약 그 필수적 보완물인 임금노동자가 없다면 그는 자본가로 되지 못합니다. 따라서 자본은 물건이 아니라, 자본과 임금노동의 관계를 의미한다고 보아야 할 것입니다.

토지를 빼앗긴 농민들

시초 축적의 역사에서 (…) 무엇보다도 획기적인 것은, 많은 인간이 갑자기 그리고 폭력적으로 그들의 생존수단에서 분리되어 무일푼의 자유롭고 '의지할 곳 없는' 프롤레타리아*로 노동시장에 투입되는 순간이었다(I: 981).

봉건 사회에서 농민은 관습적으로 일정한 토지를 차지하여 자기와 가족의 생계를 유지했으므로, 대규모로 프롤레타리아가 생긴 것은 농민들이 토지를 빼앗겼기 때문입니다. 영국에서는 농노제가 14세기 말에 사실상 소멸했고, 15세기에는 주민의 압도적 다수가 자유로운 자영농민이었습니다. 이 농민들이 어떻게 농촌으로부터 추방되었을까요?

첫째로 플랑드르 지방**에서 모직물 공업이 번영하자 영국의 양모 가격이 뛰어올랐으므로, 지배계급이 경작지와 방목지(공유지)를 목양지로 바꿈으로써, 농민들을 토지로부터 추방했습니다(이것을 '엔클로저encloser'라고 불렀는데, '자기의 땅이라고 울타리를 치는 것'을 뜻한다).

둘째로 16세기에 일어난 종교개혁 과정에서 국왕은 가톨릭교회가 소유한 방대한 교회 토지를 폭력적으로 빼앗아 그 토지를 자기의 신하, 투기적인 차지농업가***, 도시 부르주아에게 헐값으로 팔았고, 이들은 사들인 토지에서 종전의 세습적인 소작인들을 축출했습니다.

셋째로 권력자들은 국유지와 공유지****를 사기와 폭력으로 횡령

---

* '프롤레타리아proletariat'는 인격적으로는 자유롭지만 무일푼인 노동자를 뜻한다.

** 지리적으로는 네덜란드 남서쪽에 위치해 있으며, 1830년에 벨기에 독립전쟁으로 네덜란드에서 분리되어 지금은 동·서 플랑드르 2개 주가 성립되었다. 북유럽과 지중해, 영국과 라인 지방을 잇는 교통의 중심에 위치하기 때문에 브뤼즈를 중심으로 통과무역이 번창하였고, 중세 유럽 최대의 모직공업지대였다.

*** 지주로부터 토지를 빌리고 임금노동자를 고용하여 농산물을 생산하여 팔고, 자기의 이윤에서 일부를 지주에게 지대로 지급하는 농업자본가를 뜻한다.

**** 봉건 사회에서 영주와 농민 모두가 공동으로 가축 등을 키우던 토지를 가리킨다.

하고 사유화함으로서, 농민들을 그 땅에서 쫓아냈습니다.

넷째로 스코틀랜드에서는 씨족의 대표자가 씨족의 토지를 횡령해 사냥터로 바꾸는 과정에서 농민들을 쫓아내기도 했습니다.

결국 위와 같은 방법에 의해 대토지 소유자들이 생겼고, 이들은 목양지를 만들거나 대규모 농업을 경영함으로써 한편으로는 농업노동자를 고용하여 농업을 자본주의적으로 경영했고, 다른 한편으로는 도시의 산업을 위해 무일푼의 자유로운 프롤레타리아를 대규모로 공급한 것입니다.

근대적인 임금노동자 양성에 일조한 국가권력

도시로 나온 무일푼의 자유로운 프롤레타리아는 신흥 매뉴팩처[*]라는 새로운 환경에 적응하기 어려웠으며, 일자리를 구하기도 힘들었습니다. 이리하여 그들은 거지·도둑·부랑자가 될 수밖에 없었는데, 15세기 말과 16세기 전체에 걸쳐 정부는 그들을 범죄자로 취급해 징벌함으로써[토마스 모어(1478~1535)는 1516년에 쓴 『유토피아』에서 배가 고파서 훔치는 사람을 처형하는 것은 정의롭지 못하며, 모든 사람에게 기본생활을 보장한 뒤에 각 개인의 행동에 대해 책임을 묻는 것이 정의롭다고 주장했다. 이런 주장이 나중에 '구빈원' 설립의 철학으로 발전했다(이상헌, 2007 참조)] 법을 지키고 기존 질서에 복종하는 근대적인 인간으로 바꾸고자 노력했습니다.

그리고 1601년부터 정부는 극빈자를 구호하기 위해 구빈원에 수

* manufacture, 산업자본가가 독립적인 수공업자들을 임금노동자로 고용하여 생산했던 공장제 수공업

74

19세기 중엽 영국 구빈원의 모습
구빈원은 정부가 극빈자를 구호한다는 목적으로 1601년부터 운영되었다.

용하고 하루에 12시간씩 노동시킴으로써, 극빈자가 근대적 노동자로 될 수 있게 했습니다(구빈원house of correction은 대가없이 가난한 사람들을 돕는 구호시설이라기보다 자본가의 구미에 맞는 근대적 노동자로 교정하는 현재의 교도소와 비슷하다고 보는 것이 옳다).

또한 신흥 부르주아들은 임금을 인하하고 노동일(하루의 노동시간)을 연장하기 위해, 그리고 노동자를 자본에 종속시키기 위해, 국가권력을 이용했습니다. 영국에서 1349년에 제정된 '노동자법령'은 임금수준을 인하하고 노동일을 연장하기 위한 법이었고, 노동자들이 단결하여 단체협약을 요구하거나 파업하는 것은 14세기부터 1825년까지 큰 죄로 취급되었습니다.

농업의 자본주의화

차지농업가는 지주로부터 토지를 빌리고, 임금노동자를 고용하여 농산물을 생산해 팔아 이윤을 얻고, 그 이윤 중 일부를 지주에게 지대로 지급하는 농업자본가입니다. 이런 자본주의적 차지농업가가 어떻게 발생했을까요?

영국에서는 영주의 토지를 관리하는 농노인 '베일리프'로부터 시작해, 지주로부터 종자·가축·농기구를 공급받는 차지농업가, 그리고 총생산물을 지주와 나누어 가지는 분익농의 형태를 거쳐 진정한 차지농업가가 탄생했습니다.

1470년에서 시작해 16세기의 거의 전 기간에 걸쳐 계속된 '농업혁명'이 차지농업가를 부유하게 만들었습니다. 그들은 공유지 등을 횡령함으로써 아무런 비용도 들이지 않고 가축 수를 현저하게 증가시켰고, 가축들이 토지에 쓸 풍부한 비료를 제공했으므로 생산물을 크게 증가시킬 수 있었습니다.

또한 16세기의 가격혁명*은 농업노동자의 실질임금을 저하시키고 지주에게 지급하는 화폐지대**의 부담을 크게 경감시킴으로써, 차지농업가들이 부를 크게 축적하게 했습니다. 이리하여 16세기 말에

---

* 16세기 초에 남미로부터 대량의 귀금속이 유입하면서 농산물 가격을 포함해 모든 물가가 폭등한 사건이다. 물가상승에 따라 실질임금이 감소하여 노동자의 생활수준이 저하되었다. 반면 농업자본가에게는 화폐지대의 부담을 경감시켜 큰 이윤을 주었다.

** 땅을 빌린 대가를 돈으로 지급하는 방식이다. 지주에게 해마다 예컨대 100만 원의 현금을 지대로 지급하기로 계약했는데, 농산물의 가격이 폭등하는 경우에, 농산물 생산 총량에서 차지하는 지대의 비중이 매우 낮아지기 때문에 차지농업가는 큰 이익을 보게 되었다. 토지를 빌리는 계약기간이 99년인 경우가 많았는데, 이 관습에 따라 영국 정부는 홍콩을 99년 동안 중국 정부로부터 빌렸다.

자본주의적 차지농업가가 형성되었습니다.

국내 시장의 확대

차지농업가가 지주 대신 경작에 전념하게 됨에 따라 경작방법이 개량되고 임금노동자의 노동시간이 연장되며 노동강도가 강화되었습니다. 또한 임금노동자의 채마밭이 축소됨으로써, 동일한 면적의 토지에서 경작자 수의 감소에도 불구하고 더 많은 생산물을 생산하게 되었습니다. 이리하여 농산물의 가격이 하락했고, 산업자본가는 노동자의 임금을 인하할 수 있었습니다.

더욱이 농업의 자본주의화는 공산품의 국내시장을 크게 확대했는데, 그 이유는 무엇이었을까요? 첫째로 농민이 도시의 임금노동자가 됨으로써, 농민 가족은 식량과 식료품을 모두 시장에서 상품으로 구입해야 했기 때문입니다. 둘째로 농민 가족은 자기들이 소비하기 위해 집에서 방적하고 직조하던 의류들을 모두 시장에서 구입해야 했기 때문입니다. 셋째로 농촌의 부업이 파괴되어 농촌은 공산품을 완전히 도시의 공업에 의존할 수밖에 없게 되었기 때문입니다.

산업자본가의 탄생

공업 부문에서 산업자본이 형성되기 시작한 것은, 첫째로 15세기 이후의 지리적 대발견에 의해 공산품 시장이 크게 확대되어 자본주의 이전에 자본의 기능을 하던 고리대자본과 상업자본이 산업자본으로 전환했기 때문입니다. 둘째로 식민지 약탈, 고금리의 국채 매입, 조세 포탈, 수입 금지에 의한 국내시장 독점, 수출장려금에 의한 해외 시장 개척 등으로 산업자본가의 부가 크게 증가했기 때문입니다.

그런데 자유식민지에서는 대량의 토지가 공공 소유이며, 따라서 이주자마다 그 일부를 점유해 집을 짓거나 농사를 지을 수 있었습니다. 이주자들은 공장의 노동자가 되기보다 스스로 자영농민으로 살아가기를 선호하기 때문에, 화폐 소유자들은 임금노동자를 구할 수 없어 자본가가 될 수 없었습니다.

영국 정부는 오스트레일리아에서 유럽 이주자들을 '무일푼의 자유로운 프롤레타리아'로 만들기 위해, 처녀지에 대한 가격을 인위적으로 높여 이주자들이 토지를 살 수 있을 만큼 돈을 벌려면 비교적 상당히 오랜 기간 임금노동자로 일할 수밖에 없게 만들었습니다. 그러나 이 정책은 완전히 실패했습니다. 왜냐하면 유럽 이주자들이 오스트레일리아로 오지 않고, 모두 여전히 토지를 공짜로 차지할 수 있던 미국으로 가버렸기 때문입니다.

여기에서 확인할 수 있는 것은, 타인의 노동을 착취함으로써 이뤄지는 자본주의적 사적 소유는 개인 자신의 노동에 의거한 사적 소유를 철폐해야만 가능하다는 점입니다. 다시 말해 자본주의는 임금노동자로부터 자기 노동력을 자기가 이용할 수 있는 모든 조건을 빼앗아야만 성립할 수 있다는 점입니다. 따라서 자본주의는 자본가들의 이윤을 증가시키기 위해 주민 대다수를 빈곤하게 만들어야만 한다는 독특한 성격을 지니고 있습니다. 그러므로 자본은 기계나 화폐 같은 물건이 아니라, 자본이 임금노동자를 착취하는 사회적 관계라고 보아야 합니다.

시초 축적의 진실

시초 축적 또는 최초 자본의 형성에 관해 자본가들과 그들의 이론적 대변인들, 곧 부르주아경제학자들은 다음과 같이 이야기합니다.

옛날에 두 가지 유형의 사람들이 살았는데, 한 유형은 근검절약하고 저축하는 사람들이고, 다른 한 유형은 방탕하여 모든 소득을 낭비하는 사람들이었다. 전자의 사람은 자본가로 성장하고, 후자의 사람은 무일푼이 되어 자기의 노동력을 팔아 먹고사는 임금노동자가 되었다.

그러나 마르크스가 제시한 시초 축적의 방법은 사기와 횡령, 무자비한 폭력, 국가권력의 이용, 식민지 약탈, 고리대금업, 조세 포탈, 수입 금지와 수출 장려 정책 등이며, 이 방법들에 의해 한편으로는 일부 사람들이 부를 모아서 농업자본가와 공업자본가가 되었고, 다른 한편으로는 무일푼의 자유로운 프롤레타리아가 대규모로 생겨 농업과 공업의 임금노동자가 되었다는 것입니다. 마르크스는 다음과 같은 결론을 내립니다.

이 모든 방법들은 봉건적 생산양식을 자본주의적 생산양식으로 전환하는 과정을 온실 속에서처럼 촉진해 그 과도기를 단축시키기 위해, 사회의 집중되고 조직된 힘인 국가권력을 이용한다. 힘은 낡은 사회가 새로운 사회를 잉태하고 있을 때는 언제나 그 조산사가 된다(I: 1029).

(이렇기 때문에) 자본은 머리에서 발끝까지 모든 털구멍에서 피와 오물을 흘리면서 이 세상에 나온다고 말해야 할 것이다(I: 1041).

02

상품

마르크스는 『자본론』 제1편 제1장(상품)에서 자본주의 사회는 상품생산 사회임을 분명히 하면서, 노동생산물이 상품으로 전환되는 과정이나 상품생산 사회의 특징을 밝히고, 상품의 가치에 관한 노동가치설을 명확하게 전개하고 있습니다.

연구와 서술의 순서

『자본론』 제1권은 자본가들이 이윤 또는 잉여가치를 어떻게 생산하는가를 연구하는 것이 주된 목적인데, 왜 상품과 화폐가 『자본론』에서 가장 먼저 논의되고 있을까요? 2부의 도입부에서도 이야기했지만, 그 이유는 다음과 같습니다.

첫째로 자본가가 어떻게 이윤을 얻고 있는지를 연구하는 과정에서, 자본가는 가장 먼저 자본을 화폐의 형태로 투자한다는 것을 발견했으므로, 자본을 서술하기 전에 화폐가 무엇인가를 먼저 서술할 필요가 있었기 때문입니다. 둘째로 화폐가 무엇인가를 조사하는 과정에서 상품들이 교환될 때 화폐가 필연적으로 발생하게 된다는 것을 발견했으므로, 화폐를 서술하기 전에 상품이 무엇인가를 먼저 서술해야 했기 때문입니다(따라서 연구의 순서는 '자본→화폐→상품'이지만, 서술의 순서는 '상품→화폐→자본'이 된 것이다).

『자본론』은 마르크스가 10여 년 동안 연구한 결과를 서술한 책입니다. 〈그림 2-1〉에서 보는 바와 같이 마르크스는, 현실 경제의 복잡하고 뒤얽힌 현상들 속에 숨어 있는 본질적인 관련과 법칙 들을 찾아내기 위해 여러 분야에 관한 연구를 실시했습니다. 또한 이 연구로 얻은 본질적인 관련과 법칙 들을 동원하여 실제의 복잡하고

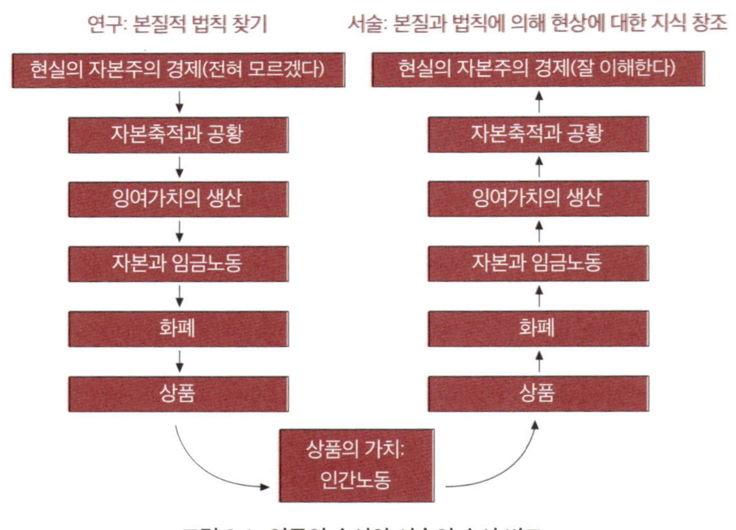

<그림 2-1> 연구의 순서와 서술의 순서 비교

뒤얽힌 경제현상을 설명할 수 있음을 확인하였습니다. 이리하여 비로소 현대 자본주의의 경제적 운동법칙을 발견한 것입니다.

따라서 『자본론』은 가장 깊은 곳의 추상적인 본질로부터 출발하여, 차례차례 더 구체적인 현상형태를 전개하면서, 끝에 가서는 자본주의의 경제적 운동법칙을 제시하고 있습니다. 구체적으로 이야기하면, '상품'과 상품의 '가치'로부터 시작하여 '화폐'로 나아가고, 그다음 화폐가 어떻게 '자본'으로 전환되는가를 설명한 뒤, 자본이 어떻게 이윤을 얻는가를 서술하고, 자본이 이윤을 재투자하는 자본 축적 과정에서 자본가 계급과 노동자 계급의 상태는 어떻게 변하는가를 마지막으로 서술하고 있습니다.

노동생산물이 상품으로 되지 않는 경우

인간의 노동생산물인 재화와 서비스가 시장에 나가 상품으로 매매되는 것은, 매우 특수한 역사적 상황에서 발생합니다. 노동생산물이 상품으로 되지 않는 경우는 매우 많습니다.

로빈슨 크루소는 섬 생활에서 자기의 필요와 욕망을 충족시키기 위하여, 자기의 노동시간을 분할해 여러 가지 '유용한 노동'을 했습니다. 그러나 그 노동생산물은 상품이 될 수 없었습니다. 그것을 구매할 사람이 아무도 없었기 때문입니다.

유럽 중세에는 인격적 예속관계(농노는 영주에게, 그리고 보통 사람은 성직자에게 인격적으로 종속되어 있었다)가 지배했는데, 농노는 1년 중 일정 기간을 영주를 위해 부역하거나, 자기 노동생산물의 일정부분을 공납으로 영주에게 그리고 십일조*를 성직자에게 공짜로 바쳤습니다. 이러한 인격적 예속관계에서는 농노가 자기의 노동생산물을 영주에게나 성직자에게 판매할 수가 없었습니다.

자기 가족이 소비하기 위해 필요한 물건들을 스스로 생산하는 농민 가족의 가부장적 생산에서는, 가족노동(집단노동)으로 여러 가지 유용한 물건들을 생산하지만 이 물건들이 상품으로서 시장에 나타나지 않습니다. 가장은 가족구성원의 성별·연령별 차이에 따라 상이한 노동(예를 들어 농경·목축·방적·직조·재봉)을 맡기고 분업을 실시합니다. 분업은 있지만, 노동생산물이 상품으로 시장에 등장하지는 않습니다.

상품생산 사회의 특징

상품생산 사회에는 단순 상품생산 사회와 자본주의적 상품생산 사회가 있습니다. 전자에서는 임금노동자를 고용하지 않고, 주로 자영업자(농민과 수공업자)가 자기가 생산한 노동생산물 중 자기가 필요로 하는 양을 넘는 생산물을 시장에 가서 팔아 다른 상품을 구매합니다. 어쨌든 상품생산 사회에서는 생산자들이 서로 독립적으로 생산하고 각자의 생산물을 시장에서 상품으로 서로 교환함으로써, 각자의 필요와 욕망을 충족시키면서 사회의 신진대사가 이루어집니다.

---

* 중세 유럽의 교회가 교구민으로부터 수입의 1/10을 징수하였던 세

영국 런던의 코번트 가든 시장(1825, 조지 샤프)

코번트 가든은 17세기에 만들어진 영국 최대의 청과물 시장이었다. 청과물과 화초류가 도매로 거래되었다.

노동생산물이 상품으로 등장하는 상품생산 사회는 다음과 같은 특징을 가집니다. 첫째로 사회구성원들이 어떤 분야에서 그리고 어떻게 노동하고 있는가는, 시장에 등장하는 상품을 통해서만 알 수 있습니다. 봉건 사회에서는 영주의 지휘에 따라 생산자들이 일을 했기 때문에, 남들이 무엇을 하고 있는가를 직접적으로 볼 수 있었습니다.

둘째로 개인적으로 또는 사적으로 생산한 물건이 시장에서 팔리지 않는다면, 그 물건을 만들기 위해 지출한 생산자의 노동, 즉 사적 노동은 낭비된 셈입니다. 사적 노동의 생산물이 시장에서 판매될 때 비로소 그 생산물은 사회적으로 유용한 상품이 되고, 이리하여 사적 노동이 사회적 노동으로 승인되는 셈입니다. 개별 생산자는 항상 판매의 불확실성과 불안정성에 사로잡혀 있습니다.

셋째로 한 사회의 생산수단(기계·원료)과 노동력 전체가 인간들의 의식적 계획이나 지도층의 권위에 의해 사용되는 것이 아니라, 시장 기구(또는 상품의 수요와 공급)에 의해 관리될 뿐입니다. 따라서 상품들은 과잉생산될 수도 있고 과소생산될 수도 있으며, 과잉생산되는 경우에는 상품의 가격이 하락하고 자기의 상품을 모두 팔지 못한 생산자들은 자기의 노동을 낭비한 것으로 되어 결국 파산합니다.

노동생산물이 상품으로 전환되지 않는 사회들에서는 사회구성원들이 어떻게 생산하며 서로 어떤 관련을 맺고 있는지가 투명했습니다. 하지만 상품생산 사회에서는 상품들과 시장(교환영역)이 사회의 표층에 나타나 각광을 받고, 생산자들의 노동과정·생산과정과 생산자들 사이의 관계는 심층으로 물러나 보이지 않을 뿐 아니라 중요하지 않은 것으로 여겨집니다. 표층과 심층이 분리되어, 표층에 있는 상품·교환의 세계가 심층에 있는 노동·생산의 세계에 의해 규제되고 있는 것을 잊어버리기 쉽습니다(〈그림 2-3〉 참조).

상품의 가치

상품은 시장에서 팔려야 하기 때문에 타인의 필요 또는 욕망을 충족시켜야 합니다. 다시 말해 상품은 사회적으로 유용해야 합니다. 이러한 의미에서 상품은 '사용가치'를 가진다고 말합니다. 그런데 사용가치는 상품 그 자체의 물리적·화학적 속성에 의해 사회적으로 결정되므로, 주관적인 '효용'과는 개념이 다릅니다. 예컨대 빵은 배를 부르게 하는 사용가치를 가지며, 이 사용가치는 부자나 빈민에게나 마찬가지입니다. 그런데 부르주아경제학에 따르면, 빵은 빈민에게는 효용이 크지만 부자에게는 효용이 작다고 말함으로써, 효용의 크기를 잴 수 있다고 주장합니다.

상품은 시장에서 일정한 비율로 다른 상품들과 교환됩니다. 예컨대 한 점의 도자기가 두 벌의 옷, 100그램의 녹차 또는 1그램의 금과 교환됩니다. 이 경우 우리는 한 점의 도자기는 두 벌의 옷, 100그램의 녹차 또는 1그램의 금과 교환될 수 있는 '교환가치'를 가진다고 말합니다. 물론 화폐가 등장한 뒤에는 도자기 한 점의 교환가치가 예컨대 20,000원이라는 가격으로 표현될 것이지만, 아직 우리는 화폐의 개념을 확립하지 않았으므로 당분간 어느 한 상품의 교환가치를 다른 상품들의 수량에 의해 표현할 수밖에 없습니다.

그런데 상이한 구체적 노동(예컨대 도자기공의 노동, 재봉하는 노동, 녹차를 재배하는 노동, 금을 캐는 노동)의 생산물들이 일정한 비율로 서로 교환된다는 것은, 그 상품들이 양적으로 서로 비교할 수 있는 동질적인 그 무엇을 가지고 있음을 가리킨다고 보아야 할 것입니다. 우리는 '동질적인 그 무엇'을 상품의 '가치'라고 부릅니다.

따라서 상품들이 가치를 가지기 때문에, 아무리 그 모양과 성질이 다르더라도 서로 동질적인 것으로 간주되어 일정한 양적 비율로 교환된다고 말할 수 있습니다. 그러므로 앞에서 우리가 상품은 교환가치를 가진다고 말했지만, 표층과 심층을 구별하여 더욱 분명히 말한다면, 표층의 교환가치는 사실상 심층의 가치를 표현하고 있으므로, 상품은 가치를 가진다고 말하는 것이 더욱 정확할 것입니다.

그러면 가치의 실체는 무엇일까요? 먼저 지적해야 할 것은, 이 책의 「여는 글」에서도 말했습니다만, 마르크스가 여기에서 인간의 노동을 매우 중요하게 강조하고 있다는 점입니다. 인간이 자연에 노동을 가하여, 인간생활에 필요한 물건들을 만들어 소비하거나 사용해야만 인간과 인간 사회가 존속할 수 있다는 점, 또한 인간이 노동을 통해 자기의 필요와 욕구를 충족시키기 때문에 노동은 인간에게 기쁨을 주는 원천의 하나라는 점, 그리고 인간은 노동을 통해 자기의 육체적·정신적 능력을 증진시킬 뿐만 아니라 인간 상호간의 분업과 협업을 확대하여 인류의 생산력을 크게 증대시킨다는 점 등입니다.

상품가치의 실체를 찾는 방식으로 마르크스는 세 가지를 제시하고 있습니다. 첫 번째 방식은 다음과 같습니다. 각종 상품들을 생산한 구체적 노동은 이질적이기 때문에, 양적으로 서로 비교할 수가 없습니다. 그러나 구체적 노동으로부터 모든 구체적 속성을 배제해 버린 인간노동 일반, 즉 추상적 노동은 동질적이며, 따라서 서로 양적으로 비교할 수가 있습니다. 따라서 상품가치의 실체는 그 상품에 응고되어 있는 추상적 인간노동이라고 말합니다. 그러나 어떤 상품에 얼마나 많은 양의 추상적 인간노동이 응고되어 있는가는, 하나의 상품을 아무리 분해하더라도 알 수 없으며, 오직 상품들이 교환되는 과정에서 드러날 뿐입니다.

다음으로 아무리 이질적인 노동이라도 모두 인간의 두뇌·근육·신경·손 등을 사용한다는 의미에서 인간노동이므로, 그 사회에서 평

1840년대 영국의 방직 공장(왼쪽)과 철강 공장에서 일하는 노동자들(오른쪽)
마르크스는 상품가치의 실체를 찾는 방식에서 인간의 노동을 중요하게 생각했다.

균적인 노동생산성과 노동강도를 가진 단순한 인간노동을 상품가치의 기준으로 삼고, 더 복잡한 노동은 단순노동의 몇 배로 간주하면 될 것입니다. 상품가치를 이러한 평균적인 단순한 인간노동으로 환산하여 계산하는 방식이 두 번째입니다.

한편 자본주의가 발달함에 따라, 이질적인 노동이 점점 더 동질화되고 복잡한 노동이 점점 더 단순화됩니다. 왜냐하면 교육·흔련·모방을 통해 개별 노동자들이 점점 더 동질화되기 때문이고, 기계화·자동화가 숙련과 재능의 중요성을 약화시키기 때문입니다. 또한 다수의 노동자를 고용하는 생산업체들에서는 노동자의 질적 구성(예컨대 숙련공과 미숙련공의 비율)이 사회 전체 노동자의 질적 구성에 접근하기 때문입니다.

따라서 어느 사회의 노동력 전체를 일정한 질적 구성을 가진 하나의 크기로 간주하고 이 노동력 전체가 각종 생산 부문에 분할되어 있다고 보면, 각종 상품들은 동질적인 인간노동의 생산물이라고 규정할 수 있을 것입니다. 이러한 동질적인 인간노동의 생산물이라는 데 착안하여 상품가치를 찾아내는 방식이 세 번째입니다.

위의 세 가지 방식은 사실상 '상품가치의 실체는 그 상품에 응고되어 있는 추상적인 인간노동'이라는 점을 세 가지 다른 각도에서 해명하는 것으로 볼 수 있습니다. 그런데 『자본론』 제1권에서처럼 자본가 계급 전체와 노동자 계급 전체의 상호관계를 해명하는 곳에서는, 노동자 계급 전체가 동질적인 노동자로 구성되어 있다고 가정하면서, 자본가와 노동자 사이의 관계를 분석하면 훨씬 더 편리할 것입니다. 이 경우 상품들은 동질적인 노동자들이 생산하는 것으로 간주됩니다.

또한 상품가치의 실체가 동질적인 인간노동이라고 하면, 상품가치의 크기는 당연하게도 그 상품에 응고되어 있는(또한 대상화되어 있는) 동질적인 인간노동의 양이 될 것이고, 이 가치의 크기는 그 상품의 생산에 드는 노동시간으로 측정되어야 할 것입니다. 그런데 여기에서 주의해야 할 점은 컴퓨터의 가치는 직접 컴퓨터를 조립하는 노동자의 노동시간 외에 부품들을 만든 다른 곳의 노동자들의 노동시간도 포함해야 한다는 것입니다.

이 책에서는 모든 노동자들은 동질적인 노동자이므로 한 시간의 노동에서 동일한 가치를 창조한다고 가정할 것이며, '상품의 가치는 그 상품의 생산에 드는 노동시간'이라고 간단히 표현할 것입니다. 그렇지만 두 자본가 이상이 경쟁하고 있는 상황을 연구하기 위해서는, 각 자본가가 생산하는 상품에 드는 노동시간이 다르다고 가정하지 않을 수 없으므로, 상품의 '개별가치'와 '시장가치'를 구별해야 할 것입니다. 예컨대 어떤 상품 K를 생산하는 데 자본가 '갑'과 '을'은 각각 10시간과 8시간이 들며 또 각각 시장에 100개와 150개를 공급한다면, 상품 K의 시장가치는 '상품 K를 만드는 데 드는 사회적으로 필요한 노동시간'이므로 8.8시간이 될 것입니다.

$$[(10시간×100개)+(8시간×150개)]÷(100개+150개)=8.8시간$$

그런데 갑 상품의 개별가치는 10시간(화폐의 개념이 확립된 이후에는 10원이라고 이야기할 수도 있음)이므로, 시장가치 8.8시간(8.8원)에 팔면, 손실이 1개당 1.2시간(1.2원)이 될 것이고, 을 상품의 개별가치는 8시간(8원)이므로, 시장가치 8.8시간(8.8원)에 팔면 1개당 0.8시간(0.8원)의 초과이윤을 얻게 될 것입니다. 따라서 갑은 새로운 기술을 도입하여 자기 상품의 개별가치를 저하시키려고 노력해야 할 것입니다(4부 1장의 '초과이윤'에 대한 내용 참조).

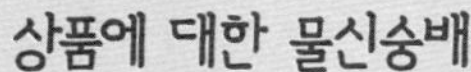

상품에 대한 물신숭배

노동생산물들이 상품으로 전환되어 시장에서 일정한 비율로 교환되기 시작하면, 사람들은 시장에서 상품들을 사고파느라고 정신이 없어 생산자들이 어떻게 상품을 생산했는지에 대해서는 관심이 없어진다. 이리하여 상품들의 가치나 교환비율이 상품들을 생산한 생산자들의 노동을 반영하는 것이라는 사실을 잊어버리게 된다.

예컨대 생산자들이 동질적인 인간노동을 상품의 생산에 쏟았기 때문에 상품이 '가치'를 가지게 되었다는 사실, 그리고 상품의 생산에 드는 인간노동의 양에 따라 상품가치의 크기가 달라진다는 사실, 또는 모든 노동생산물이 처음부터 상품이었던 것이 아니라 어느 일정한 발전단계에서 노동생산물이 시장에서 상품으로 매매되기 시작했다는 사실 등을 잊어버리게 되는 것이다.

따라서 상품들 사이의 교환비율이 시장의 수요와 공급에 의해 우연히 결정되는 것처럼 이해함으로써, 상품들 사이의 관계나 시장(교환영역)이 사회의 표층에서 각광을 받게 되고, 생산자들에 의한 상품의 생산과정이나 생산자들 사이의 관계는 심층으로 물러나 보이지 않게 된다. 사람들은 노동생산물은 처음부터 상품이며 다른 노동생산물과 교환할 수 있는 힘을 가진다고 생각하는데, 이것을 마르크스는 '상품에 대한 물신숭배fetishism'라고 부른다.

특히 사회의 표층과 심층이 분리되기 시작하면서 사물과 현상의 본질을 점점 더 파악하지 못하게 되는 것이다. 마르크스의 노동가치설은 표층과 심층을 연결시켜 현상을 본질로부터 올바르게 설명하려고 노력함으로써, 상품에 대한 물신숭배를 제거한다(〈그림 2-3〉 참조).

03

화폐

자본주의 경제는 물물교환 경제가 아니라 화폐경제입니다. 밀을 가진 사람이 쌀과 교환하려고 하더라도, 밀과 쌀을 직접 교환하는 물물교환은 사라졌으며, 이제는 밀을 팔아 화폐를 얻고 그 화폐로 다시 쌀을 구매해야 되는 것입니다.

그렇다면 화폐는 어떻게 탄생하게 되었을까요? 그리고 화폐는 어떤 기능을 가지고 있을까요? 그리고 『자본론』에서 말하는 화폐는 사실상 금화이지만, 지금은 금과 아무 관련도 없는 불환지폐가 화폐이므로, 현재의 화폐를 설명하려면 『자본론』의 화폐 이론을 수정해야 할 필요가 있는 것은 아닐까요? 이런 문제들을 여기에서 다룰 것입니다.

상품의 가치를 표현하는 과정에서 발생한 화폐

상품은 가치를 가지며, 이 가치는 교환과정에서만 자기의 모습을 드러냅니다. 왜냐하면 상품에 대상화되어 있는 동질적인 또는 추상적인 인간노동은 상품 그 자체를 아무리 분해하더라도 찾을 수가 없기 때문입니다. 그리고 교환과정에서 드러난 상품가치의 모습을 우리는 상품의 교환가치 또는 가치형태라고 부릅니다. 그런데 상품이 자기의 가치를 표현하는 가치형태가 발달하는 과정에서 화폐가 탄생하게 된 것입니다.

첫 번째 가치형태는, 어떤 상품이 자기의 가치를 다른 한 상품의 양으로 표현하는 것입니다. 예컨대 '2미터의 들소 가죽=1개의 창'이라는 등식을 생각해 봅시다. 이 등식은, 2미터의 들소 가죽을 가진 인디언이 시장에서 1개의 창을 주면 자기의 들소 가죽을 팔겠다고 외치는 상황을 묘사한 것입니다. 이 경우 창은 들소 가죽의 가치를 보여주는 거울이며, 창은 들소 가죽을 살 수 있는 힘을 가집니다. 이런 의미에서 창은 들소 가죽의 '등가물'입니다.

두 번째 가치형태는, 어떤 상품이 자기의 가치를 각종 상품들의 양으로 표현하는 것입니다.

2미터의 들소 가죽 = 1개의 창

또는 = 10개의 총알

또는 = 1그램의 금

또는 = 기타 등등

이 등식은 들소 가죽을 가진 인디언이 이를 여러 상품들과 교환하려고 하기 때문에 생기게 됩니다.

세 번째 가치형태는, 모든 상품이 자기의 가치를 어떤 한 상품의
양으로 표현하는 것을 가리킵니다.

1개의 창

10개의 총알

1그램의 금   = 2미터의 들소 가죽

기타 등등

모든 상품의 소유자들이 들소 가죽을 가지려 하기 때문에 이러한
등식이 나타납니다. 그런데 이 가치형태는 사실상 두 번째 가치형태
를 거꾸로 한 것이며, 모든 상품들의 가치가 단순하고 통일적으로
표현된다는 장점이 있습니다. 왜냐하면 상품들 사이의 교환비율(예
를 들어 창·총알·금 사이의 교환비율)을 매우 쉽게 알 수 있기 때문입
니다. 이 경우 들소 가죽을 '일반적 등가물general equivalent'이라고 부르
며, 들소 가죽은 이제 다른 모든 상품을 직접 구매할 수 있는 힘을
얻습니다.

그러나 이 가치형태에서는 여러 상품들(예컨대 창·총알·금)이 일반
적 등가물의 지위를 차지할 수 있습니다. 그런데 국가권력이나 사회
적 관습에 의해 어느 하나의 상품이 일반적 등가물의 지위를 독점
하게 될 때, 그 상품이 화폐로 됩니다. 역사적으로 금이나 은이 자기
의 고유한 성격(예컨대 썩지 않고, 분할할 수 있으며, 작은 양이라도 가치
가 크고, 운반하기가 쉬움)에 의해 화폐 역할을 했습니다.

이제 네 번째로 상품의 가치를 화폐의 양으로 표현하는 가치형태

가 나타나게 되었습니다.

2미터의 들소 가죽

1개의 창

10개의 총알　　　= 1그램의 금

기타 등등

　상품의 가치를 화폐의 양으로 표현한 것을 상품의 '가격'이라고 부릅니다. 2미터 들소 가죽의 가격은 1그램의 금인데, 만약 금 1그램의 화폐 명칭을 국가가 1원이라고 부른다면, 2미터 들소 가죽의 가격은 1원으로 표시될 것입니다.

　그렇다면 화폐의 가치는 어떻게 표현할 수 있을까요? 위에서 본 것처럼, 화폐도 다른 상품들과 마찬가지로 자기의 가치를 다른 상품들의 양에 의해 표현할 수밖에 없습니다.

1그램의 금 = 2미터의 들소 가죽

또는 = 1개의 창

또는 = 10개의 총알

또는 = 기타 등등

　이것을 화폐의 구매력이라고도 부릅니다만, 이것이 바로 화폐의 가치입니다.

　화폐가 탄생함으로써 이제 상품세계는 상품과 화폐로 분열됩니

화폐에 대한 물신숭배

금을 화폐로 사용하게 되자, 사람들은 금이 '처음부터' 모든 상품들을 살수 있는 사회적인 힘을 가지고 있었던 것처럼 생각하게 된다. 이것을 마르크스는 '화폐에 대한 물신숭배'라고 부른다. 그러나 우리가 아는 바와 같이, 금은 처음에는 다른 모든 상품과 마찬가지로 하나의 상품에 지나지 않았다. 그러다가 금이 상품세계에서 화폐로 선발되었기 때문에, 비로소 모든 상품들을 구매할 수 있는 거대한 힘을 가지게 된 것이다.

화폐에 대한 물신숭배는 신하와 국왕의 관계로 비유할 수 있다. 신하들은 자신들이 어떤 사람을 국왕으로 모시고 복종하기 때문에 그 사람이 국왕으로 되었다고 생각하지 않고, 오히려 반대로 어떤 사람이 처음부터 국왕이었기 때문에 자신들이 그에게 복종한다고 생각한다. 그러나 이런 생각은 왕위계승을 둘러싸고 왕자들이 일으키는 피비린내 나는 싸움을 보면 바뀔 수밖에 없다.

마찬가지로 금을 모으려고 애쓰는 구두쇠는 금이 번쩍거리기 때문에 금을 모으는 것이 아니라, 금이 화폐이기 때문에 모으는 것이다. 또한 종잇조각에 불과한 한국은행권이 모든 상품들을 살 수 있는 사회적 힘을 가지게 되는 것은 한국은행권이 한국에서 '법으로 정한 화폐(법화)'로서 인정되기 때문이며, 한국은행권이 화폐이기 때문에 모든 사람들이 그것을 더 많이 가지려고 온갖 일을 벌이고 있는 것이다.

다[이것을 마르크스는 '상품에 내재한 사용가치와 가치가 각각 외부로 독립한 것'에 지나지 않는다고 말하기도 한다(I: 136)]. 화폐는 '사회적으로 인정받는 일반적 등가물'로서 모든 상품을 구매할 수 있는 힘을 지니게 되었으므로, 모든 상품생산자는 자기 상품을 팔아 화폐를 얻지 못한다면 자기가 필요로 하는 다른 상품들을 살 수 없게 됩니다. 모든 사람이 화폐를 더 많이 갖기를 원하는 이유는, 화폐가 모든 상품들을 살 수 있는 구매력을 갖기 때문입니다. 이제 물물교환의 경제는 사라지고 화폐경제가 나타나게 된 것입니다.

화폐의 기능

화폐경제에서는 모든 상품이 자기의 가치를 화폐의 일정한 양으로 표현합니다. 예컨대 'a량의 상품 A, 또는 b량의 상품 B, 또는 c량의 상품 C, 또는 d량의 상품 D = y그램의 금'이라는 등식에서, 화폐인 금은 상품들의 가치를 측정한다고 말합니다.

그러나 이 등식이 성립할 수 있는 것은, 상품들과 화폐가 모두 가치로서 동질적인 인간노동을 함유하고 있기 때문입니다. 왼쪽 상품들에 응고된 평균적인 단순한 인간노동의 양이 y그램의 금을 생산하는 데 드는 평균적인 단순한 인간노동의 양과 같음을 가리키는 것입니다. 상품들의 가치를 화폐(금 1그램)의 가치로 나눈 것을 상품들의 가격이라고 부릅니다.

$$\text{상품의 가격} = \frac{\text{상품의 가치}}{\text{금 1그램(=화폐 1원)의 가치}}$$

그러므로 상품의 가격이 오르는 이유는 일반적으로 다음과 같습니다.

만약 화폐(금)의 가치가 불변이라면 그것은 상품의 가치가 오르기 때문입니다. 즉 화폐를 생산하는 데 드는 인간노동의 양은 불변이면서, 상품을 생산하는 데 드는 인간노동의 양이 증가하기 때문입니다. 이것은 금광의 생산조건은 변하지 않았는데, 상품들의 생산즈건이 원료가 부족하거나 하여 전보다 나빠졌음을 가리킬 것입니다.

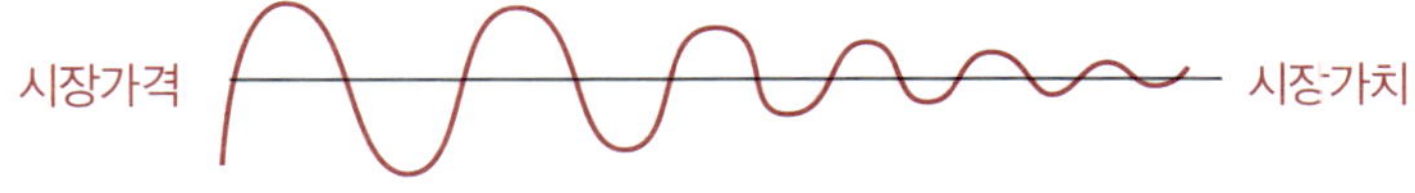

<그림 2-2> 상품의 시장가격과 시장가치

그러나 만약 상품의 가치가 불변이라면 그것은 화폐의 가치가 떨어지기 때문입니다. 즉 상품을 생산하는 데 드는 인간노동은 불변이면서, 화폐를 생산하는 데 드는 인간노동이 감소하기 때문입니다. 예컨대 노다지 금광이 발견된 경우가 여기에 해당됩니다(위의 두 경우 외에도, 상품가치의 상승폭이 화폐가치의 상승폭보다 높거나, 상품가치의 하락폭이 화폐가치의 하락폭보다 낮은 경우에도, 상품의 가격은 일반적

으로 상승할 수 있다).

그런데 상품의 '시장가격'은 심층에서 작용하는 생산조건이나 노동생산성이 변하지 않더라도 표층의 여러 사정(예를 들어 수요와 공급 사이의 불일치)에 의해 변동할 수 있습니다. 그러나 상품의 시장가격이 어떤 일정한 수준을 중심으로 변동하거나 어떤 일정한 수준에 점점 더 가까워진다는 사실은, 상품의 가격이 심층의 가치에 의해 규정되고 있음을 보여줍니다(〈그림 2-2〉 참조).

"가치가 가격의 '중력의 중심centre of gravity'으로 작용한다"라는 마르크스의 언급은 이를 가리킵니다[마르크스는 가격이 끊임없이 불규칙적으로 변동하는 중에도 가치는 가격을 규제하고 있다고 주장한다. 스미스는 시장가격의 무게중심이 되는 가격을 '자연가격'이라고 불렀는데, 이것은 사실상 상품의 가치와 같은 개념이다(『국부론을 읽는 시간』 3부 2장 참조)]. 부르주아경제학은, 상품의 가격이 수요와 공급의 차이 때문에 변동하면서 어떤 균형가격에 가까워진다고 이야기하지만, 이 균형가격 자체가 무엇에 의해 결정되는지를 설명하지 못합니다. 마르크스는 이 균형가격이 바로 '그 상품을 만드는 데 드는 노동시간'에 의해 결정된다고 말하는 것입니다. 다시 말해 부르주아경제학은 표층에만 주목하지만, 마르크스는 심층이 표층을 규제하는 것에 주목합니다(〈그림 2-3〉 참조).

가치를 가진 노동생산물이 아니면서도 가격을 갖는 상품들이 있습니다. 예컨대 노동생산물이 아닌 토지가 가격을 가지며, 노동생산물이 아닌 주식이 가격을 가집니다. 이것은 어떻게 설명할 수 있을까요?

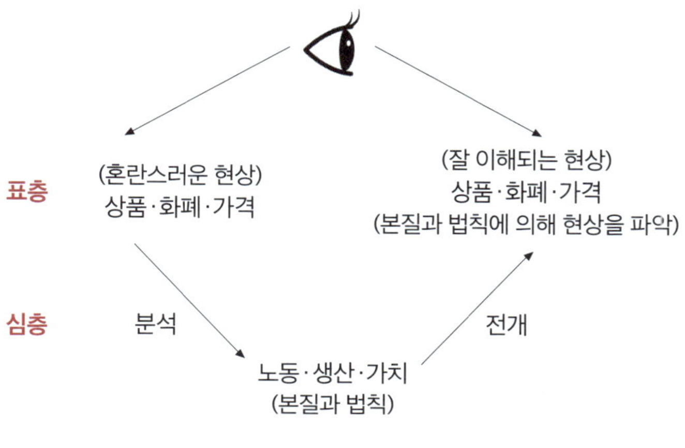

<그림 2-3> 현상의 올바른 파악

사실상 토지와 주식의 가격은 토지와 주식을 소유함으로써 얻게 될 장래의 모든 수익(곧 지대나 배당 등이며 이것들이 가치를 가짐)을 현재 가치로 환산한 것이라고 말할 수 있습니다. 예컨대 금년 말에 얻게 될 예상 수익을 E1, 내년 말에 얻게 될 예상 수익을 E2, 3년째 말에 얻게 될 예상 수익을 E3, 그리고 n년째 말에 얻게 될 예상 수익을 En이라 하고, 금년 말, 내년 말, 3년째 말, 그리고 n년째 말의 예상 연간 이자율을 'R1, R2, R3……, Rn'이라고 한다면, 장래의 모든 수익의 현재 가격은 'E1/(1+R1)+E2/(1+R1)(1+R2)+E3/(1+R1)(1+R2)(1+R3)+……+En/(1+R1)(1+R2)(1+R3)……(1+Rn)'이 됩니다. 이 경우에 만약 매년 말의 예상 수익이 동일하며 그리고 매년 말의 연간 이자율이 동일하다고 가정한다면, 즉 'Ei=E, Ri=R'이라면 토지나 주식의 가격은 'E/R'로 표현할 수 있을 것입니다.

다시 말해 토지의 가격은 연간의 지대 수입을 연간 이자율로 나눈 것과 같고, 주식의 가격은 연간의 배당 수입을 연간 이자율로 나눈 것과 같습니다. 그러나 지대나 배당의 장래 예상액은 확정되어 있는 것이 아니라 거의 추측에 지나지 않고 장래의 예상 이자율도 전혀 불확정적이기 때문에, 토지나 주식의 가격은 처음부터 '환상적이거나 터무니없는 요소'를 내포하고 있다고 말해야 할 것입니다. 토지의 가격은 그 주변에 대규모 아파트나 새로운 도로가 건설된다는 풍문에 의해 크게 상승할 수 있으며, 주식의 가격은 그 회사를 정치권에서 밀어주고 있다는 풍문에 의해 폭등할 것입니다.

화폐는 상품의 가치를 측정하는 기능 외에 상품들을 유통시키는 기능을 합니다. 이 기능 때문에 물물교환과 화폐경제에 근본적인 차이가 생깁니다. 물물교환에서 '갑'은 자기 생산물(예컨대 들소 가죽)을 팔면서 동시에 '을'의 생산물(예컨대 창)을 사기 때문에, 판매와 구매가 동일한 시간에 동일한 장소에서 동일한 개인들 사이에서 이루어지며, 따라서 판매와 구매가 필연적으로 균형을 이룹니다.

그러나 '갑'은 들소 가죽을 '병'에게 팔아 화폐를 얻고 그 화폐로 자기가 원하는 창을 '을'로부터 구매하는 상품유통(들소 가죽→화폐→창)에서는, 판매와 구매가 시간·공간·거래당사자의 측면에서 전혀 다른 행위이며, 들소 가죽을 팔아 화폐를 가진 갑이 즉시 창을 구매할 필요가 없기 때문에 판매와 구매가 균형을 이룰 가능성은 거의 없습니다. 따라서 화폐가 상품유통을 매개하는 화폐경제에서는 과잉생산 공황이 일어날 가능성이 있습니다.

예컨대 들소 가죽을 팔아 화폐를 가진 갑이 즉시 창을 사지 않고 화폐를 당분간 가지고 있다면, 을은 창을 팔 수 없어 창고에 재고가 쌓이고 나중에는 파산하게 될 것이기 때문입니다. 리카도*나 세** 등의 경제학자들이 자본주의에서는 과잉생산이 발생할 수 없다고 말할 때, 그들은 자본주의 경제를 물물교환 경제로 잘못 보았기 때문입니다. '(들소 가죽의) 공급은 스스로 (창의) 수요를 창조한다'라는 세의 법칙Say's law은 바로 물물교환 경제에서만 타당할 것이기 때문입니다.

데이비드 리카도

리카도는 고전학파의 창시자인 애덤 스미스의 이론을 계승·발전시켰다.

그런데 상품의 구매와 판매 중 어느 것이 더욱 어려울까요? 상품의 구매는 화폐를 가지고 상품을 구입하는 것인데, 화폐는 모든 상품을 구매할 수 있는 사회적 힘을 가지고 있기 때문에 원하는 상품이 알맞은 가격에 원하는 양만큼 있다면 언제든지 그 상품을 구입할 수 있습니다. 따라서 구매에는 큰 문제가 없습니다. 그러나 상품을 판매하는 것 또는 상품을 팔아 화폐를 얻는 것은 다음과 같은 이유 때문에, '결사적인 도약salto mortale'(I: 138)이라고 부릅니다.

첫째로 상품 소유자는 자기의 상품을 팔아 화폐를 얻어야만, 자기의 다양한 욕구를 충족시키는 여러 가지 상품들을 구매할 수 있기 때문입니다. 둘째로 개별 생산자는 자기 상품이 이미 유행에 뒤떨어지거나 시장이 이미 포화 상태에 빠져 팔리지 않을 우험성에

---

* 데이비드 리카도, 1772~1823. 영국의 경제학자.

** 장 바티스트 세. 1767~1832. 프랑스의 경제학자. 대표적인 속류 경제학자였다.

항상 직면하고 있기 때문에, 상품의 판매는 그에게 사활이 걸린 문제입니다.

자본주의 경제에서는 각종 상품의 생산이 생산자들의 합의나 계획에 의해 이루어지는 것이 아니라 자연발생적으로 이루어지기 때문에, 개별 생산자들은 자기 상품이 시장에서 팔릴지를 사전에 알 수가 없습니다. 자기 상품에 대한 사회적 수요가 전혀 없다면 자기의 사적 노동은 완전히 허비된 것입니다.

또한 들소 가죽의 생산자 갑이 2미터 들소 가죽을 생산하는 데 10시간의 사적 노동을 지출하지만 사회 평균적으로는 6시간의 노동만이 지출된다면, 갑의 생산물 가치도 6시간으로 평가될 것이고 따라서 갑의 4시간 노동은 보상받지 못하게 됩니다. 그리고 들소 가죽에 대한 사회적 수요가 200미터인데 여러 들소 가죽 생산자들이 500미터를 생산한 경우에는, 300미터가 팔리지 않든지 아니면 현재보다 낮은 가격으로 500미터가 모두 팔릴 수 있을 것입니다. 이렇게 되면 500미터를 생산한 사적 노동은 200미터가 대표하는 사회적 노동으로 평가될 것입니다(I: 139).

이제 상품들을 유통시키는 데 얼마만큼의 화폐량이 필요한가를 알아봅시다. 어느 시장에 상품 종류가 라면 하나뿐이고 화폐 종류도 1,000원짜리 하나뿐이라고 가정합시다. 그러면 일정한 기간에 판매된 라면 총액은 유통된 화폐 총액과 일치할 수밖에 없습니다.

라면 가격(P)×라면 판매량(T) =1,000원짜리 화폐의 수량(M)×이 화폐들의 회전 수(V)

이 항등식을 어떻게 해석하는가에 따라 그 의미가 달라집니다. 마르크스는 상품들을 유통시키기 위해 일정한 양의 화폐가 필요하다고 해석합니다. 이를 수식으로 표현하면, 즉 'M=PT/V'입니다. 그런데 화폐수량설*을 주장하는 사람들은, 상품들의 가격이 유통하는 화폐량에 의해 결정된다고 해석합니다. 즉 'P=MV/T'입니다.

그런데 이 해석은 옳지 않습니다. 이 해석에 따르면 상품들의 가격은 다음과 같이 결정되어야 할 것입니다. 상품들은 '가격'을 가지지 않고 시장에 들어가고 또 화폐도 '가치'를 가지지 않고 시장에 들어가서, 시장에서 '상품 총량=y킬로그램의 금' 그리고 '상품 A=상품 총량의 일정 부분=y킬로그램 금의 일정 부분'이라는 등식에 의해 상품 A의 가격이 결정된다는 것입니다.

그러나 이 경우 다양한 상품들(예를 들어 석유나 라면)을 '상품 총량'으로 집계할 수 있는 방법이 없기 때문에, 그리고 상품 A가 '상품 총량의 일부'로 계산되는 방법도 없기 때문에 상품 A의 가격이 결정되지 못합니다. 그러나 이러한 원래의 화폐수량설이 좀 더 발전되어, 상품들이 가격을 가지고 시장에 들어오지만 그 가격들은 유통하는 화폐량의 증감에 따라 등락하게 된다고 주장하게 되었습니다.

화폐수량설은 16세기부터 17세기 사이에 유럽에서 일어난 가격혁명에 대해 다음과 같이 설명했습니다. 즉 멕시코와 페루로부터 값싼 은이 유럽에 대량으로 유입됨으로써 은화의 유통량이 증가했기 때문에(당시 유럽에서는 금본위제보다는 은본위제가 더 널리 채택되고 있

---

* 화폐공급량의 증감이 물가를 정비례적으로 등락시킨다고 하는 경제이론

었다), 유럽의 상품 가격이 두세 배 상승했다는 것입니다. 이런 설명에 대해 마르크스는 다음과 같이 반박했습니다.

첫째로 은 생산지에서 노다지 광산이 발견되어 은의 가치가 하락함으로써 상품의 (은)가격이 뛰어오르게 되었고, 이에 따라 유럽 상품의 (은)가격도 오르게 되었다는 것입니다. 둘째로 유럽에 유입된 대량의 은 중 일부는 은 제품이나 은도금에 사용되고 또 일부는 금고에 넣어두었으므로, 은 유입량이 그대로 은화 유통량을 증가시킨 것은 아니라는 점입니다. 대체로 말해 한 나라의 은 보유량은 화폐로 유통되거나 은 제품이나 은괴로 저장되어 있다고 보아야 할 것입니다. 셋째로 은화 유통량이 증가하면 기업가의 투자를 촉진하여 상품들의 생산을 증가시킬 것이므로, 물가가 은화 유통량에 비례해 증가하지는 않는다는 것입니다.

또한 화폐수량설은 '금은의 유입→국내의 유통화폐량 증가→상품 가격들의 상승→수입 증가와 수출 감소→금은의 유출→국내의 유통화폐량 감소→상품 가격들의 하락→수입 감소와 수출 증가'라는 방식으로 국내 물가와 국제수지의 변동을 설명하면서, 정부의 화폐발행액을 금은 보유량에 따라 엄격히 규제하여 경제를 위와 같은 자동조절 방식에 맡겨야 한다고 주장했습니다. 이것이 바로 통화주의currency school입니다[밀턴 프리드먼(1912~2006)의 통화주의 monetarism도 화폐수량설에 의거하고 있다].

통화주의를 반대하는 학파는 은행주의banking school인데, 금은 보유량이 그대로 유통화폐량을 결정하지 않으며 또한 유통화폐량의 증가가 그대로 상품들의 가격을 상승시키는 것은 아니므로, 화폐가

106

부족한 경제 위기 국면에서는 정부가 금은 보유량을 초과해 태환지폐*를 발행해야 한다고 주장했습니다. 마르크스도 은행주의를 지지한 사람 중의 하나입니다.

금 1그램으로 만든 1원짜리 금화는, 유통하는 동안 닳아서 금 1그램을 함유하지 않으면서도 여전히 1원의 가치로 유통됩니다. 따라서 유통수단으로서의 금화는 다른 재료로 만든 주화(예컨대 동전) 또는 지폐(태환지폐)에 의해 대체될 수 있습니다. 왜냐하면 유통수단은 오직 상품들의 유통만을 매개하면서 항상 유통 영역에 남아 있기 때문입니다. 이 경우 1원짜리 동전이나 1원짜리 태환지폐는 동전이나 태환지폐를 만드는 데 드는 노동시간을 대표하는 것이 아니라, 동전이나 태환지폐에 표시된 1원어치 금의 가치를 대표하는 것입니다.

그리고 화폐는 지급수단이라는 기능을 합니다. 외상거래(또는 신용거래)에서는, 판매자가 구매자에게 상품을 바로 주지만 구매자는 대금을 나중에 지급합니다. 이때 판매자와 구매자는 채권자와 채무자로 바뀝니다. 채무를 갚기로 약속한 만기일에 채무자가 채권자에게 화폐로 채무를 청산하면 채권채무 관계는 사라집니다. 이 경우 화폐는 지급수단으로 기능한다고 말합니다.

외상거래에서는 채무자 A가 채권자 B에게 약속어음**을 발행하는 것이 보통입니다. 그런데 채권자 B는 이 어음을 다른 사람 C에

---

* 태환지폐는 은행에서 금과 교환될 수 있다. 그러나 1930년대 중반 이후의 지폐는 불환지폐로서 금과 교환될 수 없다.

** 채무자가 채권자에게 일정한 금액을 일정한 기간 안에 지급할 것을 약속하여 발행하는 어음을 말한다.

게 주고 상품을 구매할 수 있습니다. 이 경우 B는 A가 발행한 어음에 자기 이름을 씀으로써 C에 대한 채무자가 됩니다. 이리하여 만기일 전에는 그 어음이 계속 화폐처럼 유통되기 때문에, 우리는 어음을 '신용화폐'라고 부릅니다. 이 어음을 소유한 C가 만기일에 발행인 A로부터 화폐로 지급 받는다면, 그 어음의 수명은 끝이 납니다.

어음의 만기일이 다가오면, 어음의 발행자 A는 화폐를 구하기 위해 노력하지 않으면 안 됩니다. A가 어음을 화폐로 결제하지 못하면 파산할 수밖에 없기 때문입니다. 만약 C가 A로부터 화폐를 받지 못한다면, C는 B에게 채무의 상환을 요구할 것이므로, B도 화폐를 구하기 위해 노력하지 않을 수 없습니다.

이와 같은 형태의 채권채무 관계가 광범하게 퍼져 있을수록, 어느 고리에서든 채무가 청산되지 않는 경우에 사회 전체적으로 화폐에 대한 수요가 대폭 증가하면서 화폐가 부족하다는 불평이 쏟아져 나오게 마련입니다. 이는 곧 화폐를 얻기 위해 상품들을 값싸게 팔아치우는 투매현상으로 나타나며, 상품의 가격이 폭락하고 다수의 생산자들이 파산하며 경제는 큰 혼란에 빠집니다. 이것을 화폐 핍박 또는 화폐 위기라고 부릅니다.

최초에는 모든 은행들이 은행권을 발행했습니다. 예금자가 금 100그램을 예금하면, 은행 A는 예금자에게 자기 은행권(이하 'A은행권'이라고 함) 100원을 발행했으며, 예금자는 이 A은행권으로 상품을 구입하고 채무를 지급했습니다. 이 A은행권을 가진 사람은 언제든지 A은행에 가서 금을 요구할 수 있었습니다. 그런데 은행들은 예금으로 받은 금의 양보다도 더 많은 금액의 은행권을 발행하여 대

19세기의 전형적인 은행 위기를 보여주는 1896년 브로드웨이 영화 포스터

금융시장이 불안하자 은행에 맡긴 돈을 받을 수 없을 거라는 불안감으로 인해 예금을 인출하려고 은행 앞으로 사람들이 모여들고 있다.

출하려고 합니다. 금 100그램을 토대로 100원의 은행권을 발행했지만, 은행권 소유자들이 매일 오직 10원(은행권 발행액의 10퍼센트)만큼의 금을 청구한다는 것을 은행이 발견할 때, 그리고 은행이 매일 금 100그램의 예금을 받을 수 있다고 예상할 때, 은행은 매일 1,000원의 은행권을 발행하더라도 태환(은행권을 금으로 바꾸어 주는 것)에는 전혀 문제가 없다고 생각할 수 있습니다. 다시 말해 금 지급 준비액은 은행권 발행액의 10퍼센트면 충분하다고 은행은 생각할 수 있습니다.

이리하여 은행의 은행권 발행액과 금 보유액 사이에 큰 차이가 나게 되는데, 갑자기 모든 은행권 소유자들이 한꺼번에 은행에 몰려와서 금을 요구한다면 은행은 태환을 할 수 없어 파산하게 됩니다. 이러한 사태를 뱅크런[*] 또는 은행 위기라고 부릅니다. 은행 위기에 의해 다수의 발권은행들이 파산함으로써 경제 전체가 혼란에 빠졌기 때문에, 국가는 은행권의 발행을 한 은행에 독점시켜 중앙은행을 탄생시켰습니다. 그리고 중앙은행권을 그 나라에서 무제한으로 통용되는 법화로 지정하여, 금 태환 요구로 중앙은행이 곤란에 빠지면 국가가 금 태환을 일시적으로 정지시켰습니다. 이것이 모라토리엄[**]입니다.

물론 화폐 위기나 은행 위기가 발생하기 전에도, 개인들이 발행한 약속어음 등의 신용화폐는 부도의 위험 때문에 상품 판매자들이 쉽게 받아들이지 않는 경우가 생깁니다. 특히 생산자와 상인의 파산 가능성이 증가하는 국면에서는, 은행들은 새로운 대출을 자제할 뿐 아니라 기존 대출을 회수하기 시작합니다. 따라서 생산자와 상인은 은행으로부터 대출 받기가 매우 어려워집니다. 이것을 신용 핍박 또는 신용 위기라고 부릅니다.

따라서 공황이 진행되는 과정을 개괄적으로 말하면, '상공업 위기의 개시→신용 위기→화폐 위기→은행 위기→상공업 공황'이 될 것입니다.

금화는 세계화폐로 기능을 합니다. 국제적 상거래에서 사용하는 화폐는, 세계의 모든 사람들이 부를 대표한다고 생각하는 것이어야 하기에, 금덩이가 세계화폐로 기능을 하는 것입니다. 그러나 금덩이

---

[*] bank run, 은행에 돈을 맡긴 사람들이 대규모로 예금을 인출하는 현상을 말한다. 이는 금융시장이 극도로 불안한 상황일 때 은행에 맡긴 돈조차 제대로 받을 수 없을지 모른다는 공포감에서 발생한다.

[**] 전쟁·천재(天災)·공황 등에 의해 경제계가 혼란해지고 채무 이행이 어려워지게 된 경우에 국가의 공권력에 의해서 일정 기간 채무의 이행을 연기 또는 유예하는 일

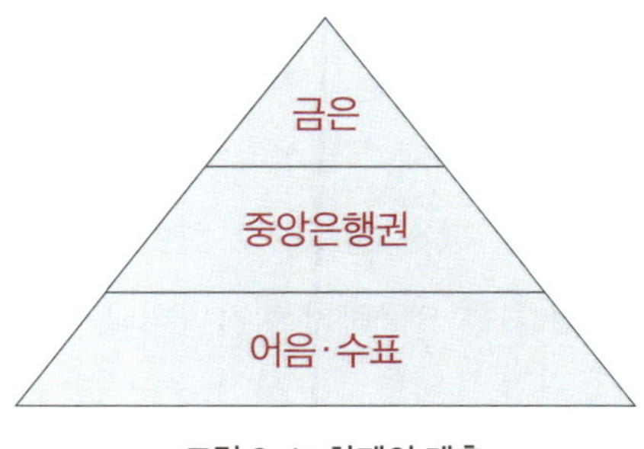

<그림 2-4> 화폐의 계층

의 수송에는 운송비와 보험료가 들기 때문에, 세계 경제를 지배하는 나라의 태환은행권이나 각국의 태환은행권이 세계화폐로 사용되었으며, 국제적인 결제에는 외국환어음이 사용되었습니다.

각국에는 외환시장이 형성되었는데, 여기에서 외국에 송금해야 할 사람들이 외국환(또는 외국환어음)을 소유한 사람들로부터 외국환을 구매했습니다. 외국환 시세 또는 환율은 각국의 태환은행권이 대표하는 금의 양 사이의 비율뿐만 아니라, 그때그때 외국환의 수급 상황에 의해 결정되었습니다.

현재의 불환지폐

『자본론』에는 화폐가 세 개의 층으로 구분되고 있습니다. 금덩이나 금화가 진정한 화폐이며, 금과 교환되는 것이 보증된 중앙은행의 태환은행권(＝중앙은행권)이 보통 화폐이고, 개인이 발행한 수표·어음은 신용화폐가 됩니다. 경기가 좋아서 상품들이 잘 팔려 빌린 돈을 만기에 제대로 갚는 상황에서는, 위의 세 종류의 화폐 사이에는 아무런 차이가 나지 않습니다. 그러나 상품들이 잘 팔리지 않아 빌린 돈을 제대로 못 갚는 사태가 발생하기 시작하면, 판매자들은 수표·어음 등 신용화폐를 받지 않으려고 하며, 보통의 화폐(중앙은행권)와 진정한 화폐(금화)를 요구하기 시작합니다.

그러다가 중앙은행이 태환은행권을 금으로 교환해 주지 않을 수도 있겠다는 걱정이 생기면, 모든 사람들이 태환은행권을 금으로 바꾸려고 중앙은행에 몰려갑니다. 중앙은행이 보유하고 있는 금의 양으로 태환은행권 모두를 금으로 바꾸어 줄 수 없기 때문에, 정부에서 일시적인 태환 중지 명령을 내리는 것입니다. 그러나 중앙은행이 발행하는 태환은행권은 그 나라의 법화이기 때문에 그 나라 안에서는 모든 상품을 구매할 수 있고, 국가에 내는 세금도 중앙은행권으로 내며 모든 채무도 중앙은행권으로 갚을 수 있습니다.

그런데 지금은 모든 나라에서 금과 교환되지 않는 불환지폐를 법화로 사용하고 있습니다. 이 불환지폐가 화폐의 기능을 제대로 하고 있을까요?

국가의 정책에 의해 중앙은행이 발행하는 불환지폐가 화폐의 지위를 독점하게 된 것은, 1930년대의 세계대공황을 겪는 과정에서 각국 정부가 국내 산업을 지원하고 고용을 증대시키기 위해 금 보유량과 관계없이 화폐를 발행했기 때문입니다. 다시 말해 각국 정부가 금본위제를 이탈함으로써, 금 대신 불환지폐가 화폐의 기본이 된 것입니다(귀금속인 금과 은을 화폐로 사용하기에는 여러 가지 어려움이 있었다. 첫째로 상품의 매매액이 점점 더 커지는 것이 비례해서 금과 은의 생산량이 증가해야 하는데, 사실상 금과 은의 매장량은 제한되어 있었다는 점이다. 둘째로 금과 은을 생산하려면 광산에서 엄청난 물적·인적 비용이 드는데, 이렇게 어렵게 생산한 귀금속을 단순히 상품들의 매매를 원활히 하는 수단으로 사용하는 것은 자원의 큰 낭비임에 틀림없었다. 이리하여 귀금속 대신 불환지폐를 화폐로 사용하기로 결정한 것이다).

그런데 불환지폐도 금화나 태환지폐와 마찬가지로 위에서 본 화폐의 기능들을 대체로 잘 수행한다고 말할 수 있습니다. 그러나 불환지폐는 노동생산물이 아니며 따라서 내재적 가치를 가지고 있지 않기 때문에, 세계화폐라는 기능이나 상품들의 가치를 측정하는 기능에는 문제점을 가지고 있다고 말해야 할 것입니다.

불환지폐인 중앙은행권은 국가가 지정한 법화로서 강제통용력을 가지므로, 상품들을 유통시키는 유통수단의 기능을 잘하고 있습니다. 또한 중앙은행권은 모든 상품들을 언제나 구매할 수 있는 힘을 가지고 있으므로 사회적 부를 대표합니다. 그러므로 사람들은 부의 저장수단으로서 중앙은행권을 은행에 예금하거나 자기 금고에 보관하며, 지출할 필요가 있을 때마다 이런 저장해둔 화폐(퇴장화폐)를 끌어내 사용합니다. 그리고 중앙은행권은 지급수단의 기능도 하고 있습니다.

개인들은 외상거래에서 어음과 수표 등 신용화폐를 발행하지만, 만기일에는 중앙은행권으로 채무를 결제해야 하며, 은행들도 신용화폐인 자기앞수표를 발행하지만 자기앞수표의 소유자가 중앙은행권을 청구하면 언제나 중앙은행권을 내주어야 합니다. 어음과 수표를 통해 채권채무 관계가 광범하게 얽혀 있을 때, 어느 고리에서 부

존 케인스

1883~1946. 영국의 경제학자. 저서인 『고용, 이자 및 화폐에 관한 일반이론』에서 실업을 완전히 근절하기 위해서는 정부가 인위적인 노력을 통해 유효수요를 만들어야 한다고 주장했다. 이 이론에 입각한 경제학의 개혁을 케인스 혁명이라고 부른다.

도가 난다면 신용 사슬 전체가 혼란에 빠지고 모든 당사자들이 중앙은행권을 구하기 위해 나서게 됩니다. 이때 정부가 중앙은행권의 발행을 억제한다면, 산업과 상업은 신용 위기와 화폐 위기를 겪으며 은행은 은행 위기를 겪게 됩니다.

그러나 중앙은행권은 금이나 태환지폐(이것은 금과 동일함)와 달리 종잇조각에 지나지 않으므로, 세계화폐로 기능을 하기에는 일정한 한계가 있습니다. 1944년에 미국 뉴햄프셔의 브레튼우즈에서 세계의 재무부 관리들이 전후의 세계통화제도를 검토할 때, 영국의 존 케인스는 독립적인 세계중앙은행(예컨대 지금 유럽연합의 유럽중앙은행과 같은 것)을 창설해 새로운 세계화폐 '방코Bancor'를 발행해 관리하게 하자고 제안했고, 미국의 화이트는 세계무역과 세계경제에서 가장 강력한 나라인 미국의 달러를 세계화폐로 채택해야 한다고 주장

114

했습니다.

당시 세력 관계에서 미국 정부의 제안이 채택될 수밖에 없었는데, 미국 이외의 정부들이 "미국 정부가 달러를 자기 마음대로 발행하면 세계경제가 큰 위험에 빠질 수 있다"라고 이의를 제기했기 때문에, 미국 정부 측에서는 외국 정부(또는 중앙은행)가 35달러를 미국 정부(또는 중앙은행인 연방준비은행FRB)에 가져오면 금 1온스를 주겠다고 약속한 것입니다. 이리하여 금과 미국 달러가 세계화폐라는 기능을 하게 되었고, 세계화폐를 관리하는 국제통화기금IMF이 탄생한 것입니다.

그런데 1960년 이래 미국 달러가 해외로 너무 많이 유출되어(그 이유는 다음과 같다. 미국 정부가 공산주의 진영에 대항해 자본주의 진영을 보호하기 위해, 거대한 군사 원조와 경제 원조를 제공하거나 스스로 전쟁에 참가함으로써 달러를 많이 지출했기 때문이다. 또한 미국 자본가들이 더욱 큰 이윤을 얻기 위해 해외에 거대한 규모의 달러를 투자했기 때문이다. 그리고 일본과 서독에 비해 미국 상품의 국제경쟁력이 낮아져서 미국의 수입이 수출을 초과하게 되었고, 이 무역수지 적자를 달러로 갚았기 때문이다), 미국 달러의 가치가 폭락함으로써 금 1온스가 금 시장에서 35달러가 아니라 800달러로 팔리게 되었습니다. 이렇게 되니까 미국 정부에 대해 좋지 않은 감정을 가졌던 각국 정부들이, 예컨대 35억 달러를 미국 정부에 보내어 금 1억 온스를 받은 뒤에 이 금을 금 시장에 팔아 800억 달러를 얻는 장사를 앞다투어 하게 된 것입니다. 이는 짧은 시간에 765억 달러의 이익을 내는 장사였던 것입니다.

미국 정부가 금을 보관하고 있는 포트녹스Fort Konx는 곧 텅 비게 되었고, 그러자 1971년 8월 15일에 닉슨 대통령은 달러를 가져와도 금을 주지 않겠다고 일방적으로 선언했습니다. 미국 달러는 이제 국제적으로도 다른 나라의 불환지폐와 마찬가지로 완전한 종이돈이 된 것입니다.

이제는 국제간의 무역 거래와 자본 거래(국제적인 대부와 주식·국채·회사채의 매매)를 주도하는 몇몇 나라의 중앙은행권(예를 들어 미국의 달러, 영국의 파운드, 유럽연합의 유로, 일본의 엔, 중국의 위안)이 세계에 널리 유통됨에 따라, 이런 경제대국들의 중앙은행권이 국제통화로서 인정받게 되었으며, 또한 각국 정부는 경제대국들의 중앙은행권이 국제통화로 기능을 하도록 상호 협력하고 있습니다.

그러나 이런 국제통화들 사이의 환율은 금본위제에서처럼 각국 화폐의 금 함유량(각국 화폐가 금화인 경우이거나 금과 교환되는 태환지폐인 경우에는, 각국 화폐의 금 함유량에 따라 환율이 결정될 수 있었다)에 의거할 수 없으므로 매우 심하게 변동하기 때문에, 환율 변동을 이용하여 투기적 이익을 얻는 외환투기가 광범하게 행해지고 있습니다. 더욱이 2008년 9월 이래 세계적인 금융공황과 산업공황이 발생하여, 미국 달러가 지배적 국제통화라는 지위를 잃을 위험에 처해 있으며, 따라서 세계 경제는 불확실성과 불안정성에 사로잡혀 있습니다.

다음으로 자기의 내재적 가치를 가지고 있지 않은 종이돈(지폐)이 상품들의 가치를 측정하는 데 생기는 문제점을 살펴봅시다. 상품은 자기 가치를 중앙은행권의 양(금액)으로 표현하기 때문에(예를 들어 '핸드폰 1대＝30만 원'), 불환지폐인 중앙은행권은 분명히 '가치의 척도'로 기능을 하고 있습니다. 그러나 자기 자신의 내재적 가치를 가지지 않는 불환지폐가 어떻게 상품들의 가치를 측정할 수 있는가 하는 문제가 여전히 남습니다.

왜냐하면 불환지폐의 객관적이고 사회적인 가치(금본위제에서는 1원짜리 금화를 생산하는 데 드는 노동시간이 1원짜리 금화의 가치였다)가 먼저 확정되어 있어야만, 그 가치와 상품들의 가치를 비교함으로써 상품들의 가격이 결정되기 때문입니다.

'구두 1켤레, 또는 모자 1개, 또는 소주 3병 = 한국은행권 10,000원'이라고 표현할 수 있기 위해서는 1만 원짜리 한국은행권의 가치가 확정되어 있어야 하는데, 1만 원짜리 한국은행권의 가치를 '한국은행권이라는 종잇조각을 생산하는 데 드는 인간노동'이라고 말할 수는 없기 때문입니다. 이것이 바로 문제의 핵심입니다.

그러나 이 문제도 간단히 해결할 수 있습니다. 앞에서 본 바와 같이, 화폐(금화든 불환지폐든)의 가치는 다음과 같이 표현할 수밖에 없습니다.

구두 1켤레

한국은행권 1만 원 = 모자 1개

소주 3병

이것은 화폐의 구매력을 표현하는 것이기도 합니다. 만약 1만 원짜리 한국은행권의 구매력이 확정되면 그것의 가치가 확정되고, 따라서 1만 원짜리 한국은행권은 객관적이고 사회적인 가치를 갖는 것입니다.

다시 말해 1만 원짜리 한국은행권의 가치는 1만 원짜리 지폐를 생산하는 데 사회적으로 필요한 인간노동이 아니라, 1만 원짜리 지폐가 구매하는 상품의 가치를 반영하는 것입니다. 달은 스스로 빛을 내지는 않지만 해의 빛을 반영하듯이, 불환지폐는 노동생산물의 가치를 반영함으로써 그것들의 객관적이고 사회적인 가치를 자기의 가치로 삼게 되는 것입니다.

케인스의 기본 사상

　케인스는 영국 케임브리지 대학교 출신으로, 마르크스가 죽은 1883년에 태어나 1946년에 죽었습니다. 케임브리지 대학교에서 강의를 하거나 재무부에서 일한 전문직 생활의 대부분은 제1차 세계대전(1914~1918)과 제2차 세계대전(1939~1945)에 의해 큰 영향을 받았으며, 1920년대와 1930년대의 경험이 그의 사상을 형성하는 데 큰 역할을 했습니다. 왜냐하면 1920년대에는 세계가 전쟁의 상흔에서 회복되는 것 같다가 곧 대공황으로 빠져버렸고, 1930년대에는 대공황으로부터 회복되는 것 같다가 또다시 전쟁을 겪어야 했기 때문입니다.

　이런 연이은 재앙들은 19세기의 경제문제들을 해결했던 자유방임적 국제무역원리를 아무도 믿지 않게 하였습니다. 다시 말해 자본주의적 시장경제는 자기 혼자 내버려두면 일하고자 하는 모든 이들에게 일자리를 주고 모든 나라를 번영하게 하기 때문에, 국가들 사이에 전쟁이 일어날 이유가 없다는 신고전학파의 주장을 전혀 믿지 못하게 된 것입니다.

　더욱이 제1·2차 세계대전에서는 각국 정부가 '전시통제경제'를 통해 자기 나라의 인적·물적 자원을 최대로 동원함으로써, 생산·고용·소득을 놀랄 만큼 증가시킬 수 있다는 것을 보여주었습니다. 이리하여 유권자들은 정부가 전쟁 시기에 이렇게 높은 수준의 생산·고용·소득을 달성할 수 있다면, 평화 시기에 그것을 달성할 수 없다는 것은 말이 되지 않는다고 주장하기 시작했습니다.

케인스는 오랫동안의 동성애자 생활을 청산한 뒤 1925년 42세에 공연 차 런던에 온 소련 발레리나와 결혼을 하고, 처가가 있는 레닌그라드(지 금의 상트페테르부르크)에 신혼여행을 갔습니다. 그곳에서 소련의 발전상 을 직접 눈으로 보면서 자본주의 사회의 '도덕적' 문제를 크게 우려하게 되었습니다. 즉 사회생활의 거의 대부분이 돈 버는 동기에 의해 자극 받 고 있으며 돈 버는 것 그 자체가 성공의 지표가 되고 개인의 경제적 안정 이 모든 활동의 주요 목표이기 때문에, 자본주의 사회에서는 도덕적으로 용납하기 어려운 여러 가지 문제가 발생하고 있다고 보았기 때문입니다. 그러면서 그는 러시아(소련)의 사회주의를 다음과 같이 찬양합니다.

레닌주의의 감정적·윤리적 핵심은 돈 버는 욕심에 대한 개인과 사회 의 태도에 관한 것입니다. 그렇다고 하여 러시아의 공산주의가 인간의 성격을 변화시키고 있다든가 변화시키려고 노력하고 있다는 의미는 아 닙니다. (…) 러시아 공산주의는 새로운 이상을 수립하고 있을 뿐만 아니 라 새로운 사회구조를 건설하려고 노력하고 있다는 말입니다. 이 새로운 사회구조 안에서는 인간의 행동을 자극하는 돈 버는 동기가 상대적으 로 낮은 중요성을 가지게 될 것이고, 성공의 사회적 기준이 달라질 것이 며, 종전에는 정상적이고 존경받던 행동이 더 이상 그렇게 간주되지 않 을 것입니다. (…) 러시아는 도덕적인 측면에서만 서구사회에 대한 큰 도 전이 될 수 있을 것입니다.

—『러시아에 대한 단상A Short View of Russia』(1925)

제1차 세계대전이 끝나고 세계경제의 중심이 점차 미국으로 옮겨가면서, 영국의 주요 산업은 쇠퇴하고 실업자는 크게 증가하고 있었습니다. 이리하여 그는 자본주의 사회의 최대 문제는 실업과 소득분배의 불평등이고, 이 두 가지를 해결하지 못하면 자본주의는 소련식 사회주의에 의해 붕괴될 수밖에 없다고 주장했습니다.

그는 1926년에 발간된 『자유방임의 종언The End of Laissez-Faire』에서 이제 자유방임을 버리고 국가가 경제에 개입하여 실업과 소득분배의 불평등을 해결해야 한다고 역설했습니다. 그의 이런 주장은 1936년에 발간된 『고용, 이자 및 화폐에 관한 일반이론The General Theory of Employment, Interest and Money』에서 더욱 구체화되었습니다.

이 책에서 케인스는 자본주의 사회의 구성원을 소비자와 투기꾼 및 기업가로 구분하고, 이들의 개인주의와 이기주의에 경제를 맡겨두면, 소비와 투자가 완전고용을 달성하는 규모에 도달하지 않기 때문에 실업이 생긴다고 주장했습니다.

소비자는 소득이 증가할수록 필요한 내구소비재를 이미 장만했기 때문에, 점점 더 소비성향(=소비/소득)을 낮추는 경향이 있고, 따라서 소비재의 판매가 어려워집니다. 그리고 돈을 빌려 투자를 하는 기업가는 투자의 예상수익률이 이자율보다 높을 때에만 투자를 하려고 하기 때문에, 이 투자가 완전고용을 보장하는 수준까지 증가한다고 믿을 수가 없습니다. 또한 투기꾼은 현금을 가지고 있으면서 언제 주식을 구매할까에 신경을 쓰고 있습니다.

그런데 이자율이 내려가면 주식가격이 오르고 이자율이 오르면 주식가격이 내려가는데, 만약 이자율이 앞으로 4퍼센트에서 6퍼센트로 올라간다고 예상하면 투기꾼은 주식가격의 하락이 예상되므로 주식을 구매하지 않고 현금을 쥐고 있어 이자율이 내려가는 것을 막게 됩니다. 투기꾼은 이자율이 저하하는 것을 막음으로써, 기업가가 완전고용을 보장할 만큼의 투자를 하는 것을 저지하게 됩니다. 결국 시장경제를 소비자와 투기꾼과 기업가에게 맡겨두면, 유효수요(=소비+투자)가 완전고용을 보장하는 크기까지 증가하지 않으므로, 국가가 개입하여 국가의 재정지출을 통해 소비와 투자를 증대시켜야만 실업이 제거될 수 있다고 주장한 것입니다.

그러나 1930년대 미국의 루스벨트 대통령이 실시한 뉴딜정책은 케인스의 이론과는 무관하게 '자본주의 체제가 무너질지도 모른다는 위급한 상황'에 대한 임기응변적 대응이었을 뿐입니다. 어쨌든 경제현실이 시장만능주의와 자유방임을 거부하기 때문에, 케인스의 경제학이 1945년 이후 1970년까지 세계의 경제학계를 지배하게 되었던 것입니다.

또한 케인스는 영국 자유당의 당원이었는데, 보수당에 대해서는 "장래가 없다. 어떤 이상을 만족시키지도 않고 어떤 지적 수준에도 이르지 못한다"라고 비판했고, 노동당에 대해서는 "노동당은 계급정당인데, 노동자 계급은 나의 계급이 아니다. 계급전쟁에서 나는 '교육 받은 부르주아educated bourgeoisie'의 편에 설 것"이라고 말했습니다.

케인스는 마르크스주의나 현실 사회주의에 관해 깊이 연구하지 않았습니다(로버트 스키델스키 지음, 고세훈 옮김, 『존 메이너드 케인스 1·2』, 후마니타스, 2009 참조). 다만 1920년대와 1930년대에는 케임브리지 학생들 대부분이 마르크스주의를 전쟁, 파시즘, 실업에 대한 구제책이라고 생각했기 때문에 케인스도 마르크스주의에 관심을 가질 수밖에 없었을 뿐입니다.

그 한 예로 조지 버나드 쇼가 1934년에 두 차례에 걸쳐 케인스에게 마르크스주의를 연구할 것을 촉구하는 편지를 보냈는데, 케인스는 "『자본론』이 역사적으로 중요하다는 것, 그리고 많은 사람들(모두가 바보는 아닐 것이다)이 그것을 일종의 견고한 주춧돌로 여기고 그것으로부터 영감을 얻을 수 있다고 생각하고 있다는 것을 알고 있다. (…) 『자본론』의 사회학적 가치가 어떠하든 그것의 현대적인 경제학적 가치는 전혀 없다"라고 답장한 바 있습니다.

특히 케인스는 자본주의 체제가 자신의 모순들로 인해 궁극적으로 붕괴하리라는 마르크스의 아이디어에 동의하지 않았으며, 사회 구성원들이 자본주의 사회의 내부에서 생기는 비판 세력들을 길들일 수 있다고 믿었습니다.

케인스는 인생의 목적을 '넉넉한 생활'에 두었으며, 경제학의 가치는 넉넉한 생활이 꽃필 수 있도록 부와 안정을 제공하는 것이라고 보았습니다. 그의 아버지는 케임브리지 대학교 교수이고 어머니는 케임브리지 시장이었기 때문에, 사실상 그는 넉넉한 생활을 즐길 수 있었습니다.

따라서 케인스는 열렬한 사회개혁자가 아니었습니다. 예를 들어 '요람에서 무덤까지'의 사회보장제도를 확립하는 베버리지 계획(1942년)이나 완전고용의 보장을 정부의 의무로 하는 「고용정책에 관한 백서」(1944년)를 작성할 때도 재무부 장관의 고문으로서 '정부 예산이 감당할 수 있을까?'에만 관심을 가졌습니다.

3부

절대적 잉여가치의 생산

　자본가가 임금노동자의 노동력을 소비하는 자본주의의 노동과정에서는, 노동자는 자본가의 감독 하에서 노동하며, 생산물은 직접적 생산자인 노동자가 소유하는 것이 아니라 자본가가 소유하게 됩니다. 그리고 노동자에게 하루치에 해당하는 노동력의 가치를 지급한 자본가에게는, 노동력을 하루 동안 사용할 권리가 주어집니다. 이것은 마치 하루 동안 빌린 자동차를 사용할 권리가 빌린 사람에게 있는 것과 마찬가지입니다. 따라서 노동자가 자본가의 공장에 들어가는 순간부터, 노동자의 노동력을 사용하는 것은 자본가의 마음에 달려 있다고 말할 수 있습니다.

자본가는 누구인가

자본주의 사회가 변했다고 주장하는 사람들은 현재의 사회에서 자본가들이 사라져버렸다고 말합니다. 예컨대 개인기업을 소유주가 운영하지 않고 고용된 경영자가 운영한다든가, 주식회사의 수많은 주주들이 소유주인 데 반해 경영자는 주주가 아닌 월급쟁이라든가, 주식이 광범하게 분산되어 다수의 국민들이 주식회사를 소유하고 있다든가, 대기업의 대주주가 개인이 아닌 상호투자나 순환투자를 하는 여러 기업들이라든가, 주요한 기업의 상당한 부분이 국영 또는 공영이라든가 하는 자료들을 제시합니다.

그들은 '경영자'가 소유주인 자본가와 전혀 다르다고 생각하는 것 같습니다. 경영자는 자본가와 달리 악착같이 이윤만을 추구하지 않으며, 회사의 명성이나 공공의 이익을 고려하여 기업을 경영한다는 것입니다. 물론 경영자도 자본가에게 노동력을 팔아 생활한다는 점에서는 임금노동자의 부류에 속하며 자본가는 아닙니다.

그러나 경영자는 개인기업의 경우에 분명히 나타나듯이 소유주를 대신하여 기업을 운영하는 사람입니다. 경영자가 소유주의 대리 인이라는 사실 때문에, 경영자가 기업을 경영하는 것과 소유주가 기 업을 경영하는 것이 다르다고 할 수 없으며, 기업이 이윤을 추구하 지 않는다고 말할 수도 없는 것입니다.

그러면 '기업이 이윤을 추구한다'라는 말의 의미는 무엇일까요? 간단히 말하면, 임금노동자를 고용하여 노동을 시키고 그 결과물인 상품을 팔아 이윤을 얻는 것입니다. 그러므로 기업이 많은 이윤을 내려면 임금노동자에게 될수록 임금을 적게 주고 많은 일을 시키려 할 것입니다. 또한 불필요한 노동자를 해고하며, 노동자들의 요구(임 금수준, 노동조건, 경영 참여 등에 관한 요구)를 억압하려고 할 것입니 다. 사회 전체의 관점에서 기업의 이윤 추구는 개별 기업들 사이의 무한경쟁, 기업들의 흥망성쇠, 호황과 불황의 교체, 경제 전체의 무계 획적인 운영, 빈부격차의 심화, 실업자의 증가, 비정규직의 증가 등으 로 나타날 것입니다.

만약 이윤 추구의 내용이 이처럼 노동자들의 종속, 기업들 사이의 무한경쟁, 경제 전체의 무정부성, 노동자 계급의 빈곤화 등을 내포하 고 있다면, 소유주가 기업을 경영하는 것과 경영자가 기업을 경영하 는 것의 차이는 완전히 사라져버립니다. 오히려 기업이 활동하고 있 는 사회 자체가 어떤 사회인가 하는 것이 문제가 됩니다.

그러므로 자본주의가 변질하였다는 주장도, 사회 전체가 합리적 인 계획 아래에서 인민대중 전체의 물질적·정신적 욕구를 직접적으 로 충족시키려고 노력하느냐 아니냐 하는 관점에서 비판할 수밖에 없을 것입니다. 현재의 사회가 본질은 그대로인데도 '소유주 대신에

경영자의 등장으로 자본주의가 변했다'라고 주장하는 사람은 엉터리임에 틀림없습니다.

　주식회사는 각계각층의 유휴자금을 동원하는 기업 형태입니다. 주식을 발행하여 판매함으로써 사회의 자금을 기업에 동원하기 때문에, 주식회사는 개인의 기업이 아니라 사회의 기업입니다. 그런데 주식회사는 1주식 1표의 다수결 원칙에 의거하여 운영되기 때문에, 대주주가 기업을 자기의 개인 기업처럼 운영할 수 있습니다. 그러므로 주식이 다수의 소주주에게 분산될수록 더욱 적은 주식 소유로 그 회사를 지배할 수 있게 됩니다. 따라서 주식회사와 주식의 분산은 자본주의 사회의 특징을 소멸시키는 요인이 아닌 것은 분명합니다.

　임금노동자가 주주가 된다고 해서 자본가이겠습니까? 극단적인 경우로 예를 들어, 주식회사의 임금노동자들이 그 회사의 주식을 모두 소유한다면, 이 회사는 노동자들의 회사가 될 것이고, 노동자들이 자기 자신을 착취하는 일은 있을 수 없으므로, 그 회사는 자본주의적으로 경영되지 않을 것입니다. 이런 노동자들의 회사가 경제 전체를 지배하게 되면, 그 사회는 이제 자본주의 사회가 아닙니다. 그런데 이런 극단적인 경우를 제외하면, 임금노동자의 주식 소유는 저축의 한 형태에 지나지 않기 때문에, 회사의 경영목표가 변한다든가 사회가 변하지는 않습니다.

　『자본론』에서는 자본가를 자본의 인격화 또는 화신이라고 부르는데, 자본이 사람의 형태를 띠고 나타난 것이 자본가라는 것입니다. 마르크스는 자본을 '자기의 가치를 증식시키려고 운동하는 가치'라고 정의하여, 자본이 어떻게 자기의 가치를 증식시키는가를 고찰하며, 이런 가치증식과정에서 자본주의 사회가 어떻게 변화하는가를 분석하고 있습니다.

따라서 자본가라는 인간의 존재 여부가 자본주의 사회를 규정하는 것이 아니라, 가치가 자본으로 기능하는가의 여부가 자본주의 사회를 규정하게 됩니다. 가치가 자기를 증식시키려고 노력하는 것이 결정적인 요인이며, 그 운동을 관리하는 주체가 개인인가, 국가인가, 주식회사인가는 부차적인 문제인 것입니다. 국영기업이 이윤을 추구한다면, 그 기업의 소유주가 비록 국가이더라도 그 기업은 자본주의적 기업입니다. 또한 일본의 기업집단이 기업 상호 간의 투자에 의해 성립하며, 기업의 소유주가 여러 기업들이라고 하더라도, 그 기업이 가치증식을 도모한다면 자본주의적 기업임에 틀림없습니다.

따라서 주민 중에서 누가 자본가인가를 분류하는 작업이 중요한 것이 아니라, 자본과 임금노동이라는 사회적 계급관계가 어떻게 전개되고 있는가를 밝히는 것이 문제의 핵심입니다. 이런 관점에 서야만, 개인의 잘잘못보다는 사회 그 자체의 특성이 문제될 수 있으며, 또한 사회의 변혁을 통하여 개인을 낡은 관습과 사상으로부터 해방시킨다는 명제가 성립될 수 있는 것입니다.

자본의 개념과 자본의 일반공식

여기에서는 『자본론』 제1권 제2편(화폐가 자본으로 전환)의 내용을 소개합니다. 잉여가치가 무엇이고, 자본이 무엇인가를 맨 처음 규정하는 부분입니다. 그리고 잉여가치는 유통과정에서 창조되는 것이 아니라 생산과정에서 창조되는 것임을 해명합니다.

잉여가치와 자본의 개념

상품이 교환되면서 필연적으로 화폐가 발생하는 과정을 2부 3장 '화폐'에서 살펴보았습니다. 그런데 이 화폐는 두 가지 다른 형태로 유통합니다.

첫째는 들소 가죽 소유자가 화폐 소유자에게 들소 가죽을 팔아 화폐를 얻고, 이 화폐를 창 소유자에게 주면서 창을 구매하는 경우입니다. 도식으로 표현하면, '들소 가죽-화폐-창', 또는 일반적으로 표현하면 '상품1-화폐-상품2', 즉 'C1-M-C2'라고 할 수 있습니다.

화폐는 화폐 소유자로부터 나와서 들소 가죽 소유자에게 갔다가, 창 소유자에게로 갑니다. 들소 가죽 소유자는 창을 원했기 때문에 이 교환을 개시했으며, 따라서 이 교환의 목적은 상이한 생산물(창)을 얻어 자기의 필요와 욕망을 충족시키는 것입니다. 이 경우에 '화폐가 단순한 화폐로서 유통한다'라고 말합니다.

둘째 형태는, 화폐 소유자가 화폐로 들소 가죽을 구매한 뒤에 그 들소 가죽을 팔아 다시 화폐를 얻는 경우입니다. 화폐는 사라지지 않고 자기에게 다시 되돌아옵니다. 도식으로 표현하면, '화폐-들소 가죽-화폐', 또는 일반적으로 표현하면 '화폐-상품-화폐', 즉 'M-C-M'입니다. 그런데 이 순환의 출발점과 종착점이 모두 질적으로 동일한 화폐이기 때문에, 처음의 화폐액과 나중의 화폐액 사이에 양적 차이가 없다면 이 순환은 아무런 의미가 없습니다.

화폐 소유자가 100원으로 들소 가죽을 사고, 그 뒤 그 들소 가죽을 팔아 100원을 얻는다면, 그는 이런 무의미한 짓을 하지 않을 것입니다. 사실상 화폐 소유자는 100원을 예컨대 120원으로 증식시키기 위해 이 순환을 개시한 것입니다. 따라서 이 순환의 곡적은 상이한 생산물을 얻는 것이 아니라, 더욱 큰 화폐를 얻는 가치증식에 있습니다. 따라서 이 순환의 완전한 형태는 'M-C-M'이 아니라 'M-C-M′(=M+m)'입니다.

예를 들면 '100원-들소 가죽-120원(=100원+20원)'의 형태가 성립되는 것입니다. 최초의 화폐 100원은 m(20원)만큼 증식되었는데, 이 m(즉 20원)을 '잉여가치surplus-value'라고 부릅니다. 바로 이러한 순환 운동이 화폐를 자본으로 전환시키는 것이며, 이 경우를 '화폐가 자본으로 유통한다'라고 말합니다.

그런데 이 순환의 목적이 가치증식이기 때문에, 제1회 순환이 '100원-C-120원'으로 끝나더라도, 120원을 더욱 증식시키려는 동기는 여전히 남습니다.

따라서 '120원-C-150원'이라는 제2의 순환이 뒤따르고, 그다음에도 제3회 순환이 뒤따라올 것입니다. 이 순환운동에서 가치는 화폐와 상품의 형태를 끊임없이 번갈아 취하면서 증식하기 때문에, 이 순환운동에 들어와 있는 화폐나 상품은 모두 자본이라고 말해야 할 것입니다(부르주아경제학이 기계만을 '자본'이라고 부르는 것은 잘못이다. 자기 자신의 가치를 증식시키려는 화폐도 자본이고, 자기 자신의 가치를 증식시키려는 상품도 자본이다).

이러한 의미에서 자기 자신을 증식시키려는 가치를 자본이라고 부릅니다(I: 201). 예를 들어, 내 주머니에 있는 1만 원은 저녁 식사를 하기 위해 쓰이기 때문에 자본이 아니지만, 장사꾼의 주머니에 있는 100만 원은 채소를 구매한 뒤 그 채소를 팔아 더 큰 돈을 만들기 위해 사용되기 때문에 자본인 것입니다.

자본의 일반공식

자본주의 사회에서 자본은 대체로 크게 나누면, 상업에 종사하는 상업자본, 재화와 서비스를 생산하는 산업자본, 그리고 돈놀이를 하거나 주식·국채·회사채에 투자하는 금융자본 등이 있습니다. 그런데 이들 자본은 앞에서 본 순환운동 'M-C-M′(=M+m)'을 통해 가치를 증식시키기 때문에, 이 순환운동을 '자본의 일반공식'이라고 부릅니다.

이 일반공식은 상업자본(또는 상인자본)의 순환도식과 완전히 동일합니다. 왜냐하면 화폐 소유자인 상인(또는 상업자본가)은 화폐로 상품을 구매한 뒤에 그 상품을 더 비싼 값으로 팔아 가치를 증식시키기 때문입니다.

$M-C-M'$

예) M(100원)――C――M'(120원)

그러나 산업자본가는 화폐로 생산수단(MP, 기계 등의 노동수단과, 원료 등의 노동대상)과 노동력(LP)을 시장에서 상품(C)으로 구매하여, 생산과정(P)에서 새로운 상품(C')을 만든 뒤, 그 상품을 시장에서 팔아 더 큰 가치를 얻습니다.

$M-C(MP, LP)――P――C'-M'$

('――'은 유통과정이 끊겼다는 표시이며, C'은 상품가치가 C보다 크다는 의미임)

예) M(100원)―C[100원(MP 70원, LP 30원)]――P――C'(120원)―M'(120원)

산업자본의 순환도식도 생산영역에서 일어나는 사건들(--P--C')을 무시한다면, 유통영역에서는 'M-C(MP, LP)-M''의 형태를 취합니다. 다시 말해 산업자본의 순환도식도 자본의 일반공식으로 요약될 수 있습니다.

끝으로 돈놀이를 하는 금융자본(대표적으로 은행)의 경우에는, 화폐 소유자인 금융자본가가 화폐를 남에게 일정한 기간 빌려주었다가 이자와 원금을 돌려받음으로써, 원래 가치를 이자만큼 증식시킵니다.

M――M′
예) M(100원)――M′(105원)

이 도식에서는 화폐를 차입한 자본가가 무엇을 해서 이자와 원금을 갚는가가 나타나지 않습니다. 만약 금융자본가가 상인에게 화폐를 대부하고(M--대부--M), 상인이 상업활동을 통해 이윤을 얻어, 이자와 원금을 금융자본가에게 상환한다면(M′--상환--M′), 이 전체의 순환은 다음과 같이 표현될 것입니다.

M――대부――M, M―C―M′, M′――상환――M′
예) 금융자본가가 상인에게 M(100원)을 대부하면, 즉 'M(100원)――대부――M(100원)', 상인은 이 화폐로 상업활동을 하여 20원의 이윤을 얻은 뒤 ['M―C―M', 즉 'M(100원)―C―M′(120원)], 이 얻은 이윤 20원 중 5원을 이자로서 원금과 함께 금융자본가에게 상환합니다[즉 M′(105원)――상환――M′(105원)].

이리하여 금융자본의 순환도식도 자본의 일반공식 M-C-M′를 내포한다고 볼 수 있습니다.

따라서 'M-C-M′'은 자본이 유통영역에서 취하는 일반공식으로 요약될 수 있습니다(I: 203).

자본의 일반공식이 지닌 문제점

'M-C-M''이 화폐가 자본으로 전환되는 일반공식이라고 한다면, 이것은 상품을 매매하는 유통과정에서 잉여가치가 발생함을 의미합니다. 그런데 상품의 유통과정이나 매매과정에서는 사실상 잉여가치가 발생할 수 없음을 알고 있다면, 위와 같은 자본의 일반공식에 문제가 있다고 말해야 할 것입니다.

'상품의 유통과정에서는 잉여가치가 발생하지 않으며, 따라서 가치가 자본으로 전환될 수 없다'라는 마르크스의 명제를 검토해 봅시다.

상품의 유통과정에서 판매자와 구매자는 생산물(사용가치)의 측면에서는 모두 이익을 얻을 수 있습니다. 왜냐하면 판매자는 자신에게 쓸모없는 상품을 팔아 자신에게 필요한 상품을 얻기 때문이며, 또한 각 생산자가 사회적 분업에 의해 특정 상품의 생산에 전념하면 모든 상품을 스스로 만들 때보다 각 상품의 생산에 드는 인간노동이 절약되므로, 구매자와 판매자는 동일한 화폐로 더 많은 상품들을 살 수 있기 때문입니다.

그러나 교환과정에서는 상품이 화폐로 전환하고 또 화폐가 상품으로 전환하는 형태상의 변화만 있을 뿐, 가치의 양에는 어떤 변화도 없습니다. 100원짜리 상품을 팔아 100원짜리 화폐를 얻거나, 100원짜리 화폐를 주고 100원짜리 상품을 사는 것이 교환과정에서 일어나는 일의 전부이기 때문입니다. 따라서 상품들의 매매는 그 순수한 형태에서는 등가물끼리의 교환이고, 가치증식의 수단이 될 수는 없습니다(I: 207).

비록 등가물끼리의 교환이 아니더라도, 교환과정에서는 잉여가치가 발생하지 않습니다. 그 이유를 예를 들어 설명해 봅시다. 예컨대 판매자가 어떤 특권을 가져 100원짜리 상품을 110원에 팔 수 있다고 가정한다면, 판매자는 10원의 잉여가치를 얻게 됩니다. 그러나 그는 상품을 판매한 뒤에 제3의 판매자로부터 다시 상품을 구매할 수밖에 없으며, 이 경우 그는 100원짜리 상품을 110원에 사야 할 것입니다.

이 사람은 판매자로서는 10원의 이익을 얻지만 구매자로서는 10원을 잃게 되어, 전체적으로 잉여가치를 얻지 못합니다. 결국 모든 상품 소유자가 자기의 상품을 그 가치보다 10퍼센트 비싸게 판매하게 되는데, 이것은 상품들의 가격만 인상할 뿐이지 아무런 실질적인 변화를 일으키지 않습니다(I: 210-211).

두 번째로 구매자가 어떤 특권에 의해 100원짜리 상품을 90원에 구매할 수 있다고 가정하더라도, 그는 구매자가 되기 전에 이미 판매자로서 제3의 구매자에게 100원짜리 상품을 90원에 팔지 않을 수 없었던 것입니다. 따라서 이 구매자도 잉여가치를 얻지 못합니다.

세 번째로 판매하지 않고 구매만 하는, 따라서 생산하지 않고 오직 소비만 하는 상류 계급이 있다고 가정하면, 판매자는 상품을 그것의 가치를 초과하는 가격으로 팔아 잉여가치를 얻을 수 있을 것입니다. 그러나 상류 계급이 어떤 강제력을 행사하여 상품 소유자들로부터 미리 화폐를 빼앗지 않았다면, 그러한 생활을 계속할 수는 없을 것입니다.

결국 상품 소유자는 자기가 바친 공물을 높은 상품 가격으로 다시 회수하는 셈이 되는 것입니다. 따라서 사회 전체적으로는 잉여가치가 발생하지 않습니다.

네 번째로 상품 소유자 A가 40원의 포도주를 B에게 팔고 대신 50원의 곡물을 얻는 경우를 봅시다. A는 10원의 잉여가치를 얻었을 것이지만, 사회 전체적으로는 교환하기 전과 마찬가지로 가치 총액을 90원뿐입니다. 다만 사회적 총 가치의 분배가 변화하여, 이제는 A가 50원을 가지고 B가 40원을 가졌을 뿐입니다.

마지막으로 선진국이 후진국을 부등가교환*에 의해 수탈함으로써 후진국의 발전이 지연된다는 이론이 있습니다. 후진국이 수입하는 공산품의 공급을 선진국이 독점하고 후진국이 수출하는 제1차 산품(농산물과 광산물)에 대한 수요를 선진국이 독점하고 있는 상황에서는, 후진국의 교역조건**이 악화됨으로써 후진국의 잉여가치가 선진국으로 이전될 수밖에 없습니다. 그러나 이것은 세계적인 차원에서 잉여가치가 어떻게 '분배'되는가에 관한 설명은 되지만, 세계 전체에서 잉여가치가 어떻게 '발생'하는가에 관한 설명은 아닙니다.

위의 예들을 검토하면, 상품들의 유통과정과 교환에서는 아무런 가치나 잉여가치가 창조되지 않으며, 따라서 가치가 자본으로 전환되지 않는다는 결론이 나옵니다. 따라서 자본의 일반공식 'M-C-M''은 문제점을 내포하고 있다고 말해야 할 것입니다. 이 문제점을 좀 더 구체적으로 다음과 같이 말할 수 있을 것입니다.

---

* 자본가가 식민지나 자국의 농민으로부터 식량과 원료를 헐값으로 사는 것이나, 공산품을 독점 가격으로 비싸게 파는 것이 이에 해당한다.

** 교역조건＝수출상품의 가격지수/수입상품의 가격지수

화폐 소유자는 상품을 그 가치대로 사서 그 가치대로 팔아야 하는데, 그러면서도 과정의 끝에 가서는 자기가 처음 유통에 던져 넣은 것보다 더 많은 가치를 유통에서 끌어내지 않으면 안 된다. (…) 이것이 바로 문제의 조건이다(I: 219).

이 '문제의 조건'은 다음과 같은 공식으로 표현할 수 있을 것입니다.

$$M-C \cdot C'-M'$$

예) M(100원)−C(100원)·C′(120원)−M′(120원)

결국 화폐 소유자가 유통영역(시장)에서 어떤 상품을 그것의 가치대로 구매하지만, 그 상품을 소비하거나 사용하는 과정에서 그 상품이 자기의 본래 가치보다 더 큰 가치를 창조해야만 하는 것입니다. 이런 상품이 어디에 있을까요?

상품가치의 실체는 인간노동이고 인간노동이 가치를 창조하기 때문에, 어떤 상품을 소비하거나 사용하는 것이 가치를 창조하는 것이 되는 특수한 상품이 존재해야만 합니다. 이 특수한 상품이 바로 노동력 또는 노동능력입니다. 노동력은 인간의 신체 속에 있는 육체적·정신적 능력의 총체입니다. 인간이 재화와 서비스를 생산할 때마다 노동력을 지출하는데, 노동력의 지출 행위를 우리는 '노동'이라고 부르며, 이 노동이 가치를 창조하게 됩니다(I: 220-221).

노동력의 매매

자본주의 사회에서 노동자는 자기가 가진 정신적·육체적 능력인 노동력을 상품으로 일정한 시간(하루, 한 주, 한 달, 1년 등) 동안 판매하며 살아가고 있습니다. 이렇게 노동력을 상품으로 전환시킨 역사적 사건은 무엇이었을까요? 그리고 상품인 노동력의 가치는 얼마일까요? "노동력이 매매되는 '노동시장'에서 자본가가 노동력을 살 때 그는 노동자에게 그것의 가치를 깎지 않고 그대로 준다"라고 마르크스가 가정하는 이유는 무엇일까요? 왜 부르주아경제학은 상품들의 '생산과정'보다 '교환과정'을 연구하는 데 몰두하고 있을까요? 이런 의문들에 대한 답을 여기에서 찾게 될 것입니다.

노동력이 시장에서 상품으로 매매되기 위한 조건

노동력이 시장에서 상품으로 매매되려면, 첫째로 노동력의 소유자인 노동자가 자기 노동력을 자유롭게 처분할 수 있어야 합니다.

다시 말해 노동자가 인격적으로 자유로워서 어느 화폐 소유자에게도 자기 노동력을 판매할 수 있어야 합니다. 노예[*]나 농노[**]는 인격적으로 자유롭지 않았기 때문에, 자기 노동력을 시장에 상품으로 내놓을 수 없었습니다. 또한 노동자가 노동력을 한꺼번에 몽땅 판다면 노동자는 자기 자신을 판매하는 것이 됩니다. 따라서 그는 자유인이 아니라 노예가 되고, 상품 소유자가 아니라 상품 자체가 됩니다.

그러므로 노동자는 노동력을 판다고 하더라도 노동력에 대한 자기 소유권을 포기하지 않아야 되는데, 그러기 위해서 그는 자기 노동력을 항상 '일정 시간 동안'만 판매해야 합니다(I: 221-222). 몇 시간이든 1주일이든 또는 1개월이든 1년이든 기간을 정해 노동력을 팔아야 합니다.

둘째로 노동자가 스스로 노동력을 사용해 살아갈 수 있다면, 그는 자기 노동력을 상품으로 판매하지 않을 수도 있습니다. 그러므로 노동자가 자기 노동력을 시장에서 상품으로 파는 상황이 되려면, 노동자 스스로 살아갈 수 있는 생활기반이나 생산수단을 전혀 갖지 않은 무산대중이어야만 합니다. 그래야만 노동자가 살아가기 위해 화폐 소유자에게 자기 노동력을 팔 수밖에 없게 되는 것입니다(I: 222-223). 이런 의미에서 마르크스는 임금노동자를 '임금노예'라고도 부릅니다.

위의 두 가지 조건을 가리켜, 흔히들 '이중으로 자유로운 임금노동자'

---

[*] 모든 권리와 생산수단을 빼앗기고, 물건처럼 사고 팔리던 노예제 사회의 피지배계급

[**] 중세 봉건 사회에서 영주에게 예속된 농민·영주에게 신분적 지배를 받았고, 이전의 자유가 없었다. 영주로부터 대여 받은 토지를 경작하는 대가로 부역과 공납의 의무를 졌다.

(Ⅰ: 223)라고 말합니다. 그러나 이것은 인격적으로 '자유롭다free'는 것과, '재산이 없다free from property'는 것에 'free'가 두 번 사용되고 있음을 가리킬 뿐이므로, 우리말로는 의미를 제대로 전달할 수 없습니다. 어쨌든 인격적 속박에서 벗어났지만 먹고살 수 있는 재산이 없는 자유로운 무산대중(프롤레타리아)은 자기 노동력을 팔아야만 먹고살 수 있는 것입니다. 이 프롤레타리아가 역사적으로 어떻게 대규모로 탄생하게 되었는가는 이 책의 2부 1장 '자본과 임금노동의 최초 형성과정'에서 이미 살펴보았습니다.

노동력이라는 특수한 상품의 가치

모든 상품의 가치는 '그 상품을 생산하는 데 드는 노동시간'에 의해 결정되기 때문에, 노동력의 가치도 노동력이라는 상품을 생산하는 데 드는 노동시간에 의해 결정될 것입니다. 그런데 인간의 정신적·육체적 힘인 노동력은 노동자가 정상적인 의식주생활과 문화생활을 할 때에만 정상적으로 재생산되므로, 노동력의 가치는 다음과 같은 항목으로 구성됩니다(Ⅰ: 225-228).

첫째로 노동자 자신이 필요로 하는 의식주 비용·교통비·문화비 등, 둘째로 노동자가 재능과 숙련을 얻기 위해 지출한 과거 교육비와 훈련비, 셋째로 노동자가 재능과 숙련을 얻기 위해 지출하는 현재의 교육비와 훈련비, 넷째로 가족을 부양해야 하는 경우에 필요한 가족의 생계비입니다. 이것은 '차세대 노동자'를 양육한다는 의미를 가지고 있으며, 노동자가 1세대 뒤에 사라지는 것을 막습니다.

그런데 여기에서 주목해야 할 것은, 주부가 가족들을 돌보는 가사노동이 가장의 노동력을 생산하는 데 반드시 필요한 것임에도 가장의 노동력을 구성하는 가치에 포함되지 않는다는 사실입니다. 그 이유는 간단합니다. 자본주의 사회에서는 돈을 주고 사는 것만 계산하기 때문입니다. 가장은 주부의 가사노동에 대해 돈을 지급하지 않으므로, 주부의 가사노동이 가장의 노동력을 구성하는 가치에 들어가지 않는 것입니다.

만약 주부가 행하는 가사노동을 가장이 시장에서 구매해야 한다면, 예컨대 자녀들은 유치원과 학원에 보내고, 노인은 요양원에 보내며, 빨래를 모두 세탁소에 맡기고, 식사는 모두 식당에서 사 먹으며, 집 안 청소를 모두 가정부에게 맡긴다면, 가장과 가족의 생활비는 크게 증가할 것입니다.

그렇게 되면 가장의 노동력이 갖는 가치는 크게 상승할 것이고, 고용주가 가장의 임금수준을 대폭 인상하는 경우에만 가장은 정상적인 가정생활을 유지하면서 노동력을 재생산할 수 있을 것입니다. 주부의 가사노동은 가장과 가족 모두에게 그리고 사회의 발전을 위해 절대적으로 필요하기 때문에, 정부는 주부의 가사노동을 보상하기 위해 '주부수당'을 지급해야 할 것입니다(최근 들어 주부들의 가사노동을 금액으로 환산하는 시도들을 통해 가사노동의 가치에 대한 인식이 바뀌고 있다).

나라마다 다른 노동력의 가치

노동력의 가치는 노동자와 가족이 그 사회에서 정상적인 의식주생활과 문화생활을 하는 데 필요한 비용입니다. 그리고 앞에서 말한 것처럼 상품들이 그 가치대로 교환된다고 생각하면, 자본가는 노동자와 가족이 그 사회에서 정상적인 의식주생활과 문화생활을 할 수 있을 만큼의 임금을 노동자에게 준다고 가정해야 할 것입니다. 다시 말해 자본가가 노동자에게 주는 일당이나 월급은 노동력의 하루치 가치 또는 한 달치 가치와 같다고 가정할 수 있을 것입니다. 이렇게 가정한다면, 시간당 임금이나 월급의 국제비교는 각국 노동자들의 '진정한 생활수준'을 가리키는 지표가 될 수 없을 것입니다. 그 이유는 무엇일까요?

첫째로 각국의 자연적인 조건에 따라 음식비·주거비·의복비가 다르기 때문입니다. 예컨대 열대지방에서는 바나나, 야자수 등을 공짜로 먹을 수 있고, 벽돌로 집을 지을 필요가 없으며, 추위를 막을 옷은 필요하지 않기 때문에, 그것들을 구매하기 위한 부담이 줄어 임금을 적게 받아도 정상적인 생활을 하면서 자기의 노동력을 재생산할 수 있을 것입니다.

둘째로 경제발전과 노동운동의 수준에 따라, 노동자들의 평균적인 생활수준이 다르기 때문입니다. 경제발전과 노동운동의 수준이 높은 나라에서는 케이블 텔레비전·자동차·핸드폰 등이 생활필수품이어서, 이것들이 당연히 노동자의 생활비(즉 노동력의 가치)에 들어가므로, 노동자의 월급수준이 높을 수밖에 없습니다. 그렇다고 이

가격 인상과 새로운 세금에 대한 공지를 읽고 있는 19세기 파리 사람들
노동자의 임금은 노동자와 그 가족이 사회에서 정상적인 의식주생활과 문화생활을 할 수 있을
만큼이어야 하기 때문에 물가와 세금의 변동과 무관하지 않다.

처럼 높은 월급을 받는 노동자들이 경제발전과 노동운동의 수준이
낮은 나라의 노동자들에 비해 더 행복하다고 말할 수는 없을 것입
니다. 왜냐하면 전자의 노동자는 월급수준이 높더라도 그 나라에서
는 평균 수준의 소득을 받고 있을 뿐이기 때문입니다.

셋째로 사회보장제도가 발달한 정도에 따라, 노동자는 고용주로
부터 받는 임금 외에 정부로부터 각종 사회복지 혜택을 받기 때문
입니다. 예컨대 영국에서는 학교와 병원이 무료이고 공공임대주택
이 싼값으로 제공되며 실업급여와 노후연금이 주어지기 때문에, 노
동자들은 고용주로부터 낮은 임금을 받더라도 생활하는 데 큰 어
려움은 없습니다. 따라서 영국 노동자의 월급수준이 한국 노동자의
월급수준에 비해 낮다고 해서, 한국 노동자의 생활수준이 높다거나

144

한국 노동자가 너무 높은 임금을 받는다고 판단해서는 안 됩니다.

그런데 흔히들 고용주로부터 받는 임금을 '직접적 임금'이라고 부르고 정부로부터 받는 각종 사회복지 혜택을 '사회적 임금'이라고 부르는데, 이는 잘못된 표현이라고 생각합니다. 왜냐하면 사회복지 혜택은 노동자의 '임금 투쟁'의 성과가 아니라 모든 시민의 '정치적 투쟁'의 성과이므로, 노동자의 임금 항목에 넣어서는 안 되기 때문입니다.

그러나 이렇게 말할 수는 있을 것입니다. 노동력의 가치를 결정하는 노동자의 생활비에는 교육비와 의료비가 들어가는데, 이 교육비와 의료비가 정부의 사회보장정책에 의해 무료이므로, 영국 노동자의 노동력이 갖는 가치는 이것만큼 낮아진다는 것입니다. 이렇게 이야기할 수 있는 이유는 열대지방 노동자의 노동력이 갖는 가치가 낮은 것을 설명하면서 한 이야기와 같습니다.

필자는 공산주의 진영이 멸망하고 있던 1990년 7월에 중국과 소련 및 동유럽의 현실 사회주의 나라들을 2주 동안 방문한 적이 있습니다. 당시 한국 노동자의 평균 월급은 64만 원이었는데, 중국 노동자의 평균 월급은 200위안(우리 돈으로 32,000원)이었습니다. 한국 노동자의 월급이 중국 노동자 월급의 20배나 되었지만, 결코 한국 노동자의 생활수준이 높은 것은 아니었습니다.

왜냐하면 중국에서는 주거비가 20위안(3,200원, 아파트 임대료 5위안, 수도료 5위안, 전기료 5위안, 가스비 5위안)에 불과하고 식생활비가 매우 쌌기 때문에, 월급 32,000원으로도 노동력의 재생산에는 전혀 문제가 없었고, 오히려 저축까지 할 수 있었습니다. 소련에서도

1990년 7월에 노동자의 평균 월급은 200루블(우리 돈으로 24,000원)이었지만, 주거비가 20루블(2,400원)에 지나지 않았고 식생활비가 매우 쌌으므로 매달 1만 원 정도를 저축하고 있었습니다.

임금수준은 노동력의 가치와 같다는 가정

노동자는 노동시장에서 화폐 소유자와 만나 노동력의 매매 계약을 맺습니다. 예컨대 하루 10시간 노동에 4만 원이라는 계약이 그것입니다. 그런데 『자본론』에서는 일당 4만 원이 하루 노동력의 가치와 같다고 가정하고 있습니다. 다시 말해 일당 4만 원으로 노동자는 가족과 함께 그 사회에서 정상적인 생활을 할 수 있다고 가정하고 있습니다. 이런 가정이 필요한 이유는 무엇이겠습니까?

첫째로 노동력의 구매와 판매는 교환행위이고, 교환과정에서는 잉여가치가 창조되지 않으므로, 잉여가치의 발생을 설명하기 위해서는 '등가교환'을 전제해야 할 필요가 있기 때문입니다. 둘째로 자본가는 임금수준을 노동력의 가치 이하로 인하함으로써 잉여가치를 얻을 수 있지만, 이 방법으로는 곧 한계에 부딪힙니다. 노동자가 이런 낮은 수준의 임금을 장기간 받는다면, 노동력을 정상적으로 재생산할 수 없게 될 것이기 때문입니다.

결국 노동자의 임금수준은 노동자의 생활비(또는 노동력의 가치)에 점점 더 가까워질 수밖에 없다는 것입니다. 그러나 노동력의 가치가 노동자의 가족의 '최저생계비'를 가리키는 것은 아니며, 오히려 정상적인 생활을 할 수 있는 '평균적인 생계비'를 가리킨다고 보면 좋을 것입니다.

 셋째로 자본주의는 임금을 노동자의 생활비 이하로 인하하지 않더라도, 잉여가치를 획득하면서 발달할 수 있는 매우 역동적인 체제라는 것을 마르크스는 밝히려 하기 때문입니다. 넷째로 임금인상 투쟁의 한계를 분명히 알리기 위해서였습니다. 임금을 아무리 인상하더라도, 그것만으로는 노동자 계급은 자본의 지배와 억압으로부터 자신을 해방시킬 수 없음을 『자본론』은 논리적으로 설명하고 있습니다. 물론 노동자들이 자기의 임금수준을 올려 생활수준을 향상시키는 것은 매우 중요하지만, 뒤에서 보는 바와 같이, 임금인상은 결코 자본주의를 변혁할 수 없고, 노동자를 임금노예 상태로 계속 묶어둔다는 점입니다.

 이처럼 노동시장에서 자본가가 노동력을 구매할 때, 자본가는 노동자에게 노동력의 가치에 해당하는 임금수준을 주기로 계약합니다. 따라서 노동력을 매매하는 교환영역에서 자본가와 노동자 사이에는 적대·억압·수탈이 지배하는 것이 아니라, 자유·평등·소유·공리주의가 지배한다고 생각할 수 있습니다(I: 232). 왜냐하면 노동력의 판매자와 구매자는 자기들의 자유의지에 따라 계약을 맺기 때문에 '자유'가 지배하게 됩니다.

 또한 그들이 각각 노동력과 화폐의 소유자로서 동등하게 만나 등가로 교환하기 때문에 '평등'이 지배하게 됩니다. 각각은 자기의 것만을 마음대로 처분하기 때문에 '소유'가 지배하게 되며, 자기의 이익만을 추구하는데도 상호 간의 이익이 증진되기 때문에 공리주의가 지배한다고 말할 수 있습니다(5부 1장에서 자본가와 노동자가 교환영역에서 맺는 관계가 자유·평등·소유·공리주의와 아무런 관계가 없음이 폭로된다).

실제로 자기의 상품을 다른 사람의 상품과 교환하는 교환영역 또는 유통영역에서는, 사람들이 상품들을 그것들의 가치에 따라 교환하기 때문에 서로가 자유롭고 평등하다는 생각이 들 수밖에 없습니다. 이렇기 때문에 부르주아경제학은 교환영역 또는 유통영역의 연구에 몰두하는 경향이 있습니다. 신고전파 미시경제학은, 모든 사람들이 처음부터 일정한 자원 또는 의식주에 필요한 사물들을 가지고 있다고 가정합니다.

좀 더 쉽게 설명하자면, 매일 아침 하느님이 모든 사람의 문 앞에 하루의 생필품 묶음(동일한 내용을 가지고 있다고 가정함)을 마치 '만나(이집트에서 탈출한 이스라엘 민족이 광야를 헤맬 때 하느님이 준 음식물)'처럼 공짜로 준다고 가정합니다. 그런데 갑은 사과보다는 배를, 을은 배보다는 감을, 그리고 병은 감보다는 사과를 좋아한다고 하면, 갑과 을과 병은 서로서로 어떻게 교환하면 최대의 만족(효용)을 얻을 수 있을까를 연구하는 것이 부르주아경제학의 가장 기본적인 과제입니다.

이런 연구과제에서는 '모든 사람들은 자유롭고 평등하다'는 것을 자연히 가정하게 됩니다. 그러나 노동자는 매일 아침 하느님이 주는 '만나'로 살아가는 것이 아니라, 노동력을 팔지 않으면 살아갈 수 없으며, 따라서 자본가와 노동자는 처음부터 평등하지 않다는 사실을 파악하는 것이 자본주의를 이해하는 데 가장 중요합니다. 왜냐하면 자본가는 노동을 하지 않더라도 먹고살 수 있지만, 노동자는 일자리가 없으면 굶어 죽을 수밖에 없기 때문입니다.

이제 노동자는 자유·평등·소유·공리주의가 지배하던 노동시장을 떠나, 자본가에 의해 착취당하며 잉여가치를 생산해야 하는 공장의 생산과정으로 들어갑니다. 노동력을 그것의 가치대로 판매하는 교환영역에서 잉여가치를 생산해야 하는 생산영역으로 들어가는 과정에 관해 마르크스는 다음과 같이 묘사합니다.

이전의 화폐 소유자는 자본가로서 앞장서 걸어가고, 노동력의 소유자는 그의 노동자로서 그 뒤를 따라간다. 전자는 거만하게 미소를 띠고 사업에 착수할 열의에 차 바삐 걸어가고, 후자는 자기 자신의 가죽을 시장에서 팔아버렸으므로 이제는 무두질만을 기다리는 사람처럼 겁에 질려 주춤주춤 걸어가고 있다(I: 233).

노동시간 연장에 의한 잉여가치의 생산

여기에서는 『자본론』 제1권 제3편(절대적 잉여가치의 생산)을 소개하는데, 이 부분은 마르크스가 역사상 처음으로 정립한 개념과 이론으로 구성되어 있습니다.

노동과정

상품의 자본주의적 생산과정은, 한편에서는 생산물(사용가치)을 생산하는 '노동과정'이고, 다른 한편에서는 상품을 가치를 형성하는 '가치형성과정'과 투자자본의 가치를 증식시키는 '가치증식과정'입니다. 그런데 자본가는 잉여가치를 얻기 위해 상품을 생산하기 때문에, 가치증식과정이 노동과정을 지배하게 됩니다. 다시 말해 투자자본의 가치를 증식시키기 위해 노동과정이 변화를 겪는다는 이야기입니다.

노동과정의 단순한 요소들은 첫째는 인간의 합목적적 활동, 즉 노동 그 자체이고, 둘째는 노동대상이며, 셋째는 노동수단입니다. 노동대상은 원료·보조원료·반제품(또는 중간제품)이며, 노동수단은 도구·기계·건물·도로 등을 가리킵니다. 토지는 노동대상도 되고 노동수단도 됩니다. 그리고 노동대상과 노동수단은 생산재로서 '생산수단means of production, MP'이라고 부릅니다(I: 238-245).

자본가가 임금노동자의 노동력을 소비하는 자본주의적 노동과정에서는, 노동자는 자본가의 감독 하에서 노동하며, 생산물은 직접적 생산자인 노동자가 소유하는 것이 아니라 자본가가 소유하게 됩니다. 그리고 노동자에게 하루치에 해당하는 노동력의 가치를 지급한 자본가에게는, 노동력을 하루 동안 사용할 권리가 주어집니다. 이것은 마치 하루 동안 빌린 자동차를 사용할 권리가 빌린 사람에게 있는 것과 마찬가지입니다. 따라서 노동자가 자본가의 공장에 들어가는 순간부터, 노동자의 노동력을 사용하는 것은 자본가의 마음에 달려 있다고 말할 수 있습니다(I: 247-248).

상품가치의 형성과정

방적업자가 하루 동안 면사를 생산하기 위해 15원을 투자한다고 하고, 이 돈으로 면화 10킬로그램(=10원), 방추 2개(=2원) 그리고 한 사람의 노동력(=3원)을 구매했다고 합시다. 여기에서 방추는 노동수단을 대표하며, 하루에 방추가 2개씩 마멸된다고 가정합니다. 또한 설명을 단순하게 하기 위해, 면사는 하루 만에 생산되어 판매된다고 합시다.

방적공은 방추를 사용해 면화를 면사로 변형시키는 데, 방추는 닳아 없어지고 면화는 면사로 자기의 모습을 바꿉니다. 그러면 면사의 가치는 무엇으로 구성되며, 얼마가 될까요?

첫째로 면화와 방추는 다른 곳에서 이미 생산되어, 일정한 가치를 가지고 방적 공장에 들어왔으며, 자기들의 가치를 그대로 면사에 옮길 뿐입니다. 다시 말해 면화 10킬로그램은 10원의 가치를, 그리고 방추 2개는 2원의 가치를 그대로 면사에게 옮깁니다.

둘째로 방적공은 방추를 사용해 면화를 면사로 만드는 과정에서, 새롭게 노동함으로써 새로운 가치를 창조합니다. 방적공은 면사를 생산하는 과정에서, 면화와 방추의 가치를 면사에 옮길 뿐만 아니라, 새로운 가치를 면사에 부가하고 있습니다. 방적공의 1시간 노동은 얼마만큼의 가치를 창조할까요?

경제 전체의 총 부가가치(=임금과 잉여가치)를 전체 노동자의 총 노동시간으로 나누면, 1시간의 노동이 얼마의 부가가치를 창조하는가를 알 수 있습니다. 이 계산에서 1시간의 노동이 0.5원의 새로운 가치를 창조한다는 결과를 얻었다고 합시다. 만약 방적공이 하루에 6시간을 노동한다면, 그는 3원(=0.5원×6시간)의 가치를 새롭게 창조해 면사에 부가하게 될 것입니다.

방적공이 하루에 6시간 노동한다는 가정 하에, 산업자본의 순환을 그려보면 다음과 같습니다.

M———C(MP, LP)———————————P————————————C′——M′

면화 10kg : 10원	가치옮김		10원	
15원 방추 2개 : 2원	가치옮김		2원	15원
노동력 : 3원	가치창조: 6시간 노동		3원	

<표 3-1> 상품가치의 형성

우리의 자본가는 깜짝 놀랍니다. 생산물의 가치가 투자자본의 가치와 똑같습니다. 투자자본의 가치는 증식되지 않았고, 잉여가치를 생산하지 않았으며, 따라서 화폐는 자본으로 전환되지 않았습니다(I: 253-254).

자본가치의 증식과정

자본가는 교환가치를 가지고 있는 상품을 생산하려고 하며, 생산수단과 노동력의 구매에 투자한 자본의 총액보다 더 큰 가치를 가진 상품을 생산하려고 합니다. 그래야만 상품을 팔아서 투자한 자본을 회수할 뿐만 아니라 잉여가치를 얻을 수 있기 때문입니다.

자본가는 노동력을 하루 동안 사용하기 위해 노동력의 하루의 가치(즉 노동자와 가족의 하루 생활비)를 임금으로 지급한 것인데, 방적공에게 6시간만 노동시킨다면 방적공은 자본가가 지출한 임금 3원의 가치만을 재생산할 뿐이므로 자본가에게 아무런 잉여가치도 주지 않습니다. 따라서 자본가는 방적공에게 6시간을 넘는 노동을 강요하게 됩니다.

만약 자본가가 방적공에게 하루에 12시간을 노동시킨다면, 노동자가 6원(=0.5원×12시간)의 새로운 가치를 창조함으로써, 3원(=6원-임금 3원)의 잉여가치를 창조하게 됩니다. 이리하여 자본의 순환은 다음과 같게 될 것이며, 이제 화폐가 잉여가치를 낳게 되고, 화폐는 자본으로 전환됩니다. 이미 자본가는 고용계약에 따라 방적공에게 12시간 노동을 시키기 위해, 면화를 20kg, 그리고 방추를 4개 구매했던 것입니다.

M———C(MP, LP)——————————————P——————————C′———M′

면화 20kg: 20원　　　　　　가치옮김　　　　　20원

27원　방추 4개　:　4원　　　　가치옮김　　　　　　4원　　30원

노동력　　:　3원　　　　가치창조: 12시간 노동　6원

<표 3-2> 자본가치의 증식

결국 상품가치의 '형성과정'은 생산수단의 가치옮김과정과 노동력에 의한 가치창조과정을 포함하는데, 이 가치창조과정이 노동력의 가치에 해당하는 노동시간을 초과할 때 가치증식과정으로 전환되는 것입니다(I: 260-261). 잉여가치 3원이 창조된 것은, 노동자가 하루 12시간의 노동에서 6원(=0.5원×12시간)의 새로운 가치를 창조했지만, 그중에서 자기의 임금으로 3원만을 받았기 때문입니다.

잉여가치 = 노동자가 창조한 가치 − 노동자가 받는 임금

= 하루의 노동시간 − 필요노동시간

= 잉여노동시간

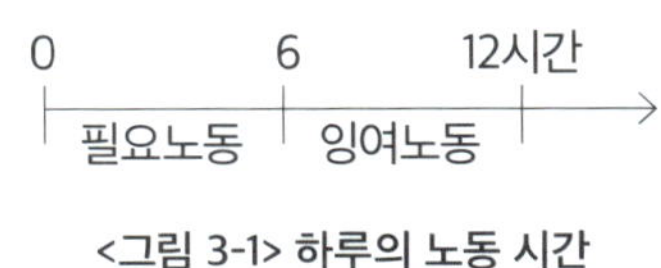

<그림 3-1> 하루의 노동 시간

이리하여 자본가는 노동자에게 하루의 노동시간을 연장하여 더욱 큰 잉여가치를 얻으려고 하는 것입니다. 이것을 '절대적 잉여가치의 생산'이라고 부릅니다.

불변자본과 가변자본

자본가는 잉여가치를 얻기 위해, 생산수단과 노동력의 구매에 화폐를 투자합니다. 그런데 위에서 본 바와 같이, 생산수단(노동대상과 노동수단)의 구입에 투자한 화폐는 생산과정에서 자기의 가치를 그대로 유지·보존할 뿐이고 증식되지 않는 데 반해, 노동력의 구입에 투자한 화폐는 생산과정에서 자기의 가치를 증식시킵니다. 이런 관점에서 자본가의 투자자본 중 생산수단의 구매에 사용된 것을 불변자본constant capital, C이라고 부르고, 노동력의 구매에 사용된 것을 가변자본variable capital, V이라고 부릅니다.

애덤 스미스

1723~1790. 영국의 정치경제학자로 고전파 경제학의 창시자이다. 부르주아경제학과 마르크스경제학의 출발점이 된 『국부론』을 저술하였다.

노동과정의 관점에서는 객체적 요소와 주체적 요소[즉 생산수단과 노동력]로 구별되는 바로 그 자본요소들이 가치증식과정의 관점에서는 불변자본과 가변자본으로 구별된다(I: 279).

자본가의 투자자본을 불변자본과 가변자본으로 구별한 것은 마르크스가 처음입니다. 마르크스 이전에 애덤 스미스가 자본가의 투자자본을 '고정자본'과 '유동자본'으로 구분한 적은 있습니다. 원료·보조원료·노동력에 대한 투자는 단 한 번의 생산과정에서 그 투자액 전체가 생산물의 가치에 들어가기 때문에 유동자본이라고 부르고, 기계·공장에 대한 투자는 몇 번의 생산과정을 거치면서 조금씩 자기의 가치를 생산물에 옮기기 때문에 고정자본이라고 불렀습니다.

예컨대 100만 원짜리 방적기계의 수명이 10년이라고 하면, 이 방적기계는 매년 10만 원을 1년간의 면사 생산량에 옮길 것입니다. 그런데 기계를 얼마나 오랫동안 사용할 수 있는가(즉 기계의 수명 또는 내용연수[*])는, 기계가 녹슬어 사용할 수 없게 될 때까지 몇 년이 걸리는가에 따라 그리고 값싼 새로운 기계가 등장함으로써 지금 사용하는 기계를 버릴 수밖에 없게 될 때까지 몇 년이 걸리는가에 따라 결정될 것입니다. 대부분의 고정자본 요소들(예를 들어 기계·건물·자동차·컴퓨터 등)의 내용연수는 위의 사정을 감안하여 상법에 몇 년이라고 규정되어 있습니다.

투자자본을 구분함에 있어서 불변자본과 가변자본은 잉여가치를 낳는가 낳지 않는가를 기준으로 한 것이고, 고정자본과 유동자본은 자본이 회수되는 방식을 기준으로 한 것이라고 생각하면 될 것입니다[고정자본과 유동자본은 『자본론』 제2권(자본의 유통과정)에서 자세히 논의되고 있다].

불변자본----기계·공장-----고정자본

불변자본-------원료-------유동자본

가변자본------노동력------유동자본

상품의 가치를 표현하는 방법은, 고정자본이 존재하는 경우에는, '상품의 가치=고정자본(기계·공장 등)의 감가상각비+원료비와 보조원료비+가변자본(임금)+잉여가치'가 될 것입니다. 그런데 감가상각

---

[*] 고정자산의 이용 가능한 연수를 말한다. 고정자산은 그 특성으로 보아 상당한 기간 기능을 다할 수 있으나, 내용연수가 지나면 폐기된다.

비와 원료비는 불변자본에 속하기 때문에, 일반적으로 '상품의 가치
＝불변자본(c)＋가변자본(v)＋잉여가치(s)'로 표시합니다.

위의 두 경우 중 어느 것이나 상품의 가치는, 기존의 생산수단으로부
터 옮겨온 가치(예를 들어 고정자본의 감가상각비, 원료비와 보조원료비)와
새로 창조된 가치(예를 들어 임금과 잉여가치)로 구성되어 있습니다.

잉여가치율

노동자는 하루의 노동을 통해 새로운 가치를 창조함으로써 자기
가 받은 임금(v, 자본가 입장에서는 가변자본)을 보충할 뿐만 아니라
자본가를 위해 공짜로 잉여가치(s)를 제공합니다. 하루의 노동시간
(즉 노동일) 중 전자에 해당하는 부분을 필요노동시간(필요노동) 또
는 지불 받는 노동(지불노동)이라고 부르고, 후자에 해당하는 부분을
잉여노동시간(잉여노동) 또는 지불 받지 않는 노동(불불노동)이라고 부
릅니다. 자본가가 얻는 잉여가치는 노동자의 잉여노동이 응고한 것
(또는 대상화한 것)에 지나지 않습니다(엄밀하게 말하면, 노동자의 잉여노동
이 잉여생산물을 만들어내고, 이 잉여생산물이 팔려 잉여가치가 된다).

이 잉여노동과 필요노동의 구별은 봉건 사회에서는 매우 투명하
게 보였습니다. 왜냐하면, 농노가 자기가 차지하고 있는 땅에서 일
하여 자기와 가족의 생활을 꾸려가는 노동이 필요노동이고, 영주
의 땅에서 공짜로 일하는 것이 잉여노동이었기 때문입니다.

그러나 자본주의 사회에서는 고용계약이 '하루에 8시간을 일하면
월급으로 200만 원을 준다'라고 되어 있기 때문에, 하루에 8시간씩

일하여 한 달 동안 창조하는 가치가 200만 원이라고 생각하기가 쉽습니다. 그렇지만 앞에서 살펴보았듯이, 노동자가 하루에 8시간씩 한 달 동안 일하면 예컨대 500만 원의 가치를 창조하며, 그중 200만 원을 월급으로 받게 되는 경우도 있습니다.

자본가가 얼마나 노동자를 착취하는가를 나타내는 지표가 '잉여가치율' 또는 '착취율'이며, 다음과 같이 표시합니다.

$$\frac{s}{v} = \frac{\text{잉여노동}}{\text{필요노동}} = \frac{\text{잉여가치}}{\text{임금}} = \frac{\text{불불노동}}{\text{지불노동}}$$

위에서 본 방적공의 경우에는, 하루에 12시간을 노동해서 6원의 새로운 가치를 창조하며, 이 6원이 3원은 임금으로 그리고 3원은 잉여가치로 분할되었습니다. 그리고 12시간의 노동이 필요노동 6시간과 잉여노동 6시간으로 분할되기 때문에, 잉여가치율 또는 착취율은 100퍼센트입니다.

공장주가 하루 동안 노동자 전체로부터 얻는 잉여가치 총액(S)은 다음과 같이 계산할 수 있습니다.

첫째, 노동자 한 사람이 제공하는 잉여노동(s)에 노동자 수(n)를 곱하면 됩니다(S=sn). 둘째, 노동자 수(n)는 하루의 가변자본 총액(임금총액, V)을 노동력의 하루의 가치(v)로 나눈 것과 같으므로, 'S=sn=s$\frac{V}{v}$=$\frac{s}{v}$V'입니다. 따라서 잉여가치 총액(S)은 가변자본 총액(V)에 잉여가치율을 곱하면 나옵니다.

노동시간	필요노동	잉여노동	노동자 수	잉여노동 총량
8시간	4시간	4시간	1,000명	4,000시간
10시간	3시간	7시간	500명	3,500시간
16시간	2시간	14시간	200명	2,800시간

<표 3-3> 취업자 수 감축의 한계

그런데 'S = sn'이라는 공식에서, 잉여노동(s)은 하루가 24시간이라는 상한을 가지고 있으므로, 노동자 수(n)를 감축시키면서 잉여가치 총액(S)을 증가시키는 것에는 절대적인 한계가 있다고 말할 수 있습니다. 〈표 3-3〉에서 보듯이, 공장의 자동화나 로봇화를 통해 노동자 수를 1,000명에서 500명으로 줄이면서 노동자 한 사람의 잉여노동시간을 4시간에서 7시간으로 증가시키더라도, 잉여노동 총량(=잉여가치 총액)은 4,000시간에서 3,500시간으로 감소할 것입니다. 나아가 노동자 수를 200명으로 줄이면서 잉여노동시간을 14시간으로 늘리더라도, 잉여노동 총량은 2,800시간으로 줄어들 뿐입니다.

따라서 자본주의 사회에서 '모든' 자본가가 자동화나 로봇화를 도입하는 것은 매우 어렵습니다. 첫째로 잉여가치를 낳는 노동자를 줄이고 잉여가치를 낳지 않는 기계류를 증가시키므로, 자본의 이윤율이 크게 저하할 수 있기 때문입니다(5부 2장 참조). 둘째로 자동화나 로봇화는, 한편으로는 노동자가 거의 필요하지 않으므로 실업자가 증가하여 사회의 구매력을 감소시키며, 다른 한편으로는 상품을 대규모로 생산하므로 시장이 곧 포화상태에 빠져 기업들이 망할 수밖에 없기 때문입니다.

따라서 공장의 자동화나 로봇화가 전면적으로 도입될 수 있는 것은, 생산물을 값싸게 주민들에게 공급하면서, 모든 주민들을 노동으로부터 해방시켜 여가를 즐기게 하는 새로운 사회에서나 가능할 것입니다.

물론 자본가들 사이의 경쟁에서는 노동절약적인 기술혁신을 도입하여 자기 상품의 개별가치를 저하시킨 자본가가 그 상품을 시장가치에 팔아 초과이윤을 얻을 수 있습니다(4부 1장 참조). 그러나 자본가 모두가 노동절약적인 기술혁신을 도입한다면, 착취되는 노동자의 수가 감소되기 때문에 사회 전체의 잉여가치량도 감소할 수밖에 없습니다. 물론 현재처럼 자본주의가 세계 전체로 확대되는 상황에서는 자본가 모두가 동일한 자동화나 로봇화를 채택할 수 없기 때문에, 세계 전체의 잉여가치량이 감소되는 상황은 좀처럼 생기지 않을 것입니다.

시니어가 말한 최후의 1시간

〈표 3-2〉에 따르면, 자본가는 면사 20킬로그램(가치 30원)을 얻게 되는데, 이 면사 총량 20킬로그램을 면화의 가치, 방추의 가치, 노동력의 가치 그리고 잉여가치에 해당하는 면사량으로 구분할 수 있습니다. 또한 노동자가 하루 12시간 동안 노동하면서 면사 20킬로그램을 생산했기 때문에, 각각의 면사량을 생산하는 데 몇 시간이 걸

렸는가를 알아볼 수도 있습니다. 이것을 나타내는 것이 〈표 3-4〉입니다.

$$\text{면사의 가치 30원} = \text{면화 20원} + \text{방추 4원} + \text{노동력의 가치 3원} + \text{잉여가치 3원}$$
$$\text{면사 20kg} = 13\frac{1}{3}\text{kg} + 2\frac{2}{3}\text{kg} + 2\text{kg} + 2\text{kg}$$
$$\text{12시간의 노동} = 8\text{시간} + 1\text{시간 36분} + 1\text{시간 12분} + 1\text{시간 12분}$$

<표 3-4> 면사의 가치와 면사 생산량 및 하루 노동시간 사이의 관계

그런데 이 단순하고 명백한 사실을 다음과 같이 왜곡한다면, 큰 문제가 생기게 됩니다. 즉 방적공이 하루 12시간을 노동하면서, 처음 8시간은 면화의 가치 20원을 생산하거나 보충하고, 그다음 1시간 36분은 방추의 가치를, 또 그다음 1시간 12분은 임금의 가치를 생산하거나 보충하여, 그리고 오직 나머지 1시간 12분만을 공장주를 위해 잉여가치를 생산한다고 주장한다면, 이것은 완전히 거짓말이 됩니다. 옥스퍼드 대학교의 시니어 교수[*]는 이런 근거에 의거하여, 노동자의 하루 노동시간을 1시간 12분 단축하면 영국 방적공업이 모든 이윤을 잃게 되고 곧 망할 것이라고 외친 것입니다(이것을 마르크스는 '시니어의 최후의 1시간'이라고 불렀다).

진실을 말하면, 20원의 면화와 4원의 방추는 이미 면화생산자와 방추생산자가 행한 노동을 표현하고 있습니다. 방적 공장에서 방적

---

[*] 나소 윌리엄 시니어. 1790~1864. 영국의 고전파경제학자로, 옥스퍼드 대학교에서 최초의 정치경제학 교수로 활동했다.

공은 12시간을 노동하면서 면화와 방추의 가치를 생산하거나 창조하는 것이 아니라, 그 가치를 면사로 옮길 뿐이며 그리하여 6원의 가치를 새롭게 창조합니다. 따라서 면사 20킬로그램의 가치 30원을 구성하는 부분들을 노동시간으로 표현하면 다음과 같습니다. 왜냐하면 1시간의 노동은 0.5원의 가치를 창조하기 때문입니다.

면사의 가치 30원 = 면화 20원 + 방추 4원 + 노동력의 가치 3원 + 잉여가치 3원
60시간의 총 노동 = 40시간 + 8시간 + 6시간 +6시간

<표 3-5> 면사에 응고된 인간노동

이 중 면화의 가치를 나타내는 40시간의 노동과 방추의 가치를 나타내는 8시간의 노동은, 방적공이 행한 노동이 아니라 면화생산자와 방추생산자가 이미 행한 노동입니다. 방적공의 12시간 노동은 오직 노동력의 가치 3원과 잉여가치 3원을 창조하고 있을 뿐입니다. 따라서 하루의 노동시간을 1시간 12분 단축하더라도, 시니어가 주장한 바와 같이 자본가가 얻는 잉여가치는 0이 되는 것이 아니라, 4시간 48분으로 조금 감소할 뿐입니다.

노동일의 한계를 둘러싼 투쟁

자본가는 노동력이라는 상품을 구매했기 때문에, 그 상품의 사용권을 가지며, 따라서 하루에 몇 시간 노동시킬 것인가도 자기의 마

음에 달려 있다고 생각합니다. 자동차를 하루 빌린 사람이 그 자동차를 1시간 타든 24시간 타든 빌린 사람의 마음에 달려 있는 것과 마찬가지라고 생각하는 것입니다. 특히 자본가에게는 노동자의 노동시간이 자기가 얻는 잉여가치의 크기를 결정하기 때문에, 노동일을 될수록 길게 연장하려고 합니다.

그런데 노동자는 다음과 같이 논리정연하게 자본가의 요구를 반대합니다.

"내가 당신에게 판매한 상품은, 그것을 사용하면 가치가, 그것도 그 자체의 가치보다 더 큰 가치가 창조된다는 점에서 다른 잡다한 상품들과는 다르다. 당신이 그것을 구매한 이유도 거기에 있었다. 당신에게는 자본의 가치증식으로 나타나는 것이 나에게는 노동력의 초과지출로 된다.

당신과 나는 시장에서 단 하나의 법칙, 즉 상품교환의 법칙밖에 모른다. 그리고 상품의 소비는 상품을 양도하는 판매자에게 속하는 것이 아니라 그것을 사들이는 구매자에게 속한다. 그러므로 나의 노동력의 하루 사용은 당신의 것이다. 그러나 나는 매일 그것을 팔아 얻은 돈으로 매일 그것을 재생산하고, 따라서 반복해서 그것을 팔 수 있어야 한다. 나이 등으로 말미암은 자연적 건강약화는 별도로 치고, 나는 내일도 오늘과 마찬가지로 정상적인 상태의 힘과 건강과 원기를 가지고 노동할 수 있어야만 한다.

당신은 언제나 나에게 '절약'과 '절욕'의 복음을 설교하고 있다. 매우 좋은 이야기다! 나는 분별 있고 근검절약하는 소유주처럼 나의 유일한 재산인 노동력을 아껴 쓰고, 그것을 어리석게 낭비하는 일은 모두 삼가려고 한다. 나는 노동력의 정상적인 유지와 건전한 발달에 적합한 정도로만 매일 그것을 지출하고 운동시키고 노동으로 전환시킬 것이다.

당신은 노동일을 무제한 연장함으로써 내가 사흘 걸려 회복할 수 있는 것보다 더 많은 양의 노동력을 하루 동안 써버릴 수도 있다. 그리하여 당신이 노동으로부터 이득을 보는 것만큼 나는 노동 실체를 잃어버린다. 나의 노동력을 이용하는 것과 그것을 약탈하는 것은 전혀 다르다.

만약 평균적인 노동자가 합리적인 양의 노동을 하면서 살 수 있는 평균기간이 30년이라면, 당신이 매일 나에게 지불해야 하는 내 노동력의 가치는 총 가치의 $1/(365 \times 30)$, 즉 $1/10,950$이다. 그러나 만약 당신이 나의 노동력 전체를 10년 동안에 소비해 버리려고 하면서도 매일 나에게 그 총 가치의 $1/3,650$이 아니라 $1/10,950$을 지불한다면, 당신은 오직 노동력의 하루 가치의 $1/3$만을 지불하는 것이 되며, 따라서 당신은 매일 나로부터 내 상품가치의 $2/3$를 훔치는 것이다. 당신은 3일분의 노동력을 사용하면서도 나에게는 1일분의 대가를 지불하는 셈이다. 이것은 우리들의 계약에도 위반되며 또 상품교환의 법칙에도 위반된다.

그러므로 나는 정상적인 길이의 노동일을 요구한다. 더욱이 나는 당신의 동정에 호소하지 않고 그것을 요구한다. 왜냐하면 상거래에서는 인정이란 있을 수 없기 때문이다. 당신은 모범적인 시민일지도 모르고, 동물학대 방지협회의 회원일지도 모르며, 거기다가 성인이라는 명성을 누리고 있는 사람일지도 모른다. 그러나 당신이 나와의 관계에서 대표하고 있는 그것[자본]은 가슴속에 심장을 가지고 있지 않다. 거기에서 고동치는 것처럼 보이는 것이 있다면 그것은 오직 나 자신의 심장의 고동일 뿐이다. 나는 표준노동일을 요구한다. 왜냐하면 다른 모든 판매자와 마찬가지로 나도 내 상품의 가치를 요구하기 때문이다(I: 311-312)."

위의 인용문에서 마르크스는 노동력의 총 가치가 얼마인지를 밝히지는 않았습니다. 그러나 노동력의 하루의 가치가 '노동자와 가족이 하루 동안 정상적인 생활을 하는 데 드는 비용'이기 때문에, 노동력의 총 가치는 '노동자가 부모로부터 독립해서 평생 동안 자기와 가족을 부양하는 데 드는 총비용'을 가리킬 것입니다.

예컨대 보통의 노동자가 20세에 부모로부터 독립해서 일자리를 얻어 노동하다가 60세에 퇴직하고 75세에 죽는다면, 노동력의 총 가치는 20세부터 75세까지 55년 동안 노동자 자신과 가족의 생활에 필요한 총비용입니다. 이 총비용을 노동자는 20세부터 60세까지의 40년 동안 매일 노동력을 팔아 조달해야 하는 것입니다. 그렇기 때문에 노동력의 하루의 가치는 노동력의 총 가치 중 '1/(365일×40년)'이 되는 것입니다.

$$\text{노동력의 하루의 가치} = \frac{\text{노동력의 총 가치(20~75세까지의 생활비)}}{\text{연간 노동일 수(365일)×노동력의 판매 햇수(40년)}}$$

여기에서 마르크스가 묘사하고 있는 자본가를 곰곰이 생각할 필요가 있습니다.

자본가는 오직 인격화한 자본에 지나지 않는다. 그의 혼은 자본의 혼이다. 그런데 자본에게는 단 하나의 충동이 있을 따름이다. 즉 자신의 가치를 증식시키고, 잉여가치를 창조하며, 자기의 불변부분 생산수단으로 하여금 가능한 한 많은 양의 잉여노동을 흡수하게 하려는 충동이 그것이다.

자본은 죽은 노동(주어진 일정한 가치)인데, 이 죽은 노동은 흡혈귀처럼 오직 살아 있는 노동을 흡수함으로써만 활기를 띠며, 그리고 그것을 많이 흡수하면 할수록 점점 더 활기를 띤다*(I: 310).

자본가는 잉여가치를 증가시키기 위해 흡혈귀처럼 노동자의 피(즉 노동시간)를 더 많이 요구하고 있지만, 노동자는 임금수준에 합당한 노동만 하겠다고 응수하고 있습니다.

쌍방이 모두 동등하게 상품교환의 법칙이 보증하고 있는 권리를 주장하고 있다. 동등한 권리와 권리가 서로 맞섰을 때는 힘이 문제를 해결한다. 그리하여 자본주의적 생산의 역사에서 노동일의 표준화는 노동일의 한계를 둘러싼 투쟁, 다시 말해 총자본(즉 자본가 계급)과 총노동(즉 노동자 계급) 사이의 투쟁에서 결정되는 것이다(I: 313).

---

* 필자는 『자본론』 전체에서 이 문장만큼 명백하게 자본가의 본성을 지적한 곳이 없다고 생각한다.

영국의 공장법

영국의 '공장법*'은 노동시간(특히 아동·부녀자·미성년자의 노동시간)과 야간노동, 노동환경(공간과 위생), 일하는 아동들의 취학의무 등을 규정했습니다. 수력과 증기와 기계에 의해 맨 처음 산업혁명이 일어난 부문(면화·양모·아마·비단의 방적업과 방직업)에서 오히려 노동일이 무제한으로 그리고 무자비하게 연장되었기 때문에(4부 2장 참조), 이 부문에 공장법이 처음으로 적용되었습니다.

노동시간의 단축과 노동환경의 개선은 무엇보다 자본가 계급과 노동자 계급 사이에 전개된 투쟁의 산물이었습니다. 또한 1860년 이후에는 대다수의 지식인 계급과 노동자 계급이 연대하여 공장법이 비교적 급속하게 발전했습니다. 더욱이 기계를 도입한 대자본은, 중소자본이 노동일의 연장으로 경쟁하는 것을 저지하려고 했기 때문에 공장법을 제정하는 데 동의했습니다. 그리고 공장법의 적용을 받는 산업부문은 경쟁조건의 평등을 내세워 공장법의 적용을 받지 않는 모든 산업부문으로 공장법을 확대할 것을 요구하여, 공장법이 더욱 널리 적용되었습니다.

개별 자본가들은 경쟁에서 이기기 위해 모든 수단을 동원하기 때문에, 개별적으로 그리고 자발적으로는 노동시간을 단축할 수가 없었습니다. 따라서 의회가 노동일을 규제하는 일반법을 제정하게 된 것입니다. 또한 노동인구가 외부로부터 끊임없이 공급되지 않는 상

---

* 노동력 보존을 위하여 제정된 법률을 말한다. 1802년 영국의 입법을 시초로 각 나라에서 공장법이 제정되기에 이르렀다. 한국의 '근로기준법'과 '노동법'이 이에 해당한다.

황에서 노동시간을 과도하게 연장하는 것은 노동인구의 수명을 단축하며 노동력의 정상적인 재생산을 불가능하게 하기 때문에, 자본가 계급 전체에 장기적으로는 불이익을 주게 됩니다. 특히 밤에 쉬고 있는 공장과 기계는 낭비라고 생각한 자본가들이, 주야간 교대제로 노동자를 밤낮으로 움직이게 함으로써 노동자를 지쳐 죽게 했던 것입니다. 이런 상황에서 정부는 총자본의 이익을 위해 공장법을 강제적으로 실시할 수밖에 없었습니다.

노동자 계급은 자본가 계급과 지주 계급이 곡물법Corn Laws[*]을 둘러싸고 벌인 싸움을 이용해 공장법의 내용을 개선하기도 했습니다. 곡물법은 외국 곡물의 자유로운 수입을 억제하여 곡물 가격을 인상함으로써 지주들을 이롭게 했지만, 이 때문에 산업자본가들은 임금수준이 올라 손해를 보고 있었습니다. 1844년의 공장법은, 곡물법을 철폐하기 위해 노동자들의 힘을 빌릴 필요가 있던 산업자본가들이 노동자 계급에게 양보함으로써 제정된 것이었습니다.

그러나 1846년에 곡물법이 철폐되자, 산업자본가들은 태도를 바꾸어 공장법을 제대로 시행하지 않으려고 했습니다. 이에 노동자들이 분개하여 투쟁을 일으켰고, 자극을 받은 지주들은 산업자본가들에게 복수하기 위해 더욱 개선된 공장법(이 법에 의해 1848년부터 여성과 아동에게는 10시간 노동이 시행되었다)을 1847년에 통과시켰습니다(I: 383-384).

마르크스는 공장법의 효과를 평가하면서, 공장법은 노동시간을

---

[*] 곡물의 수입을 억제하기 위하여 1815년에 제정된 영국의 법률이다. 지주 계급의 이익을 옹호하기 위해 만들어진 악법이었으나, 자본가 계급과 대중들의 끊임없는 반대운동으로 1846년에 폐지 되었다.

단축함으로써 노동자들에게 새로운 사회를 구상할 수 있는 시간을 주게 되었고, 자본가들에게도 교양을 넓힐 수 있는 시간을 주게 되었다고 말합니다(I: 411-412, 주 167). 이것은 노동시간의 단축이 노동해방과 나아가 인간해방*을 촉진하는 하나의 중요한 조건임을 지적하는 이야기입니다. 1866년 9월에 제네바에서 열린 국제노동자협회(제1인터내셔널)대회**에서 마르크스가 기초한 8시간 노동일을 결의한 것과도 같은 맥락입니다(I: 410).

잉여가치에 대한 오해

'자본가가 얻는 이윤 또는 잉여가치의 원천은 노동자의 잉여노동'이라는 마르크스의 이론에 대해 수많은 비판이 있었습니다. 그 비판 중 몇 가지를 소개하겠습니다.

첫째, '잉여가치는 자본가의 절제 또는 절욕에 대한 보상이다'라는 주장이 있었습니다. 자본가들이나 이들을 대변하는 부르주아경제학자들은, 잉여가치가 자본가들이 소득을 소비하지 않고 저축해서 자본을 모은 절제나 절욕에 대한 보상이라고 주장했습니다. 그러나 자본가가 육체적인 욕심을 줄여 화폐를 모은 뒤 그 화폐를 장롱 속에 넣어놓으면 절제를 하더라도 잉여가치는 생기지 않습니다. 또

---

* 노동자가 자본가의 착취로부터 해방되면, 자본가도 착취에 골몰하는 것으로부터 해방됨으로써, 모든 인간이 해방된다.

** 정식 명칭은 국제노동자협회(International Working Men's Association)이다. 1864년에 런던에서 창립된 노동자들의 최초의 국제적인 조직으로서, 당시에는 아직 어느 나라에도 노동자 정당이 없었기 때문에 유럽과 미국의 노동조합, 협동조합, 노동자 교육단체, 사회주의자 등이 모여 조직하였다.

한 자본가만 절제하는 것이 아니라, 노동자도 높은 임금을 요구하는 것을 절제하고 있습니다.

자본가의 절제에 대해서는 잉여가치로 보상한다면, 노동자의 절제에 대해서는 무엇을 보상할 것입니까? '잉여가치는 자본가의 절제에 대한 보상'이라는 주장을 가장 너그럽게 이해하여, 자본가가 절제하여 모은 화폐로 노동자를 고용하여 상품을 생산하고 그로 인한 잉여가치를 자기의 주머니에 넣는 것을 승인한다 하더라도, '절제가 어떻게 잉여가치를 낳게 되는가?'를 과학적으로 설명하지 못하고 있습니다.

다음으로, '잉여가치는 자본가의 지휘·감독노동에 대한 보상이다'라는 주장도 있었습니다. 오케스트라에서 지휘자가 없으면 훌륭한 음악이 나오지 않는 것과 마찬가지로, 다수의 사람이 함께 모여 일하는 협업을 제대로 운영하려면 지휘하는 사람이 필요합니다. 이 지휘노동을 자본가가 담당하든 임금노동자가 담당하든, 그는 집단노동의 일원으로서 새로운 가치를 창조합니다. 이 경우에 자본가는 지휘노동의 대가로 자기 노동력의 가치에 적합한 임금을 받을 것입니다.

그런데 계급적인 적대가 존재하는 사회에서는 지휘노동이 착취기능 또는 감독노동과 중첩되는데, 감독노동 그 자체는 직접적으로 새로운 가치를 창조하지 않으며 비생산적인 비용으로 간주될 뿐입니다(I: 450-453). 예컨대 노예 사회가 멸망한 이유 중의 하나는 노예를 감독하는 비용이 점점 더 증가했기 때문입니다.

물론 노예 중에서 뽑힌 감독관의 채찍 때문에 직접적 생산자인 노예들이 더욱 열심히 일할 수밖에 없었겠지만, 100명의 노예를 관리하는 감독관의 수가 10명에서 20명으로 그리고 30명으로 증가했기 때문에 노예들이 아무리 열심히 일하더라도 자기 자신과 감독관 및 노예주 모두를 먹여 살리지는 못한 것입니다.

또한 '잉여가치는 자본가의 지휘·감독노동에 대한 보상이다'라는 주장에 대한 몇 가지 중요한 반대 논리가 있습니다.

첫째는 임금 총액의 규모가 1억 원에서 10억 원으로 증가함에 따라 잉여가치액은(잉여가치율이 100퍼센트라고 가정한다면) 1억 원에서 10억 원으로 증가할 것이지만, 임금총액이 커진다고 해서 자본가의 지휘·감독노동이 비례적으로 증가한다고는 말할 수 없습니다. 다시 말해 잉여가치액은 지휘·감독노동에 비례해서 증가하는 것이 아닙니다.

둘째로 스스로 노동하는 자본가는 사실상 소경영주에 불과하며, 진정한 의미의 자본가는 지휘·감독노동의 대부분을 전문경영인에게 맡기고 있습니다(I: 415). 자본주의가 발달하면 봉급을 받는 전문경영인이 대부분의 지휘·감독노동을 담당하지만, 자본가는 훨씬 더 큰 잉여가치를 얻고 있습니다. 만약 자본가의 적은 지휘·감독노동에 대해 그렇게 많은 잉여가치를 보수로 준다고 가정한다면, 자본가의 노동력이 전문경영인의 노동력에 비해 월등히 뛰어나다는 것을 증명해야 합니다.

셋째로 기업이 주식회사의 형태를 취하면, 자본의 소유자(주주)와 자본의 경영자(또는 전문경영인)가 분리되는 것이 일반적입니다. 경영자는 고급의 임금노동자로서 봉급을 받고, 주주는 기업의 잉여가치

를 배당으로 받습니다. 주주는 아무런 노동도 하지 않은 채 잉여가
치를 얻기 때문에, 잉여가치를 지휘·감독노동의 보수라고 말할 수
있는 근거가 모두 사라져버립니다.

4부
상대적 잉여가치의 생산

마르크스는 '인간노동이 인류의 정신적·육체적 진화의 근본이고, 모든 인간 사회의 토대'라고 생각합니다. 인간은 노동함으로써 자신의 정신적·육체적 능력을 키우며, 분업과 협업을 통해 인간 사회의 정치·경제·문화의 수준을 점점 더 높이게 된다는 것입니다. 그래서 『자본론』에서도 인간노동이 상품가치의 실체이고, 인간노동만이 새로운 가치를 창조한다고 말합니다. 좀 더 구체적으로 말하면, 상품이 지배하는 자본주의 사회에서는 노동자의 노동만이 임금과 잉여가치라는 새로운 가치를 창조하기 때문에 자본가 계급은 잉여가치를 증가시키기 위해 노동자의 노동시간을 연장하거나 노동강도를 강화하거나 노동생산성을 향상시키게 됩니다.

기계를 누가 발명했나요

이 질문에 대해 경제학의 대가인 애덤 스미스와 카를 마르크스의 대답은 전혀 다릅니다.

스미스는 항상 매뉴팩처(공장제 수공업) 안의 분업을 생각하면서, 노동자가 매우 단순한 작업에 정신을 집중시키기 때문에 도구와 기계가 쉽게 발명되었다고 말합니다. 다음은 스미스의 이야기입니다.

사람은 정신의 모든 주의력을 각종 일에 분산시킬 때보다는, 하나의 대상에 집중시킬 때 목적을 달성하기 위한 쉽고 간편한 방법을 훨씬 더 잘 발견하게 된다. (…) 노동이 매우 세분되어 있는 공장에서 사용하는 기계의 대부분은, 원래 어떤 매우 단순한 조작에 종사하면서 자기 생각을 그 조작을 수행하는 쉽고 간편한 방법을 발견하는 데 집중시킨, 보통 노동자의 발명이었다(『국부론』, 김수행 옮김, 2007, 13쪽).

그런데 마르크스는, 수공업적인 분업에 의해 '일면적으로 발달한 사람'은 기계를 발명할 수 있는 비전과 재능을 가지기 어렵다는 점을 지적하면서, 다음과 같이 선언하고 있습니다.

"제화공이여, 자기의 본분을 지켜라!" 하는 최고의 수공업적 지혜는, 시계제조공 와트가 증기기관을, 이발사 아크라이트가 방적기를, 보석공 풀턴이 증기선을 발명한 순간부터 그야말로 터무니없는 구절이 되어버렸다(I: 658).

사실 매뉴팩처적 분업에서는 노동자가 하나의 작은 조작에 전념함으로써 노동자의 능력이 일면적이고 불구적으로 발달하기 때문에 노동자가 바보가 되며, 따라서 정부가 청소년을 위한 교육을 실시해야 정상적인 시민이 될 수 있다고 스미스는 강조하였습니다(『국부론을 읽는 시간』 2부 2장 참조). 그런데도 스미스는 '일면적으로 발달하여 전체를 모르는 부분노동자'가 기계를 발명했다고 이야기합니다. 인용문에 있는 마르크스의 지적이 사실과 맞는지를 알아보기로 하겠습니다.

와트(1736~1819)는 스코틀랜드 출신으로 수학과 정밀기계(시계·계량기 등)에 관심이 많아 런던에서 정밀기계공으로 훈련을 받았습니다. 글래스고에 와서 정밀기계 작업장을 내려고 하니, 글래스고의 동업조합 길드에서 '7년간의 도제수업'을 받지 않았다는 이유로 작업장을 내지 못하게 하였으므로, 애덤 스미스 등 글래스고 대학교 교수 3명이 대학 구내에 와트의 작업장을 차려준 것입니다. 그리고 와트에게 오래된 낡은 증기기관을 수리하라고 맡겼는데, 와트가 그것을 개량하여 혁명적인 증기기관을 만들게 된 것입니다.

아크라이트(1732~1792)는 1750년대 초에 영국 중부에 있는 볼턴에서 이발사와 가발제조업자로 개업하고 있었고, 방수가 되는 가발 염색약을 발명하여 큰돈을 벌게 되었습니다. 가발을 만들기 위해 영국 각지로 머리털을 구하러 다니다가, 아크라이트는 옛날의 방적기를 만든 존 케이를 만났습니다. 아크라이트는 그를 고용하여 '수력 방적기'를 발명함으로써 면화를 실로 만드는 과정을 혁신하게 된 것입니다.

풀턴(1765~1815)은 미국 사람으로 '세밀 초상화miniature portrait'를 그리며 살다가, 초상화를 더 공부하기 위해 프랑스 파리에 가서 유명한 초상화가의 도제가 되었습니다. 거기에서 그는 보석이나 기계의 디자인도 했습니다. 그러던 어느 날 미국 버지니아에서 증기선을 만든 제임스 람지가 초상화를 부탁하러 파리의 초상화가를 방문했습니다. 그 뒤 풀턴은 그와 친교를 맺어 상업적으로 성공한 증기선을 발명하게 된 것입니다.

물론 이제는 과학이 크게 발달하였으므로, 과학의 힘을 빌려야만 비로소 거대한 혁신을 이룩할 수 있을 것입니다. 그런데 1945년 이후 미국에서 달성한 과학적 발명(예: 극소전자혁명, 정보통신혁명, 생명공학혁명)의 대부분은 미국의 국방부와 군수산업체 및 대학연구기관으로 구성되는 군산학복합체military-industrial-academic complex의 연구개발에 의한 것이었습니다.

4부에서는 노동일의 연장에 의한 잉여가치의 생산(절대적 잉여가치의 생산)이 표준노동일의 제정으로 말미암아 장벽에 부닥쳤기 때문에, 표준노동일 중 필요노동시간을 단축함으로써 잉여노동시간을 증가시키는 방법인 상대적 잉여가치 생산을 다룰 것입니다. 그런데 필요노동시간을 단축하기 위해서는, 노동력의 가치를 저하시켜야만 합니다.

다시 말해 노동자와 가족의 의식주생활과 문화생활에 필요한 재화와 서비스의 가치를 저하시켜야 합니다. 상품의 가치를 저하시키기 위해서는 새로운 생산방법이나 기계를 도입하여 노동생산성을 향상시켜야 하는데, 자본주의에서는 여러 가지 방식으로 노동생산성을 향상시켰음을 여기에서 지적할 것입니다.

상대적 잉여가치의 개념

국가가 법률에 의해 표준노동일을 정하고 노동자에게 표준노동일을 초과하여 노동시키는 것을 금지한다면, 자본가는 어떤 방법으로 노동자들의 잉여노동을 증가시키려 할까요? 여기서는 이런 궁금증들에 대해 해명할 것입니다.

노동일의 규제

영국 의회가 자본가 계급 전체의 장기적인 이익을 위해 공장법을 실시하게 되었다고 앞에서 말했는데, 표준노동일을 제정하여 이 노동시간 이상으로는 노동시키지 말 것을 강제한 것도 같은 뜻을 가지고 있었습니다.

첫째로 너무 오래 일하면, 노동자가 정상적인 휴식을 취하지 못하기 때문에, 그다음 날에 제대로 일할 수가 없습니다. 더욱이 정신이 몽롱한 상태에서 노동자들은 사고를 당하기 쉽고 값비싼 기계를 망치기 쉽습니다.

둘째로 노동일이 일정한 길이를 넘어서면 노동력의 회복과 유지에 엄청난 비용이 들며, 따라서 자본가가 임금수준을 크게 상승시켜야만 노동자가 정상적으로 일을 할 수 있게 됩니다. 며칠 밤을 새며 공부해 본 사람은, 영양이 많은 음식을 섭취하지 않으면 며칠을 견딜 수 없음을 잘 알 것입니다.

셋째로 노동자가 다른 나라나 다른 곳에서 끊임없이 공급되지 못하는 상황에서 노동일의 연장으로 노동자가 일찍 노동능력을 잃어버리면, 자본가로서는 잉여가치의 원천을 잃어버리는 셈이 됩니다. 따라서 '황금 알을 낳는 오리'를 보호할 필요가 있습니다. 현재 한국이 세계에서 출산율이 가장 낮다고 우려하는 것도 위와 같은 불안감을 드러내는 것이라고 볼 수 있습니다.

넷째로 노동자들이 너무 힘들어서 노동일을 단축하라고 파업이나 사보타지* 등을 실시한다면, 자본가 계급은 큰 손해를 보지 않을 수 없습니다.

그렇지만 경쟁하고 있는 개별 자본가들은 스스로가 앞장서서 노동시간을 단축할 수가 없습니다. 자본가 계급 전체에 어떤 나쁜 일이 일어나더라도 자기 자신은 그런 피해를 입지 않을 수 있다고 예상하기 때문입니다.

---

* 프랑스어의 사보(sabot, 나막신)에서 나온 말로 중세 유럽 농민들이 영주의 부당한 처사어 항의해 수확물을 사보로 짓밟은 데서 연유했다. 흔히 '태업'이라고 번역되는데, 태업은 노동자가 고용주 몰래 작업능률을 저하시키는 것을 말하지만, 사보타지는 쟁의 중에 기계나 원료를 고의로 파손하는 좀 더 넓은 의미를 포함한다.

뒷일은 될 대로 되라지! 이것이 모든 자본가와 모든 자본주의국의 표어다. 그러므로 자본은 사회에 의해 강제되지 않는 한, 노동자의 건강과 수명을 조금도 고려하지 않는다(I: 365).

노동시간은 1833년 영국의 공장법에 의해 처음으로 규제되었습니다. 이 법은 가장 근대적인 산업부문이던 섬유산업에서 13세부터 18세까지 미성년자들의 노동시간을 12시간으로 단축한 것인데, 모든 자본가들이 들고일어나 "영국 산업은 이제 망하게 됐다"라고 외쳤습니다. 그 뒤 1847년의 공장법에서는 1848년부터 여성과 미성년자에게 10시간 노동을 실시하기로 규정했습니다.

1866년 9월에 열린 제1인터내셔널 제네바대회에서는 8시간 노동일을 법정한도로 하기로 결의하였습니다. 미국에서는 1874년 매사추세츠주가 여성노동자의 주 노동시간의 최대한도를 60시간으로 규제하는 법률을 최초로 통과시켰으며, 1911년에는 54시간으로 줄였습니다. 그러나 1900년까지 여성과 아동의 최장 노동시간을 규제하는 법률을 통과시킨 주는 26퍼센트에 지나지 않았으며, 1930년에 이르러서야 84퍼센트가 되었습니다. 1886년 5월 1일에는 시카고에서 미국의 노동운동단체들이 8시간 노동을 슬로건으로 내걸고 시위운동을 벌였는데, 경찰과 충돌해서 수많은 사상자를 냈습니다(시카고 헤이마켓 사건: 1886년 5월에 미국 시카고에서 경찰과 그에 항의하는 노동자들 사이에 벌어진 폭력적인 충돌사건으로 국제노동절의 기원이 되었다).

1889년 7월 파리에서 열린 제2인터내셔널 창립대회에서 위의 시

1866년에 열린 제1인터내셔널 제네바대회의 대표자들

마르크스는 제1인터내셔널 총무위원회의 서기로서 창립선언 규약과 기타 협회의 주요 문서를 기초하였다.

카고 사건을 해마다 기념하기 위해 5월 1일을 국제노동절로 정했습니다. 미국에서는 1920년대에 주 노동시간이 약 50시간으로 단축되어 노동시간 단축운동이 점점 힘을 잃었는데, 유대계 노동자가 지배적인 산업에서 토요일을 쉬자는 주5일 노동제 확립운동이 일어났습니다(유대교에서는 토요일을 안식일로 삼고 있으며, 기독교에서는 일요일을 안식일로 삼고 있다). 이리하여 1920년까지 32개의 대기업이 주5일 노동제를 채택하게 되었습니다.

하지만 1926년에 포드자동차회사가 주5일 노동제를 채택함으로써 하나의 유형으로 만들었으며(이것은 사람들이 휴가를 길게 가져야 자동차가 잘 팔린다는, 포드사 창립자 헨리 포드의 철학에 의거한 것이었다), 이리하여 1927년까지는 적어도 262개의 대기업이 주5일 노동제를 채택하였습니다. 그리고 실업률이 25퍼센트에 달한 1930년대 대공황기에는 일자리 나누기 차원에서 자발적인 노동시간 단축이 추진되었는데, 콘플레이크 같은 아침식사용 곡물식품을 만드는 켈로그Kellogg 회사와, 오하이오주의 애크런Akron 타이어산업단지는 하루 6시간 노동을 세계 최초로 실시하기도 했습니다.

1833년에 영국에서 공장법이 시행된 이후, 선진국의 노동시간은 꾸준히 줄어들었습니다. 19세기 후반의 실제 노동시간이 어느 정도였는지는 정확히 알기 힘들지만, 일반적으로 주간 70시간 이상 그리고 연간 3,000시간 정도에 달한 것으로 추정됩니다. 20세기 후반 유럽 나라들의 실제노동시간은 주간 40시간에 연간 1,600~1,700시간 정도이므로, 19세기 후반 노동자들의 입장에서 보자면 그들의 후손들은 파트타임 노동자인 셈입니다.

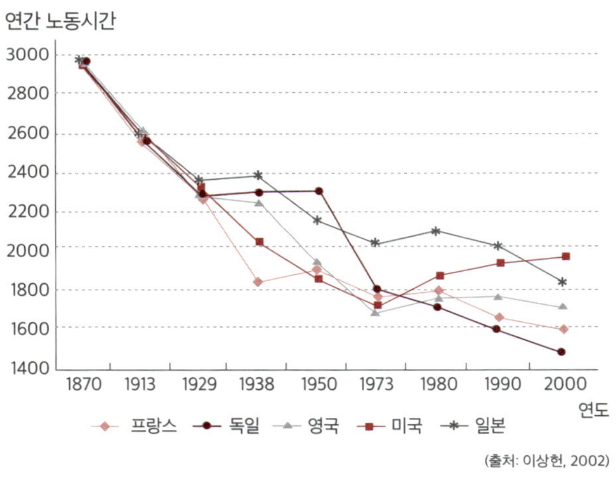

(출처: 이상헌, 2002)

<그림 4-1> 연간 노동시간의 역사적 추세(1870~2000)

필요노동의 감축을 통한 잉여가치의 증대

표준노동일이 제정됨으로써 하루의 노동시간을 12시간 이상으로 연장할 수 없게 되었다면, 자본가는 어떻게 노동자의 잉여노동을 증가시킬 수 있을까요? 하루의 노동시간 중 필요노동시간을 감축시키는 방법밖에는 다른 방법이 없습니다. 왜냐하면 '하루의 노동시간 = 필요노동시간 + 잉여노동시간'이기 때문입니다. 그런데 우리는 또한 '필요노동(시간) = 노동력의 가치 = 임금수준 = 노동자와 가족의 정상적인 생활비'라는 것을 알고 있습니다. 따라서 필요노동을 감축하기 위해서는, 노동자와 가족이 의식주생활과 문화생활에서 필요로 하는 각종 재화와 서비스의 가치를 저하시켜야 합니다.

노동자와 가족의 하루 생활비를 라면 개수로 환산할 때 100개라고 가정하고, 라면으로 식사를 하고 집을 짓고 옷을 만들어 입고 교통비와 교육비를 낸다고 가정합시다. 라면 1개의 가치가 0.6원이고, 노동자가 1시간의 노동으로 10원의 새로운 가치를 창조한다면, 노동력의 하루의 가치는 60원(=0.6원×100개)이고, 필요노동시간은 6시간(=60원÷10원)이며, 잉여노동시간은 6시간(=12시간-6시간)이고, 잉여가치는 60원(=10원×6시간)이 될 것입니다.

만약 라면 1개의 가치가 새로운 기계의 도입으로 노동생산성이 향상하여 0.6원에서 0.3원으로 저하한다면, 노동력의 하루의 가치는 60원에서 30원(=0.3원×100개)으로 될 것이고, 필요노동시간은 6시간에서 3시간(=30원÷10원)으로 감축될 것이며, 잉여노동시간은 3시간만큼 증가해 9시간(=12시간-3시간)이 되며, 잉여가치는 90원(=10원

×9시간=120원-30원)으로 증가할 것입니다. 그러나 주의해야 할 것은, 노동자의 실질 임금은 여전히 라면 100개로써 전혀 변화가 없다는 점입니다. 다시 말해 노동자의 실질적인 생활수준을 저하시키지 않으면서, 자본가는 더 큰 잉여가치를 얻을 수 있다는 점입니다[그런데 노동생산성이 상승했는데도, 노동자들의 저항으로 말미암아 자본가가 (화폐) 임금수준을 60원에서 30원으로 인하하지 못하고 45원으로 인하한다면, 노동자의 실질 임금은 라면 100개에서 150개(=45원÷0.3원)로 상승하고, 자본가와 잉여가치도 60원에서 75원(=120원-45원)으로 증가하게 된다. 이런 경우 자본가와 노동자 모두가 이익을 보게 된다].

이리하여 〈그림 4-2〉에서 보는 것처럼, 노동일(하루의 노동시간)의 연장에 의해 생산되는 잉여가치를 절대적 잉여가치라고 부르고, 필요노동시간의 단축에 의해 생산되는 잉여가치를 상대적 잉여가치라고 부릅니다(I: 431). 그러나 절대적 잉여가치와 상대적 잉여가치를

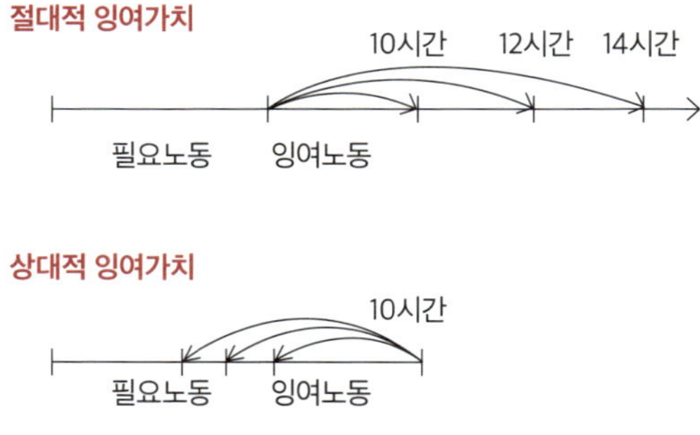

<그림 4-2> 잉여가치의 생산

구별하기가 쉽지는 않습니다.

상대적 잉여가치에서도 노동일이 필요노동시간을 초과하기 때문에 절대적 잉여가치라고 말할 수 있습니다. 그 반면에 절대적 잉여가치도 필요노동시간을 노동일의 일부로 제한할 수 있는 노동생산성의 발전을 전제로 하기 때문에 상대적 잉여가치라고 말할 수 있습니다. 그렇지만 다음과 같은 경우에는 '외관상의 동일성'이 사라집니다. 즉 노동생산성과 노동강도가 주어져 있을 때는 노동일의 절대적 연장에 의해서만 잉여가치를 증가시킬 수 있으며, 노동일의 길이가 주어져 있을 때는 노동생산성의 향상이나 노동강도의 강화에 의해서만 잉여가치를 증가시킬 수 있기 때문입니다(Ⅰ: 690-691).

노동생산성의 향상

하루의 노동력을 재생산하는 데 필요한 라면 100개를 만드는 데 드는 비용(=사회의 노동시간)을 어떻게 감소시킬 수 있을까요? 라면 100개의 가치는 '라면 기계의 감가상각비＋라면의 원료(밀)와 보조 원료(기름과 고춧가루)의 비용＋라면 공장 노동자의 노동시간(이것이 노동자의 임금과 라면 공장 사장의 잉여가치로 분할됨)'으로 표현할 수 있습니다. 라면 100개의 가치가 저하하려면, 라면 기계의 가치가 저하하고, 라면의 원료와 보조 원료의 가치가 저하하며, 라면 공장 노동자의 시간당 라면 생산량이 전보다 많으면 될 것입니다.

이처럼 일정한 양의 상품을 더욱 값싸게 생산하는 것을 노동생산성의 향상(또는 상승)이라고 부릅니다. 따라서 노동생산성이 상승하면, 상품 1개(또는 상품 1단위)의 가치는 하락하게 마련입니다. 마르크스는 다음과 같이 말합니다.

> 노동생산성의 상승이라는 말은 노동과정에 변화가 일어나 상품의 생산에 사회적으로 드는 노동시간이 단축되며, 그리하여 주어진 양의 노동이 더 많은 양의 사용가치를 생산할 수 있게 되는 것을 의미한다(I: 430).

노동생산성이 상승하려면, 노동자의 숙련과 재능이 발달해야 하고, 새로운 기계와 생산방법이 도입돼야 하며, 생산규모가 증가해야 합니다. 노동자들의 분업과 협업이 잘 조직되어야 하며, 자본가와 노동자 사이에 투쟁보다는 화해 분위기가 지배적이어야 합니다. 또한 경제 전체의 산업부문 간 연관이 원활해야 하며, 사회 전체의 운수와 통신이 발달해야 할 것입니다.

그러나 노동생산성을 상승시키는 과정에서 지나치게 많은 기계와 비싼 기계를 도입하면, 상품 1개의 가치가 저하하지 않고 오히려 상승할 수도 있습니다. 이렇게 되면 자본가들이 하루의 노동시간 중 필요노동시간을 줄일 수 없게 되고, 따라서 잉여가치를 증가시킬 수 없게 되어 오히려 망하는 경우가 생깁니다.

결국 노동자의 하루 노동 중 필요노동을 감소시켜 잉여노동을 증대시키고 상대적 잉여가치를 얻는 방법은, 노동자의 생활자료를 직접적으로 생산하는 부문들과 이 부문들에 기계와 원료를 제공하는 관련 부문들에서 노동생산성이 향상되어, '노동자의 생활자료의 가

치 저하→노동력의 가치 저하→임
금수준의 저하'를 달성하는 방법뿐입
니다(그러나 노동력의 가치나 화폐임금수
준이 저하하더라도, 노동자의 '실질 임금' 또
는 '실질적인 생활수준'은 라면 100개로 변
동하지 않는다. 왜냐하면 생필품들의 가치
나 가격이 하락했기 때문이다).

따라서 자본주의에서는 자본가가
이윤 또는 잉여가치를 증가시키기 위
해 혁신에 매진하지 않을 수 없습니
다. 혁신은 새로운 상품·기술·생활방

요셉 슘페터

1883~1950. 오스트리아 태생의 미국 경제학자이자 사회학자이다. 자본주의 발전이론과 경기변동론의 연구로 잘 알려져 있다.

법·원료·시장·기업조직(예를 들어 주식회사나 독점)·노동조직(예를 들어 컨베이어벨트나 팀제) 등의 개발과 도입을 가리키는데, 혁신이 자본주의의 역동성dynamics을 가장 잘 나타냅니다. 슘페터는 "혁신을 통한 '창조적 파괴'가 자본주의의 특징"이라고 말했습니다.

노동강도의 강화

자본가들은 표준노동일의 제정에 의한 노동일의 단축을 보상하기 위해, 노동자들의 휴식시간이나 식사시간을 단축하거나, 기계의 운행 속도를 증가시키거나, 노동자 한 사람이 다루는 기계의 수를 증가시키거나, 시간급 대신 성과급['시간급'은 일당·주급·월급 등을 가리키고, '성과급'은 노동자가 생산한 상품의 수량에 따라 임금수령액

	1시간당 노동력의 지출	노동시간	생산량	상품 1개의 가치
사회평균	100단위	10시간	100개	10시간 /100개 =1/10시간
강화된 노동	200단위	20시간	200개	20시간/200개 =1/10시간

<표 4-1> 노동강도의 강화: 일부 노동자

이 달라지는 것을 가리킨다(4부 4장 참조)]을 실시하는 방법 등에 의해 노동자들로 하여금 짧아진 노동시간에 더 힘써 일하게 강요합니다. 이것은 노동력의 시간당 지출을 증가시키는 것을 가리키며, 이를 '노동의 강화' 또는 '노동강도의 강화'라고 부릅니다.

하루 10시간을 노동하더라도, 2배 더 열심히 일하는 노동자는 보통의 노동자보다 2배 큰 양의 생산물을 생산할 것이고, 따라서 2배 큰 가치를 창조할 것입니다[동일한 노동시간에 노동강도가 높은 노동은 평균 강도의 노동보다 더 큰 가치를 창조한다(I: 554)]. 왜냐하면 가치의 실체를 이루는 노동은 '사회적으로 평균적인 생산성과 강도를 가진 노동'이기 때문입니다. 노동자가 사회적 평균 강도로 20시간 노동하여 창조하는 가치와 평균 강도의 2배로 10시간 노동하여 창조하는 가치는 동일합니다.

따라서 〈표 4-1〉에서 보는 바와 같이, 노동일이 10시간인 경우에 평균적인 노동자보다 2배로 강화된 노동을 하는 노동자는 20시간 노동한 것으로 간주될 것인데, 생산량이 2배로 증가하기 때문에 상품 1개의 가치는 변화하지 않습니다.

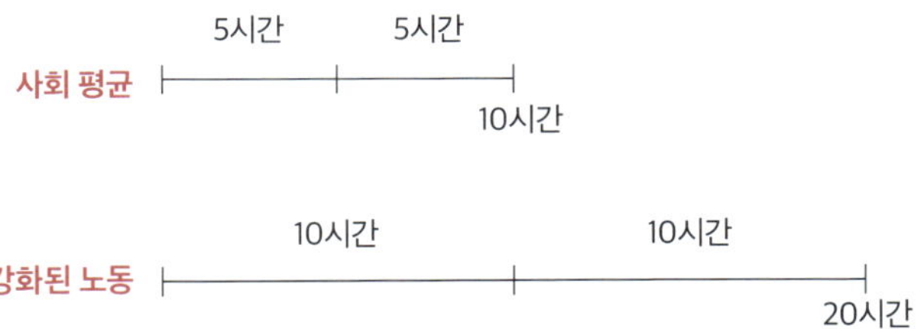

<그림 4-3> 노동강도의 강화와 잉여가치: 일부 노동자

만약 사회의 평균 노동자에 대한 착취율(또는 잉여가치율)이 100퍼센트라면, 〈그림 4-3〉에서 보는 바와 같이 하루의 노동시간 10시간은 필요노동 5시간과 잉여노동 5시간으로 나누어질 것입니다. 만약 임금이 노동력의 가치와 같다고 가정하면, 2배로 강화된 노동을 하는 노동자는 2배 많은 노동력을 지출하기 때문에 2배 많은 임금을 주어야 할 것입니다. 따라서 강화된 노동을 하는 노동자의 하루 노동시간 20시간은 필요노동 10시간과 잉여노동 10시간으로 나누어질 것입니다.

잉여가치율은 동일하면서도, 자본가는 강화된 노동으로부터 전보다 2배 큰 10시간의 잉여가치를 얻게 됩니다. 이렇기 때문에, 서로 경쟁하는 자본가들은 자기가 고용한 노동자들로 하여금 더욱 열심히 일하도록 강요할 수밖에 없습니다. 〈그림 4-3〉에서 보는 바와 같이, 서로 경쟁하는 자본가들은 초과이윤(또는 특별잉여가치)을 얻기 위해 자기가 고용하는 노동자들에게 노동강도의 강화를 요구하게 됩니다.

그러나 우리가 자본가 계급과 노동자 계급 전체 사이의 관계를 연구하는 차원에서는, 모든 자본가들이 모든 산업부문에서 동시에 그리고 동일한 정도로 모든 노동자들의 노동강도를 강화한다고 가정해야 할 것입니다. 이 경우에는 다수 자본들이 경쟁하는 위의 경우와는 다른 현상이 생길 수밖에 없습니다.

왜냐하면 이 높아진 노동강도가 새로운 사회적 평균 강도(또는 표준 강도)가 될 수밖에 없고, 그리하여 가치의 실체인 '사회평균적인 생산성과 강도를 가진 노동'의 기준이 변하게 되므로, 지금의 강화된 노동은 1시간에 종전보다 더 큰 가치를 창조할 수 없게 되기 때문입니다. 그러나 생산량은 증가할 것이므로, 상품 1개의 가치는 저하할 것입니다(〈표 4-2〉 참조).

	1시간당 노동력의 지출	노동시간	생산량	상품 1개의 가치
종전	100단위	10시간	100개	10시간 /100개 =1/10시간
현재	200단위	10시간	200개	10시간/200개 =1/20시간

<표 4-2> 노동강도의 강화: 모든 노동자

이 경우 노동력의 가치 또는 하루의 임금수준은 어떻게 변동할까요? 모든 노동자들이 노동력의 지출을 2배로 증가시켰으므로 생활자료의 소비량도 2배로 증가해야 할 것입니다. 그런데 모든 상품의 가치와 생활자료의 가치가 1/2로 저하했기 때문에, 노동력의 가

치(=생활자료의 가치×생활자료의 양) 또는 임금수준은 종전과 마찬가지일 것입니다.

따라서 노동강도가 일반적으로 강화되는 경우에는 생활자료의 가치는 저하하지만 노동력의 가치는 저하하지 않기 때문에, 상대적 잉여가치(필요노동의 감축을 통해 얻는 잉여가치)는 증가할 수가 없습니다(물론 자본가가 노동강도를 2배 강화하면서 실질임금의 수준을 2배까지 인상시키지 않는다면, 자본가가 얻는 잉여가치는 증가한다).

많은 컨베이어벨트에 파묻혀 일하는 공장 노동자
컨베이어벨트의 회전속도를 빠르게 하는 것은 노동강도의 강화로 이어져 자본의 회전시간을 단축시킨다.

그렇다면 노동강도가 사회 전체적으로 강화되는 경우, 자본 전체에는 아무런 이익이 없을까요? 그렇지는 않습니다. 노동강도의 강화는 예컨대 컨베이어벨트의 회전속도를 더욱 빠르게 하는 경우를 가리킵니다. 이렇게 되면, 투자자본의 회수에 걸리는 시간이 단축됩니다.

자본가가 자본을 투자한 뒤에 그 자본을 회수하는 데 걸리는 시간(=자본의 회전시간)은, 자본이 기계·원료·노동력 등 생산요소의 형태로 생산과정에 묶여 있는 시간(=생산시간)과 자본이 상품의 형태로 팔리기 위해 유통과정(=시장)에 묶여 있는 시간(=유통시간)으로 구성되는데, 노동강도의 강화는 자본의 생산시간을 단축시켜 자본의 회전시간을 단축합니다.

자본의 회전시간이 단축되는 것은 자본가에게 어떤 좋은 결과
를 가져다줄까요? 예를 들어 살펴봅시다. 자본가가 1,000원의 임금
을 투자하여 임금 1,000원을 회수하면서 잉여가치 1,000원(잉여가치
율이 100퍼센트라고 가정)을 얻는 데 걸리는 시간(이것을 노동력의 구매
에 투자한 '가변자본의 회전시간'이라고 부름)이, 노동강도의 강화로 상
품들이 짧은 시간에 생산됨으로써 4개월에서 2개월로 단축되었다
고 합시다. 종전에는 1,000원의 임금을 투자해 4개월마다 1,000원
의 잉여가치를 얻어 1년 동안 3,000원의 잉여가치를 얻었지만, 이제

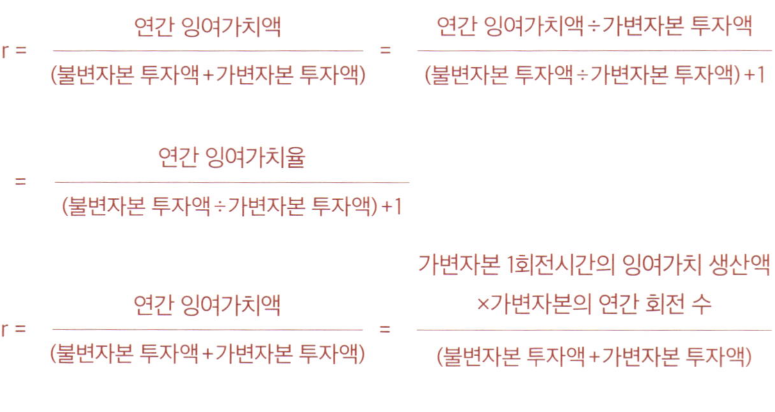

<표 4-3> 연간 이윤율(r)

는 2개월마다 1,000원의 잉여가치를 얻어 1년 동안 6,000원의 잉여
가치를 얻게 될 것입니다.

여기에서 '연간 잉여가치액을 임금 투자액으로 나눈 것'을 '연간
잉여가치율'이라고 부르는데, 위의 경우 연간 잉여가치율은 30C퍼센
트에서 600퍼센트로 크게 상승하게 되고 연간 이윤율(r)도 크게 상
승할 것입니다(《표 4-3》참조). 그리고 하루 노동일 중 잉여노동을 필
요노동으로 나눈 것을 '실질 잉여가치율'이라고 말하는데, 이것이 흔
히 이야기하는 잉여가치율 또는 착취율과 동일합니다.

개별 자본가는 경쟁하는 다른 자본가들보다 노동자의 노동강도
를 더욱 올리거나 노동생산성을 더욱 상승시켜 초과이윤을 얻으려
고 합니다. 그러나 자본 전체는 노동강도의 강화와 노동생산성의 상
승으로 다음과 같은 상이한 이익을 얻게 됩니다(《표 4-4》참조).

	상품의 가치	노동력의 가치	실질잉여 가치율	자본의 회전	연간 잉여가치율
생산성 향상	저하	저하	상승	불변	불변
노동강화	저하	불변	불변	단축	상승

<표 4-4> 노동생산성의 향상과 노동강도의 강화가 자본 전체에 미치는 영향

개별 자본의 초과이윤과 자본 전체의 상대적 잉여가치

자본가가 절대적 잉여가치를 얻기 위해 노동일을 연장하려고 온 갖 수단을 강구하는 현상은, 자본 전체뿐만 아니라 개별 자본을 보더라도 금방 알아차릴 수가 있습니다. 그러나 N라면의 사장이 노동생산성을 상승시켜 N라면 1개의 가치를 인하하려고 노력할 때, 그는 결코 노동력의 가치를 저하시켜 자본 전체에 상대적 잉여가치를 가져다주는 것을 목적으로 하지는 않습니다. N라면 사장은 무엇 때문에 노동생산성의 향상을 도모할까요? N라면 사장은, N라면 가격을 S라면의 가격보다 낮게 하여 초과이윤을 얻기 위해 노동생산성의 향상을 도모하는 것입니다. 두 회사의 경쟁을 좀 더 자세히 살펴봅시다.

최초에는 N라면과 S라면 모두 생산과정에서 동일한 기계와 원료를 사용하여 노동자에게 하루 임금으로 60원을 주면서 12시간 노동시켜 12개의 라면을 생산했다고 합시다. 노동자가 1시간의 노동에서 6원의 가치를 창조한다고 가정하면, 노동자는 하루 12시간의 노동 중 10시간(=60원÷6원)은 자기의 임금을 보충하기 위해 일하는 필요노동이고, 나머지 2시간은 자본가를 위해 공짜로 일하는 잉여노동입니다. 이리하여 두 회사의 하루 생산물의 가치 구성은 〈표 4-5〉와 같았습니다. 두 회사는 모두 라면 1개를 12원에 판매했으므로, 12원이 라면 1개의 사회적 가치 또는 시장가치였습니다.

그런데 N라면이 재빨리 노동조직을 개편해 노동생산성을 향상시킴으로써, 하루에 24개의 라면을 만들게 되었다고 합시다. 그리하여

196

생산량	불변자본	임금	잉여가치	합계
12개	72원	60원	12원	144원
1개	6원	5원	1원	12원

<표 4-5> 각 회사의 최초의 상태

생산량	불변자본	임금	잉여가치	합계
24개	144원	60원	12원	216원
1개	6원	2.5원	0.5원	9원

<표 4-6> N라면 가격의 저하

N라면의 가치 구성이 〈표 4-6〉과 같게 되었습니다.

N라면의 개별가치는 1개에 9원으로 현재의 시장가치 12원보다 낮습니다. 만약 라면에 대한 사회적 수요가 1개 12원인 상황에서 24개가 아니라 36개로 증가한다면, N라면은 1개를 시장가치 12원에 팔아 1개당 3원의 초과이윤(특별잉여가치=시장가치-개별가치)을 얻게 될 것입니다(시장의 수요에 따라 상품의 '시장가치'는 영향을 받는다. 왜냐하면 판매되지 않는 상품은 사회적으로 쓸모없는 것이고, 따라서 교환가치도 가지지 않기 때문이다). 이렇게 되면, N라면은 정상적인 잉여가치 12원과 초과이윤 72원(=3원×24개)을 얻어 합계 84원의 잉여가치를 얻게 될 것입니다. 물론 N라면 회사가 라면 1개를 10원에 팔아, 라면 1개당 1원의 초과이윤을 얻으면서 시장을 독점하려고 시도할 수도 있습니다.

그런데 N라면 회사가 하루에 84원의 잉여가치를 얻는 상황은 오래 계속될 수가 없습니다. S라면이 경쟁에서 지지 않으려고 N라면과 동일한 노동조직을 채택하여 노동생산성을 상승시킬 것이기 때문입니다. 결국 두 회사는 다시 동일한 노동조직을 채택하게 되고, 상품이 그 가치대로 판매된다고 가정하면, 라면 1개의 시장가치는 12원에서 9원으로 저하될 것이고, N라면이 얻던 초과이윤은 사라질 것입니다.

두 회사가 노동생산성을 향상시키려 노력한 것은 초과이윤을 얻기 위한 것이었지, 노동력의 가치를 저하시켜 자본 전체에서 상대적 잉여가치를 주기 위한 것은 아니었습니다. 그런데 초과이윤을 얻기 위하여 경쟁하는 과정에서, 생필품인 라면의 시장가치가 12원에서 9원으로 저하하면서 초과이윤이 사라졌습니다. 그러나 라면의 가치가 저하함으로써, 개별 자본가들이 의식하지 못하는 사이에 자본 전체가 상대적 잉여가치를 얻게 되는 것입니다.

처음에 노동자의 임금은 60원이었고 라면 1개의 가치는 12원이었기 때문에 라면 개수로 치면 5개가 노동자의 '실질 임금'이었습니다. 노동자는 12시간의 노동일에 72원(=6원×12시간)의 새로운 가치를 창조하고, 그중 60원(=12원×라면 5개)을 임금으로 가져가고, 나머지 12원을 자본가에게 잉여가치로 주었던 것입니다. 그런데 이제 라면 1개의 가치가 9원으로 저하했기 때문에, 노동자가 12시간의 노동일에 여전히 72원의 새로운 가치를 창조하고 있지만, 그중 노동자가 임금으로 가져가는 것은 45원(=9원×라면 5개)뿐이고, 자본가에게 공짜로 주는 잉여가치는 12원에서 27원(=72원-45원)으로 크게 증가하게 되는 것입니다. 이것이 바로 자본 전체가 상대적 잉여가치를 증가시키는 방법입니다(〈표 4-7〉 참조).

생산량	C	V	S	합계
24개	144원	45원	27원	216원
1개	6원	$1\frac{7}{8}$원	$1\frac{1}{8}$원	9원

<표 4-7> 각 회사의 최후 상태

자본 전체의 차원에서 연구할 때, 자본이 상대적 잉여가치를 증가시키는 방법은 노동생산성의 향상을 통해 노동자의 생활자료의 가치를 저하시키고 노동력의 가치를 저하시켜 하루의 노동 중 필요노동을 감축하고 잉여노동을 증가시키는 것뿐이었습니다. 이것을 자본의 '내재적 법칙'이라고 부릅니다.

이 내재적 법칙은, 경쟁하는 개별 자본가들 사이에서는 개별 자본가 각자가 경쟁에서 초과이윤을 얻기 위해 끊임없이 노동생산성을 상승시켜 자기 상품의 개별가치를 시장가치 이하로 저하시키려고 노력한다는 것으로 관철되고 있습니다(I: 432, 435-436). "상품 가격을 인상해야 이윤이 커질 것인데, 경쟁은 상품 가격을 오히려 인하하는 경향을 가진다"라는 이율배반이 이제야 해명되는 것입니다.

앞의 표에서 보는 바와 같이, 라면 1개의 가치는 12원에서 9원으로 하락했지만, 두 회사 각각의 잉여가치는 12원에서 27원으로 증가한 것입니다.

02

노동생산성을 향상시키는 방법들의 발달

마르크스는 노동생산성을 상승시키는 방법으로 '협업'을 강조하면서, 협업의 구체적 진화형태로 단순협업, 매뉴팩처, 그리고 기계제 대공업을 들었습니다. 이들 각각에 대해 좀 더 자세히 알아봅시다.

단순협업

하나의 동일한 생산과정에, 또는 서로 다르지만 상호 관련된 생산과정에, 많은 사람이 계획적으로 함께 협력해서 일하는 노동형태를 협업이라고 합니다(I: 444). 마르크스는 협업이 노동생산성을 향상시켜, 상품 1개의 가치를 저하시키는 기본형태라고 생각합니다. 물론 협업은 단순협업[*], 매뉴팩처[**], 그리고 기계제 대공업[***]의 순서로

---

[*] 작업방식에 변동이 없으면서 단순히 많은 노동자들이 함께 모여 일하는 것

[**] 동일한 공장에 많은 노동자가 분업을 통해 함께 협력하는 것

[***] 기계를 통해 노동자들이 협력하는 것

발전했으며, 기계제 대공업이 확립됨으로써 진정한 자본주의적 생산방식이 제 발로 서게 되었다고 봅니다.

단순협업이 어떻게 노동생산성을 상승시켜 상품 1개의 가치를 저하시킬까요?

첫째로 하나의 공장이나 건물에 더 많은 사람들이 모여 상품을 대량생산할수록, 상품 1개에 들어가는 공장·건물의 감가상각비나 보조원료(예를 들어 난방과 조명을 위한 재료)의 비용은 절약되며, 따라서 상품 1개의 가치가 저하합니다. 그렇기 때문에 자본가는 너무나 많은 노동자들을 서울 동대문의 평화시장처럼 매우 좁은 공간에서 일하게 함으로써, 노동자들을 질식시키고 있습니다.

둘째로 100킬로그램의 돌을 운반하는 경우, 개별노동자는 할 수 없지만 몇 명의 집단노동자는 할 수 있습니다. 집단노동자는 실제로 새로운 힘을 창조합니다(I: 441). 셋째로 다수의 노동자들이 함께 모이면, 경쟁심이나 혈기가 생겨 개별노동자들의 작업능률이 높아집니다. 넷째로 단순협업의 엄청난 효과는 고대의 중국인이나 이집트인이 세운 만리장성·피라미드·스핑크스 등에서 볼 수 있습니다.

협업에 의해 노동생산성이 상승하는 것은, 집단노동(또는 사회적 노동)이 만들어내는 새로운 힘 덕분이지만, 자본가가 다수의 노동자들을 한곳에 모았기 때문에 새로운 힘이 생기는 것이므로, 자본가는 이 집단노동의 힘을 공짜로 이용할 뿐만 아니라 이 집단노동의 힘이 낳는 성과를 자기의 주머니에 넣습니다.

매뉴팩처

'공장제 수공업'이라고 부르는 매뉴팩처는, 종전의 수공업적 기술을 유지하면서도 다수의 수공업자를 임금노동자로 하나의 공장에 모아 그들 사이에 분업(또는 노동의 분할)을 실시함으로써, 노동생산성을 향상시켰습니다. 예컨대 마차 매뉴팩처는 종전의 독립적인 수공업자들, 예를 들어 수레바퀴 제조공·마구 제조공·재봉공·자물쇠공·가구공·선반공·유리공·도금공을 하나의 작업장에 결합함으로써 생겨났습니다.

그런데 애덤 스미스가 분업의 장점을 논의한 핀 매뉴팩처는, 다수의 핀 수공업자들을 한곳에 모아 작업공정을 10개 이상으로 분할하여 하나의 작업공정에 전문화시키는 것이었습니다[마르크스는 애덤 스미스(1723~1790)를 '매뉴팩처 시대의 대표적인 경제학자'라고 부르고 있다. 『국부론을 읽는 시간』 2부 1장 참조]. A는 철사를 2센티미터로 끊고, B는 철사 끝을 뾰족하게 하며, C는 머리를 만들고, D는 핀 100개를 작은 종이 상자에 넣는 일에 전념했습니다.

자본주의적 노동과정은 매뉴팩처에서 시작한다고 마르크스는 보고 있습니다(I: 459). 왜냐하면 모든 이행기(봉건 사회에서 자본주의 사회로 이행하든, 자본주의 사회에서 새로운 사회로 이행하든)를 특징짓는 것은 생산력(생산방법·과학기술)의 발전이 아니라 생산관계(생산수단의 소유자와 직접적 생산자 사이의 관계)의 변화이기 때문입니다. 매뉴팩처에서는 이미 독립적인 수공업자가 사라지고, 자본가가 수공업자들을 임금노동자로 고용하고 있기 때문입니다. 또한 자본주의

매뉴팩처의 방식으로 일하는 작업장 풍경

마르크스는 자본주의적 노동과정이 매뉴팩처에서 시작한다고 보았다.

에서 새로운 사회로 이행하는 단계에서도, 자본가와 임금노동자 사이의 착취관계를 해소시키기 위해 생산수단의 공동소유·사회적 소유가 먼저 일어나게 될 것입니다.

매뉴팩처에서는 각 노동자가 일생 동안 하나의 동일한 단순작업을 행하기 때문에, 기교·민첩성·정확성·숙련도가 발달하고, 따라서 노동생산성이 향상됩니다. 그러나 분업은 노동자의 특수한 하나의 재능을 촉진하기 위해 다른 일체의 생산적인 능력과 소질을 억압하기 때문에, 노동자는 기형적인 불구자가 되는 경향이 있습니다. 사실상 애덤 스미스도 노동생산성을 향상시키는 수단으로 분업을 높이 평가하면서도, 분업이 노동자를 바보로 만든다고 이야기하면서 국민교육의 필요성을 주장했습니다(『국부론을 읽는 시간』 2부 2장 참조).

그런데 매뉴팩처 안의 분업과 사회 안의 분업은 전혀 다른 성질의 것입니다. 매뉴팩처 안의 분업에서는 자본가가 계획에 의해 부문들(예컨대 철사를 2센티미터로 자르는 부문, 철사 끝을 뾰족하게 하는 부문, 머리를 만드는 부문 등) 사이의 균형을 확립하지만, 사회 안의 분업에서는 개별 자본가들 사이의 경쟁으로 말미암아 무계획성(또는 무정부성)이 지배하며, 부문들 사이의 균형은 사후적으로 또는 궁극적으로만 달성될 뿐입니다(I: 482-484). 자본가 계급은 매뉴팩처의 계획적인 운영이 생산성을 향상시킨다고 찬양하면서도, 사회 전체의 생산과정을 사전적으로 계획하려는 온갖 시도를 개별 자본가의 소유권·자유·자율적 독창성에 대한 침해라고 맹렬히 비난하고 있습니다(I: 482).

공장에서의 계획성과 사회에서의 무정부성을 자본주의의 주요한 모순으로 지적한 사람은 엥겔스였습니다. 그는 『안티 뒤링』(1878)[*]과 『사회주의: 공상에서 과학으로』(1882)에서, 자본주의의 기본모순을 '생산의 사회적 성격과 취득의 사적 성격'이라고 주장했습니다. 생산은 사회 전체의 분업과 협업을 통해 이루어지기 때문에 사회적 성격을 가지고 있지만, 생산의 결과인 잉여가치는 자본가들 혼자만 향유하기 때문에 취득은 사적 성격을 가지고 있다는 것입니다.

이 기본모순 때문에 '부르주아와 프롤레타리아 사이의 적대', 그리고 '공장에서의 계획성과 사회에서의 무정부성 사이의 대립'이 생긴다고 말합니다. 그런데 자본주의가 발달함에 따라 독점이 형성되고 국가가 경제에 개입하게 되면, 사회에서의 무정부성이 점점 약화되

---

[*] 오이겐 뒤링 박사가 이야기하는 철학·정치경제학·사회주의를 비판한 책으로, '뒤링을 반대한다'라는 뜻이다(1부 1장 참조).

면서 자본주의가 새로운 사회로 이행하게 된다고 엥겔스는 생각했습니다.

이런 생각을 연장시켜, 스탈린주의자들은 자본주의의 단계적 발전을 '경쟁자본주의→독점자본주의→국가독점자본주의('국가와 독점자본이 결탁한 자본주의'라는 뜻이다)→사회주의'라고 보게 되었으며, 사회주의의 기본 특징을 마르크스가 강조한 노동자의 해방이 아니라 계획경제라고 주장한 것입니다.

스탈린주의자들은 소련에서 노동자들에 의한, 노동자들을 위한, 노동자들의 사회를 만들지 않고, 공산당 간부와 정부 관료가 노동자들을 지배하는 사회를 건설함으로써 노동자들의 자발성·헌신성·창의성을 끌어내지 못하여 '현실 사회주의 나라'였던 소비에트사회주의공화국연방[*]을 망하게 한 것입니다.

매뉴팩처는 분업 속에서 노동자의 재능을 일면적으로 발달시킴으로써, 개별노동자는 집단노동자 속에서만 쓸모 있는 인간이 되어버립니다. 이제 노동자는 자기의 노동력을 자본가에게 팔아 집단노동자의 한 구성원이 되지 않고서는 아무것도 할 수 없는 존재가 되어버린 것입니다. 다시 말해, 노동자는 자본가에게 포섭되었고 자본가에 종속될 수밖에 없게 된 것입니다.

그러나 매뉴팩처는 노동자들의 수공업적 숙련과 재능을 토대로 삼고 있기 때문에, 숙련노동자에 의존할 수밖에 없었습니다. 몇 년 동안 한 가지 일에 전념하여 기교·민첩성·정확성·숙련도 등에서

---

* 1922년부터 1991년까지 소비에트 사회주의 공화국으로 구성된 최초의 사회주의연방 국가이다. 세계 최대의 다민족 국가를 이루었으며, 약칭으로 소련이라 부르기도 한다.

뛰어난 노동자들을 자본가가 붙들어놓지 않으면, 사업에 성공할 수 없었습니다. 그래서 자본가는 숙련노동자들의 불복종행위 또는 규율 부족을 해소할 수 없었을 뿐만 아니라, 숙련노동자의 요구를 그대로 받아들일 수밖에 없었습니다.

이런 점에서 매뉴팩처에서는, 자본가는 임금노동자를 '형식적으로' 포섭하거나 종속시켰을 뿐이지 '실질적으로' 포섭하거나 종속시키지 못했다고 말합니다. 왜냐하면 재산이 없고 일면적으로 재능이 발달한 임금노동자는 살아가기 위하여 자본가 밑에서 일해야만 했지만, 생산이 여전히 수공업적 숙련에 의존하는 상황에서 자본가가 숙련노동자의 요구에 휘둘리고 있었기 때문입니다. 그러나 기계가 생산과정에 들어오면 숙련노동자는 아무런 힘을 쓸 수 없게 됩니다.

기계제 대공업

영국에서는 섬유산업에서 목화나 아마로부터 실을 뽑아내는 방적기계나 실을 천으로 만드는 방직기계, 그리고 동력으로 증기를 사용하는 증기기관이 발명·개선되면서, 대체로 1750년부터 산업혁명이 시작되었습니다. 기계는 인간력을 자연력(수력·풍력·증기력 등)으로 대체하고, 경험적 숙련을 자연과학의 의식적 응용으로 대체하며, 노동자를 기계의 단순한 부속물로 만들었습니다(I: 521-522). 따라서 기계제 대공업에서는 10년 동안 쌓은 숙련은 무용지물이 되며, 매뉴팩처의 분업(어느 한 부분의 작업에 노동자를 일생 동안 묶어두는 형태)은 사라집니다.

영국의 한 섬유 공장에서 일하는 소녀들

곧게 선 채로 같은 동작을 하고 있는 소녀 노동자의 모습은 생산과정의 중심이 사람이 아닌 기계라는 것을 보여준다.

기계제 대공업에서는 생산과정의 중심이 사람이 아니라 기계이기 때문에, 노동자는 자본가의 독재에 순종할 수밖에 없었습니다. 노동자가 자본가에게 형식적으로 종속되었다가 이제는 실질적으로 종속된 것입니다(I: 688-689). 이리하여 '진정한 자본주의적 생산방식'이 자기 발로 서게 됩니다.

기계제 대공업은 과학의 힘을 빌려 생산의 기술적 토대를 끊임없이 변혁시켰고, 이에 따라 공장 안의 분업뿐만 아니라 사회 안의 분업도 매우 발달하게 됩니다. 예컨대 1825년에는 철도산업이 등장하고, 1886년에는 전기산업, 1935년에는 자동차산업 그리고 1985년에는 컴퓨터산업이 등장함으로써, 산업과 기업의 구조 전체가 변화할 수밖에 없었습니다. 따라서 노동자는 모든 직업에 적합한 전면적으로 발달한 개인이 되어야만 안정적으로 취업할 수 있게 되었습니다.

그러나 자본주의 사회에서는 기술혁신이 무계획적으로 이루어지고, 노동자들이 기술훈련을 받는 것도 노동자 자신에게 맡겨져 있으며, 노동자들을 계획적으로 적절한 부문에 배치하지도 않기 때문에, 노동자들은 항상 해고될 위험에 빠지고 생활의 모든 평온을 잃게 되었습니다.

기계의 규칙적 운동에 남녀노소 구별 없이 미숙련노동자들을 기술적으로 종속시켜야 하기 때문에 공장에는 병영 같은 규율이 필요하게 되었고, 노동자는 생산직·사무직·전문직·기술직 등으로 분할되었습니다. 기계가 노동자를 노동에서 해방시키는 것이 아니라, 그의 노동으로부터 일체의 내용을 빼앗아버린 것입니다. 특히 컨베이어벨트에 의한 포드주의적 생산방식*에서는 노동자가 매일 똑같은 단순한 작업을 지루하게 하고 있습니다.

이렇기 때문에, 실업자가 거의 사라지는 완전고용 상태에서는, 노동자들이 아무런 사전 통보도 없이 무단결근함으로써 포드주의적 생산방식을 작동하지 못하게 했습니다. 이리하여 새로운 생산방식—컨베이어벨트의 일정한 부분을 5~6명의 팀이 담당하여 각 노동자가 그 부분에 속하는 모든 작업을 돌아가면서 수행하는 방식—이 도입되었습니다. 각 노동자는 하나의 작업이 아니라 여러 가지 작업을 돌아가면서 수행하기 때문에, 여러 가지 능력을 가진 다능공이 된 셈입니다.

* 일관된 작업과정으로 노동과정을 개편하여 노동생산성을 증대시키는, 즉 상대적 잉여가치를 생산하는 집약적인 축적 체제. 제한된 노동시간 안에 일정한 생산량을 확보하기 위해 노동강도를 강화했고, 노동과정 안에 남아 있는 자유공간을 제거함으로써 자본가의 통제를 보다 확고히 했다.

그러나 자본가는 잉여가치를 얻는 것이 목적이기 때문에, 각 노동자가 다능공이 되자마자 그 팀의 인원을 5~6명에서 2~3명으로 감축함으로써 노동자들의 노동강도를 크게 강화했습니다. 이리하여 노동자들이 너무 힘들게 일해서 죽는 과로사가 빈발하게 되었습니다.

물론 자본가가 새로운 능률적인 기계를 항상 도입하는 것은 아닙니다. 언제나 비용과 편익을 엄밀히 계산하여 기계를 도입합니다. 자본가가 기계를 도입하여 노동자를 대체함으로써 투자자본을 절약하려 하는 경우에는, 만약 기계의 가격이 20,000원이고 내용연수가 5년이라면 기계에 의해 대체(해고)되는 노동자들의 5년간 임금총액이 20,000원을 초과해야만 기계를 도입할 것입니다.

따라서 임금수준이 낮을수록 자본가는 기계를 도입하지 않고 노동자의 고용을 늘릴 것입니다. 한국에서는 1987년 6월의 격렬한 민주화운동 이후에 노동자들의 대투쟁이 전개되었고, 그리하여 노동조합도 많이 건설되고 임금수준도 대폭 상승하게 되었습니다. 이리하여 한국의 기업들은 비로소 기계화를 대규모로 추진하게 되었으며, 이 덕택으로 수출액이 크게 증가하게 되었습니다.

그러나 자본가들 사이에 무한 경쟁이 일어나고 있는 상황에서는, 자본가는 기계를 도입하여 투자자본을 절약하려고 하기보다 자기 상품 1개의 가격을 저하시켜 '초과이윤'을 얻으려고 할 것입니다. 만약 기계의 가격이 20,000원이고 내용연수가 5년이라면, 기계에 의해 해고되는 노동자들의 5년간 부가가치 총액(=임금 총액+잉여가치 총액)이 20,000원을 초과하면 기계를 도입할 수 있을 것입니다. 왜냐하면 '5년간 생산되는 상품들의 가격 총액=기계의 가격 20,000원+원료의 가격+임금 총액+잉여가치 총액’이기 때문입니다.

이 경우 잉여가치율(또는 착취율)이 100퍼센트이고 5년간의 임금 총액이 10,000원이라면, 5년간의 잉여가치 총액은 10,000원이 되어, 5년간의 부가가치 총액이 20,000원이 될 것입니다. 그러므로 자본가는 기계에 의해 해고되는 노동자들의 5년간 임금 총액이 10,000원 이상이 된다면, 20,000원짜리 기계(내용연수 5년)를 도입할 수 있을 것입니다. 결국 자본가는 투자자본을 절약하기 위하여 기계를 도입하는 경우보다 자기 상품 1개의 가격을 저하시켜 초과이윤을 얻으려고 하는 경우에 더 많은 기계를 도입하게 될 것입니다.

마르크스는 ‘공산주의 사회에서는 기계는 부르주아 사회에서와는 전혀 다른 사용범위를 가질 것이다(I: 531, 주 33)’라고 말했습니다. 공산주의 사회에서는, 첫째로 기계를 도입해서 노동자들의 노동시간을 단축시키고 여유시간을 증대시키려고 할 것이기 때문에, 기계가 광범하게 도입될 것입니다. 둘째로 비용 개념보다 주민의 편안과 안전을 더욱 중시하기 때문에 노동시간을 단축시키거나 노동강도를 약화시키는 모든 기계가 도입될 것이고, 특히 3D_{dangerous, difficult and dirty} 업종에는 기계화가 더욱 광범하게 도입될 것입니다.

그런데 기계제 대공업이 처음 영국에 확립되었을 때에는 다음과 같은 현상들이 나타났습니다. 첫째로 자본가들은 여성노동과 아동노동을 대규모로 늘렸습니다. 기계는 근육의 힘을 요구하지 않으며, 기계의 리듬에 복종하는 유순한 노동자들을 요구했기 때문입니다. 이리하여 가장의 임금수준은 저하했고, 성인 남성노동자의 지위와 세력이 크게 저하함으로써, 자본가들은 노동자 계급에 대한 독재를

산업혁명 이후 섬유 공장에서 일하는 아이들

자본가들은 온순해서 노동일의 연장에 반항하지 않는다는 점을 이용하여 아동을 노동자로 고용했다.

확립할 수 있었습니다.

둘째로 자본가들은 하루의 노동시간을 크게 연장했습니다. 노동일을 연장시킬 수 있는 '새로운 조건들'이 생겼고, 노동일을 연장시켜야 하는 '새로운 동기들'도 생겼기 때문입니다. '새로운 조건들'이란, 기계는 노동자로부터 자립한 영구기관이므로, 불철주야 생산에 종사할 수 있다는 점, 노동이 종전보다 쉬워졌다는 점, 여성과 아동은 온순해 노동일의 연장에 반항하지 않는다는 점, 성인 남성노동자는 여성과 아동의 고용으로 말미암아 해고의 위협을 느끼게 되었다는 점 등입니다.

그리고 '새로운 동기들'이란, 기계가 어느 부문에 처음으로 도입되면, 그 기계를 더욱 싸게 그리고 더 낮게 생산할 수 있는 방법들이 꼬리를 물고 나오기 때문에, 자본가는 새로운 기계가 나오기 전에 기계의 가치를 빨리 회수해야 할 필요가 있습니다.

예컨대 매일 8시간씩 10년간 사용할 수 있는 기계는, 매일 16시간씩 5년간 사용하는 것이 자본가에게 훨씬 더 유리했기 때문입니다. 또한 기계와 건물 등에 대한 투자가 매우 크기 때문에, 자본가는 이러한 비싼 고정자본을 잠시라도 쉬게 하면 낭비라고 생각하여, 주야간 교대제를 통하여 노동자들을 착취하게 된 것입니다. 끝으로, 기계를 처음 도입해 사용하는 자본가는 다른 자본가들이 기계를 도입할 때까지 초과이윤을 얻기 때문에 노동일을 연장함으로써 이 '첫사랑의 시기'를 철저히 이용하려고 했습니다(I: 549).

이처럼 기계의 도입으로 여성과 아동이 노동자로 들어오면서 노동시간은 크게 연장되었고, 성인 남성노동자는 해고되어 임금수준이 인하되었습니다. 이리하여 영국 노팅엄셔의 섬유 노동자들이 1811년부터 1816년까지 저임금과 실업에 반대하는 시위운동을 벌였고 증기직기를 파괴하기도 했습니다(이것을 '러다이트 운동'이라고 불렀다. 이는 1811~1816년 영국의 중부·북부의 직물공업 지대에서 일어난 기계파괴운동으로 처음에는 노팅엄 직물 공장에서 시작하여 랭커셔·체셔·요크셔 등 북부의 여러 주로 확대되었다). 이런 기계파괴운동에 대해 마르크스는 다음과 같이 논평했습니다.

노동자가 기계와, 자본에 의한 기계의 이용을 구별하고, 따라서 물질적 생산수단 그 자체를 공격하는 것에서 그것을 이용하는 사회형태를 공격하는 것으로 옮길 줄 알게 되기까지에는 시간과 경험이 필요했다(I: 580).

그리고 마르크스는 '기계 그 자체'와 자본가에 의한 기계의 사용 사이의 차이를 다음과 같이 분명히 말했습니다.

기계 그 자체는 노동시간을 단축시키지만 자본주의적으로 사용되면 노동시간을 연장시키며, 기계 그 자체는 노동을 경감시키지만 자본주의적으로 사용되면 노동강도를 높이며, 기계 그 자체는 자연력에 대한 인간의 승리지만 자본주의적으로 사용되면 인간을 자연력의 노예로 만들며, 기계 그 자체는 생산자의 부를 증가시키지만 자본주의적으로 사용되면 생산자를 빈민으로 만든다(I: 596-597).

03

생산적 노동과 비생산적 노동

마르크스는 '인간노동이 인류의 정신적·육체적 진화의 근본이고, 모든 인간 사회의 토대'라고 생각합니다. 인간은 노동함으로써 자신의 정신적·육체적 능력을 키우며, 분업과 협업을 통해 인간 사회의 정치·경제·문화의 수준을 점점 더 높이게 된다는 것입니다. 그래서 『자본론』에서도 인간노동이 상품가치의 실체이고, 인간노동만이 새로운 가치를 창조한다고 말합니다.

좀 더 구체적으로 말하면, 상품이 지배하는 자본주의 사회에서는 노동자의 노동만이 임금과 잉여가치라는 새로운 가치를 창조하기 때문에 자본가 계급은 잉여가치를 증가시키기 위해 노동자의 노동시간을 연장하거나 노동강도를 강화하거나 노동생산성을 향상시키게 됩니다.

그런데 자본가에게 관심이 있는 것은 '잉여가치를 낳는 노동'이기 때문에 '어떤 노동이 잉여가치를 낳는가?' 하는 의문을 풀지 않으면 안 됩니다. 그런데 부르주아경제학은 '보수를 받는 노동은 모두 동일하다'라고 전제하기 때문에, 자본가의 집에서 일하는 하인과 자본가의 공장에서 일하는 노동자를 전혀 구별하지 못하고 있으며, 따라서 '잉여가치를 창조하는 노동(생산적 노동)'과 '잉여가치를 창조하지 않는 노동(비생산적 노동)'을 구별하는 것에 관심을 가지지 않습니다 ['경제학의 시조'인 애덤 스미스는 '생산적 노동자'와 '비생산적 노동자'를 구분했고, 생산적 노동자의 수를 증가시켜야 국부가 증가한다고 말했다(『국부론을 읽는 시간』 5부 1장 참조)].

마르크스는 『자본론』 제1권 제3편과 제4편에서 각각 절대적 잉여가치와 상대적 잉여가치의 생산을 논의한 뒤, 제5편(절대적 및 상대적 잉여가치의 생산)의 전반부에서 '어떤 노동이 잉여가치를 생산하는가?' 하는 문제에 대답하고 있습니다. 그리고 『자본론』 제3권 제4편과 제5편에서 각각 상업자본과 금융자본을 논의하면서 상업활동과 금융활동에 종사하는 노동자는 '비생산적 노동자'라고 분명히 말하고 있습니다.

따라서 비생산적 노동에 관한 논의는 2008년 9월에 폭발한 세계적인 금융공황과 산업공황을 해명하는 데에도 큰 기여를 할 것입니다. 왜냐하면 세계경제를 지배한 금융활동이 과연 잉여가치를 생산했는가 하는 문제가, 금융공황의 발발을 해명하는 하나의 열쇠이기 때문입니다.

구별의 기준

인간은 노동할 수밖에 없는데, 그 노동이 자본주의 사회에서 '생

마르크스와 엥겔스

베를린 중심가에 있는 '마르크스 엥겔스 광장'에는 평생을 정치적, 학문적 동지로 살아간 두 사람의 동상이 세워져 있다.

산적'이라는 것을 증명하기 위해서는 다음과 같은 관문들을 통과해야만 합니다.

첫째 관문은 '임금을 받는 노동'이어야 한다는 점입니다. 자본가는 임금을 받지 않는 노동(예를 들어 주부의 가사노동)에는 관심이 없으며, 자본주의 사회는 이런 노동의 유용성을 논의하지도 않습니다. 왜냐하면 이런 노동은 화폐로 평가되지 않기 때문입니다. 예컨대 사장의 여비서가 사장과 결혼하게 되면, 그 나라의 국내총생산GDP이나 국민소득이 감소합니다. 왜냐하면 여비서의 '봉급'은 GDP나 국민소득에 포착되지만, 사장 부인의 가사노동은 화폐로 표현되지 않기 때문입니다.

여기에서 미리 알아두어야 할 사실은, 생산적 노동과 비생산적 노동의 구분은 윤리적인 구분이 아니라는 것이고, 생산적 노동자라고 해서 뽐낼 것이 하나도 없다는 점입니다. 가정생활에 가장 중요한 가사노동에 종사하는 주부를 비생산적 노동자라고 이야기하는 것은 주부를 비하하기 위한 것이 아닙니다.

둘째 관문은 '재화나 서비스를 생산하는 노동'이어야 한다는 점입니다. 임금을 받는 노동자 중에서 재화나 서비스를 생산하는 노동자가 둘째 관문을 통과하게 됩니다. 이런 노동자는 다음과 같은 몇 개의 그룹으로 분류할 수 있습니다.

㉮군 개인의 소득으로부터 임금을 받는 노동자. 예컨대 타인의 가정에서 일하는 하인·요리사·정원사·운전사·경호원 등.

㉯군 잉여가치를 얻으려는 자본가의 자본으로부터 임금을 받는 노동자 중 유통 영역에서 일하는 노동자. 예컨대 은행·증권 회사·주택담보대출회사·도소매업에서 일하는 노동자.

㉰군 잉여가치를 얻으려는 자본가의 자본으로부터 임금을 받는 노동자 중 생산 영역과 운수 영역에서 일하는 노동자.

㉱군 정부나 지방자치단체의 수입으로부터 임금을 받는 공공부문 노동자 중 사회질서를 유지하는 노동자. 예컨대 대통령·장관·법관·검사·경찰·군인.

㉲군 공공부문 노동자 중 교육·보건 등 사회적 서비스를 생산하는 노동자. 예컨대 국공립학교의 교사와 교수. 국공립 보건소의 의사와 간호사.

㉺군 공공부문 노동자 중 생산과 운수를 담당하는 공기업의 노동자.

셋째 관문은 '자본의 가치를 증식시키는 노동'이어야 한다는 점입니다. 곧 둘째 관문을 통과한 노동자 중 자본의 잉여가치 획득에 직접적으로 기여하는 노동자가 생산적 노동자입니다. 따라서 ㉮군·㉹군·㉵군의 노동자는 생산적 노동자로부터 탈락하며, 이제 남은 것은 ㉯군·㉰군·㉺군입니다. 그런데 ㉺군은 자본가 계급이 아닌 정부나 지방자치단체에 속하는 공기업에 고용되어 있지만, 공기업이 잉여가치를 얻는 것을 목적으로 운영되기 때문에, 공기업의 노동자들을 생산적 노동자에 포함했습니다.

넷째 관문을 통과하려면 '유통 영역이 아니라 생산 영역과 운수 영역의 노동'이어야 합니다. 마르크스는 생산 영역과 운수 영역의 노동자를 잉여가치를 생산하는 생산적 노동자라고 말했습니다. 생산 영역의 노동자는 재화나 서비스를 상품으로 생산하는데, 특히 사립 학교에서 학생을 가르치는 교육서비스를 생산하는 교사나 교수가 생산적 노동자라고 마르크스는 분명히 말하고 있습니다.

물질적 생산 분야 밖의 예를 든다면, 학교 교사는 학생들의 두뇌를 훈련시킬 뿐 아니라 학교 소유자의 치부를 위해 헌신하는 경우에만 생산적 노동자다. 학교 소유자가 자기의 자본을 소시지 공장에 투하하지 않고 교육 공장에 투하했다는 사실은 여기에서는 전혀 중요하지 않다. 그러므로 생산적 노동자의 개념은 노동활동과 그 유용효과 사이의 관계, 즉 노동자와 그의 노동생산물 사이의 관계를 내포할 뿐 아니라, 노동자를 자본의 직접적 가치증식 수단으로 만드는 특수한 사회적·역사적 생산관계도 내포한다. 따라서 생산적 노동자가 되는 것은 행운이 아니라 불운이다(I: 688).

운수 영역의 노동자는 인간이나 생산물의 '장소 이전'이라는 서비스를 판매합니다. 이 서비스는 생산되면서 소비되기 때문에 재화처럼 남아 있지 않지만, 이것의 가치는 그 밖의 다른 상품의 가치와 마찬가지로 이 서비스를 만들어내는 데 소비된 생산요소들(노동력과 생산수단)의 가치와 노동자가 창조한 잉여가치에 의해 결정됩니다.

예컨대 운수 서비스의 가치인 운임은 '자동차의 감가상각액+휘발유 값+운전기사의 임금+운수회사의 잉여가치'입니다. 그리고 서울의 상품을 부산에서 팔기 위해 부산으로 운반하는 경우, 이 운수행위는 서울의 상품을 부산의 상품으로 변형시키는 '생산과정의 일부'이고, 이런 장소 이전에 드는 비용은 서울 상품의 가치에 추가되며, 따라서 그 상품의 부산 가치는 서울 가치보다 클 수밖에 없습니다(II: 63-64, 177-181).

생산 영역과 운수 영역의 노동이 개별 노동자에 의해 수행될 때는 개별 노동자가 생산적 노동자이고, 다수의 노동자에 의해 수행될 때는 집단적 노동자가 생산적 노동자입니다. 따라서 집단적 노동자의 구성원은 자기가 직접적으로 재화나 서비스를 생산하지 않더라도, 생산적 노동자에 속하게 됩니다. 예컨대 한 공장에서 일하는 생산직 이외에 사무직·기술직·관리직도 생산적 노동자에 속하는 것입니다.

이제 유통 영역(상업과 금융업)의 노동자가 왜 잉여가치를 생산하지 않는가와, 그럼에도 상업과 금융업에 투자한 자본이 어떻게 사회적 평균이윤을 얻게 되는가를 설명할 것입니다.

상업자본가가 고용하는 노동

자본주의 사회에서는 상품들의 생산뿐만 아니라 판매도 필수불가결하기 때문에, 상품의 생산에 전념하는 산업자본가와 상품의 매매에 전념하는 상업자본가가 생기게 됩니다. 상업자본가는 산업자본가로부터 상품을 구매하여 소비자에게 판매하는 업무를 수행하는데, 이 과정에서 상품을 분류하거나 운반하거나 보관하는 부수적인 활동도 하게 됩니다.

그러나 분업이 발달함에 따라서 상품의 분류·운반·보관 업무는 다른 자본가들이 담당하고, 상업자본가는 상점을 가지고 상업노동자를 고용하여 전화·팩스·인터넷을 통해 상품을 매매하는 업무에만 전념하게 됩니다.

그런데 상품의 매매는 화폐를 상품으로 전환시키거나 상품을 화폐로 전환시키는 것에 지나지 않기 때문에, 이처럼 형태를 전환하는 데 드는 노동은 아무런 가치도 창조하지 않습니다(그러나 이 노동은 자본주의 사회에서는 필요불가결하기 때문에, 사회 전체의 잉여가치에서 보상되어야 한다). 이것은 에너지의 생산과정에서, 불을 붙이는 노동이 필수적이지만 에너지 그 자체를 생산하지 않는 것과 마찬가지입니다. 상품의 매매업무를 상업자본가 대신에 그가 고용하는 상업노동자가 수행하더라도, 상업노동자는 가치나 잉여가치를 창조하지 않습니다.

그렇지만 상업자본가는 산업자본가들이 스스로 수행해야 할 상품의 판매업무를 대신 담당함으로써 다수의 산업자본가가 허비했을 상품판매시간을 없애며, 산업자본가들이 고용했을 상품판매 노동자들이나 그들이 세웠을 직판장들을 모두 불필요하게 했습니다. 그렇기 때문에 산업자본가는 더욱 큰 자본을 생산적 노동자의 고용과 착취에 사용할 수 있게 된 것입니다. 다시 말해 상업자본가는 산업자본가에 의한 잉여가치의 생산에 간접적으로 크게 기여합니다.

따라서 자본주의 사회에서는 상업자본가도 산업자본가와 마찬가지로 사회적 평균이윤을 얻어야만 합니다. 상업자본의 이윤율이 산업자본의 이윤율보다 높으면, 산업자본가가 공장 문을 닫고 상업활동에 나설 것이고, 반대로 산업자본의 이윤율이 상업자본의 이윤율보다 높으면, 상업자본가가 상점 문을 닫고 생산활동을 시작할 것이기 때문입니다. 상업자본가가 투자하는 자본에는, 상품을 구매하는 자금과 '순수유통비용(상업노동자에게 주는 임금, 상점의 운영비 등)'이 있습니다. 그런데 순수유통비용은 자본주의 경제 전체의 원활한 흐름을 위해 필수불가결한 비용이기 때문에, 자본가 계급 전체의 잉여가치로부터 이 비용은 보충되어야 할 것입니다.

이 경우 산업자본과 상업자본을 포함하는 사회적 총자본의 평균이윤율은 어떻게 결정될까요? 산업자본가가 투자하는 자본이 a원이고, 산업자본가가 1년간 노동자로부터 착취하는 잉여가치가 S원이며, 상업자본가가 상품을 구매하기 위하여 투자하는 자본이 b원이고, 순수유통비용을 지출하기 위하여 투자하는 자본이 y원이라면, 사회적 평균이윤율(R)은 다음과 같은 공식으로 표현할 수 있을 것입니다.

$$R = \frac{S-y}{a+b+y}$$

이 공식에서 볼 수 있는 것은, 상업자본이 상업활동을 통해 상품의 판매를 더욱 촉진함으로써 산업자본의 잉여가치 생산을 간접적이긴 하지만 더욱 증대시키지 못한다면, 상업자본은 사회적 평균이윤율을 저하시키게 된다는 사실입니다.

상업자본 전체에 할당되는 이윤총액은 '(b+y)R'입니다. 수많은 상업자본가들은 이 이윤총액을 서로 많이 가져가려고 경쟁하는 과정에서, '가치나 잉여가치를 창조하지 않는' 상업노동자에 대한 착취(노동시간·노동강도·임금수준의 측면에서)를 강화하게 되는 것입니다.

금융활동에 종사하는 노동

금융기관에는 예금은행·투자은행·증권회사·보험회사 등이 있습니다. 예금은행의 업무는 기본적으로 금전출납업무(예컨대 기업들의 현금을 보관하고 지급하는 업무, 당좌계정을 관리하는 업무 등)와 예금·대부업무입니다. 예금은행은 자본가 전체의 금전출납을 담당하고 있는데, 각 개별 자본가가 금전출납을 위하여 금고를 설치하거나 경리사원을 둘 때 발생하는 거대한 사회적 비용을 절약하고 있습니다.

그리고 예금·대부업무는 사회의 각계각층이 가지고 있는 '사용하지 않는 자금(유휴자금)'을 예금으로 받아들여 기업들에게 화폐자본을 공급함으로써, 기업들이 잉여가치의 생산을 확대하게 합니다.

투자은행과 증권회사는 예금은행이나 여유자금 소유자로부터 자금을 빌려 주식·채권(국가가 발행하는 '국채'나 회사가 발행하는 '회사채') 등의 매매를

뉴욕증권거래소
1792년에 세워져 지금까지 세계 최대 규모를 자랑한다.

통해 수익을 올립니다. 만약 기업이 주식이나 회사채의 발행을 통해 자금을 조달하여 잉여가치의 생산에 사용하는 경우에는, 이 신규 발행의 주식과 회사채를 구매하는 투자은행과 증권회사는 잉여가치의 생산에 간접적으로 기여합니다.

그러나 유가증권시장에서 거래되는 대부분의 주식과 회사채는 과거에 발행된 것이고, 여기에서 수익을 올리기 위해서는 유가증권의 가격 변동을 이용하여 증권거래자들의 주머니를 터는 수밖에 없습니다. 간단히 요약하면, 주식과 회사채의 '발행시장'은 산업기업의 자본규모를 증가시키지만, 주식과 회사채의 '유통시장'은 산업기업의 자본규모를 조금도 변동시키지 않습니다.

시시각각으로 변동하는 증권시세를 보여주는 곳이 바로 유통시

장이며, 새로운 가치를 창조하지는 않으며, 기존의 부를 서로 많이 차지하기 위해 증권에 투기하는 곳입니다. 유통시장에서는 자금이 풍부하고 기업들의 내부정보에 밝은 투기꾼들이 돈을 벌기 때문에, 증권의 유통시장은 그 사회의 부와 소득의 분배를 더욱 불평등하게 합니다.

그러나 유가증권의 유통시장은, 증권의 발행시장이 성공하기 위해서는 필요불가결합니다. 석탄·철강 등 중화학공업이 등장함에 따라 내용연수가 긴 고정자본(광산 설비나 용광로 등)이 필요하게 되었는데, 은행은 항상 단기자금을 취급하고 있었으므로 장기자금을 조달하기 위하여 주식회사가 탄생한 것입니다.

기업은 주식 발행을 통해 조달한 화폐자본을 장기적인 고정자본에 투자하지만, 주식소유자는 자기의 주식을 언제라도 유가증권시장에서 팔아 현금으로 전환시킬 수 있었습니다. 때문에 여유자금 소유자들이 즐겁게 주식을 구매하기 시작함으로써 주식회사가 등장할 수 있었던 것입니다. 다시 말해 주식의 유통시장이 발달하지 않으면 주식의 발행시장은 성립할 수 없었습니다.

금전출납·예금·대부·투자업무 등을 수행하기 위해서는, 금융기관은 자기자본*을 투자해서, 건물과 각종 사무기계를 구매해야 하고, 금융노동자를 고용해야 합니다. 금융기관의 자기자본은 산업자본·상업자본과 더불어 사회의 총 투자자본을 이루며, 따라서 사회적 평균이윤율을 얻어야만 합니다. 그러나 금융업이 담당하는 금전출납·예금·대부·투자업무 등은 기업들의 잉여가치 생산에 간접적

---

* 은행은 자기자본과 타인자본으로 영업을 하는데, 타인자본은 예금으로 얻은 자본이다.

으로 기여할 뿐이기 때문에, 금융업에 투자한 자기자본은 직접적으로 잉여가치를 생산하지 못합니다.

따라서 금융업에 종사하는 노동자는 '비생산적 노동자'입니다. 그러므로 금융기관이 금융활동을 수행하기 위해, 건물과 각종 사무기계에 투자하고 금융노동자의 고용에 투자한 자기자본은, 자본주의 경제 전체를 위한 '순수유통비용'에 속할 뿐이며, 산업자본이 창조한 잉여가치로부터 보충되어야만 합니다.

금융기관이 투자하는 자기자본을 'f'라고 하면, 위의 사회적 평균이윤율(R)은 다음과 같이 수정되어야 합니다. 이 공식에서 우리는 금융기관이 금융활동을 통해 산업자본의 잉여가치 생산을 크게 촉진하지 못한다면, 사회적 평균이윤율은 크게 저하할 수 있다는 것을 알 수 있습니다.

$$R = \frac{S-y-f}{a+b+y+f}$$

비생산적 노동자를 축소하려는 자본의 경향

15세 이상의 인구 중 경제활동인구(한국에서는 2025년 3월에 15세 이상 인구가 4,570만 8천 명인데, 그중 노인·주부·학생·장애인·군인 등 '비경제활동인구'가 1,620만 1천 명이고, 나머지인 2,950만 7천 명이 '경제활동인구'이다. 이 경제활동인구는 취업자와 실업자로 나뉜다)의 비율을 높이는 것과, 경제활동인구 중 생산적 노동자의 비율을 높이려는 것이 자본의 고유한 경향입니다.

첫째로 소농·소경영주 등 자영업자를 파산시켜 임금노동자로 전환시키고 있습니다. 자영업자는 자본가와 노동자의 성격을 함께 지니고 있는데, 자본주의의 발달과 함께 노동자 계급으로 점점 전환되었습니다. 둘째로 가정생활에 필요한 재화와 서비스를 상당한 부분 상품화함으로써, 경제활동인구가 아니던 주부를 생산적 노동자로 만들었습니다. 셋째로 사회복지의 차원에서 정부가 무료로 제공하던 교육·의료·노후연금을 민영화함으로써, 그리고 수익성보다는 공익성을 강조하던 공익사업을 민영화함으로써, 상품시장의 영역을 확대하여 거기에 종사하던 비생산적 노동자를 생산적 노동자로 전환시키고 있습니다.

상업활동과 금융활동은 그 자체로서는 잉여가치를 창조하지 않기 때문에, 잉여가치를 창조하는 생산활동을 촉진하는 것이 그들의 유일한 사회적 기여입니다. 상업활동이 상품의 판매시장을 개척하고 확대하면, 불황을 타개하려는 산업자본에게 큰 도움을 주지만, 금이나 석유 등의 투기적 거래는 산업자본에 전혀 도움을 주지 않을 뿐만 아니라 상업자본 그 자체를 파산시킬 위험까지 안고 있습니다. 생산활동이 점점 더 쇠퇴하게 되면 상업활동도 약화될 수밖에 없습니다.

금융활동은 사회가 점점 더 부유하게 되어 여유자금이 많아짐에 따라 활성화될 것입니다. 특히 산업자본의 수익률이 낮은 시기에 금융활동이 더욱 활성화되는 경향이 있는데, 이것은 산업에 투자될 자금이 투기적인 금융활동(예를 들어 주식투기)을 통해 더욱 큰 수익

226

을 올리려고 하기 때문입니다. 그러나 투기적인 금융활동은 새로운 가치나 부를 생산하지 않고, 기존의 부나 소득을 점점 부유층으로 옮기는 역할을 하기 때문에, 국내시장의 규모를 좁혀 불황을 야기하고, 나아가서 투기적인 금융활동 그 자체까지 파산시킵니다.

상업자본가의 상업활동과 금융자본가의 금융활동은 원래 산업자본가의 생산활동과 상호보완적이고 상호의존적입니다. 상업자본가는, 산업자본가가 스스로 직판장을 세워 상품을 판매하는 경우에 생기는 거대한 비용을 제거할 뿐 아니라, 산업자본가를 위해 새로운 시장을 개척함으로써 산업자본가로 하여금 더욱 큰 자본을 더욱 큰 규모의 생산에 사용할 수 있게 하며, 따라서 잉여가치의 증대에 간접적으로 기여합니다.

그리고 금융자본가는, 산업자본가가 스스로 금전출납업무를 수행하는 경우에 생기는 거대한 비용을 제거할 뿐 아니라, 산업자본가에게 생산을 확대할 자금을 공급함으로써 산업자본가로 하여금 더욱 큰 자본을 잉여가치의 생산에 사용할 수 있게 하며, 따라서 잉여가치를 증대시키는 데 간접적으로 이바지합니다.

이런 기여 때문에 상업자본가와 금융자본가는 산업자본이 창조한 잉여가치를 분배하는 과정에 참여하여 사회적 평균이윤율을 얻게 되는 것입니다.

상업활동·금융활동·생산활동 사이에 이처럼 내적 의존성이 존재함에도, 현실에서는 상업자본가와 금융자본가가 자기만의 이윤을 추구하기 위하여 온갖 투기적인 활동에 종사함으로써 비생산적인 상업활동과 금융활동이 생산적인 산업활동을 너무 크게 앞지르는 상황이 생기게 됩니다.

이렇게 되면 사회적인 평균이윤율이 폭락할 뿐 아니라, 상업자본과 금융자본은 파산함으로써 산업자본과의 내적 의존성을 회복하는 규모로 축소되지 않을 수 없습니다. 이것이 2008년 9월의 금융 공황에서 나타난 금융기관의 파산입니다(5부 2장 참조).

04

임금

애덤 스미스와 데이비드 리카도 등 과학적인 고전파 경제학자들까지도, 임금은 '노동의 가치' 또는 '노동의 대가'라고 말함으로써, 잉여가치가 어디에서 생기는지를 알아내지도 못했습니다. 그래서 여기에서는 '임금은 노동의 가치다'라는 주장의 오류를 먼저 지적하고, 그다음으로 임금의 두 가지 형태인 시간급제 임금과 성과급제 임금을 설명할 것입니다.

임금은 노동의 가치가 아니라 노동력의 가치

노동자는 자기가 가진 유일한 재산인 노동력을 일정한 임금을 받고 일정한 시간 동안 자본가에게 판매합니다. 따라서 임금은 상품으로서의 노동력의 가치입니다. 자본가는 노동력을 사용하여 잉여가치를 생산하기 때문에, 노동자는 하루 8시간 노동하는 동안 자기가 받은 임금의 가치를 창조할 뿐 아니라 잉여가치도 창조해야 합니다.

$$\text{노동자의 하루 노동} = \text{필요노동} \quad + \text{잉여노동}$$
$$= \text{노동력의 가치} + \text{잉여가치}$$
$$= \text{지불노동} \quad + \text{불불노동}$$

마르크스는 노동력과 노동을 구별함으로써, 잉여가치를 발견했습니다. 그러면 임금이 노동력의 가치가 아니라 '노동의 가치'라는 그릇된 개념이 경제학자들을 지배하게 되는 현실적인 이유는 무엇일까요?

첫째로 자본가와 노동자 사이의 교환은, 다른 모든 상품의 매매와 마찬가지로, "네가 화폐를 주니까 내가 노동을 한다" 하는 식으로 파악되기 때문에, '임금 = 노동'이 됩니다. 둘째로 가정교사는 보수를 먼저 받고 학생들을 가르치기 시작하지만, 노동자들은 잉여노동을 포함한 하루의 노동을 해야만 임금을 받기 때문에, '노동 = 임금'이 됩니다. 셋째로 자본주의 사회에서는 노동자에게 임금의 형태로 보수를 주기 때문에, 잉여노동마저도 '지불 받는 노동'이라고 생각하기 쉽기 때문입니다.

봉건 사회에서는 필요노동과 잉여노동이 시간적·공간적으로 명확히 구분되었습니다. 농민(농노)이 자기와 가족을 위하여 자기가 차지하고 있는 토지에서 일하는 것은 필요노동이고, 영주의 장원에서 공짜로 일하는 것은 잉여노동이었기 때문입니다.

그렇지만 노동의 가치라고 말하는 것은 불합리합니다. 왜냐하면 '노동'이 상품으로 시장에게 판매되려면 판매되기 전에 반드시 존재

마르크스의 연설
1872년 제1인터내셔널 헤이
그대회에서 마르크스는 노동
계급의 정치 조직화와 국가
권력 장악을 주장했다.

해야 하는데, 노동은 공장에서 노동자가 활동할 때 비로소 존재할 뿐이기 때문입니다. 또한 노동자가 노동을 시작할 때는 이미 노동력은 자본가에게 팔려 자본가의 것이 되어 있기 때문에, 노동자가 노동을 자본가에게 판매하는 것은 불가능합니다. 그리고 '노동의 가치'라는 표현은 동어반복입니다. 상품의 가치를 재는 단위가 그 상품의 생산에 드는 노동시간이기 때문에, '12시간 노동의 가치가 12시간이다'라고 말하는 것은 동어반복입니다.

또한 노동은 상품가치의 실체이며 내재적 척도이지만, 그 자체는 특정한 가치를 가지지 않기 때문에, '노동의 가치'라는 표현은 말이 되지 않습니다. 이것은 마치 무게가 특정의 중량을 가질 수 없고, 열이 특정의 온도를 가질 수 없는데도 '무게의 중량'이나 '열의 온도'라고 표현하는 것과 마찬가지이기 때문입니다.

시간급제 임금

하루의 임금으로 노동자는 하루의 노동력을 재생산할 수 있어야 하기 때문에, 시간당 임금은 다음과 같습니다.

$$\text{시간당 임금} = \frac{\text{노동력의 하루의 가치}}{\text{하루의 노동시간}}$$

하루의 노동력 가치가 미리 주어져 있다면, 노동일이 길수록 시간당 임금은 저하합니다. 그리고 미리 결정된 시간당 임금이 낮으면 낮을수록, 노동자는 노동력을 재생산하기 위한 일당을 벌기 위해 그만큼 더 긴 시간을 노동하지 않을 수 없습니다.

자본가가 시간급제 임금제도를 채택하는 이유는 무엇일까요? 첫째로 자본가가 노동자에게 대목에는 일을 많이 시키고 한가할 때는 일을 시키지 않기 위해서는, 시간급제 임금제도가 더욱 편리하기 때문입니다.

둘째는 '무노동 무임금' 제도에 적합하기 때문입니다. 셋째로 시간외노동(초과근무)[*]이나 휴일노동 등으로 노동자에게 더 많은 노동을 강요할 수 있기 때문입니다. 시간외노동이나 휴일노동도 필요노동과 잉여노동으로 구분되지만, 정규노동시간의 노동보다는 잉여가치율(=잉여가치÷임금)이 낮습니다. 다시 말해 시간외노동이나 휴일노

---

[*] 노동자가 통상적으로 정해진 시간 외에 추가로 근무하는 것을 말한다. 퇴근 시간이 지나 근무하는 '야근'이 이에 속한다.

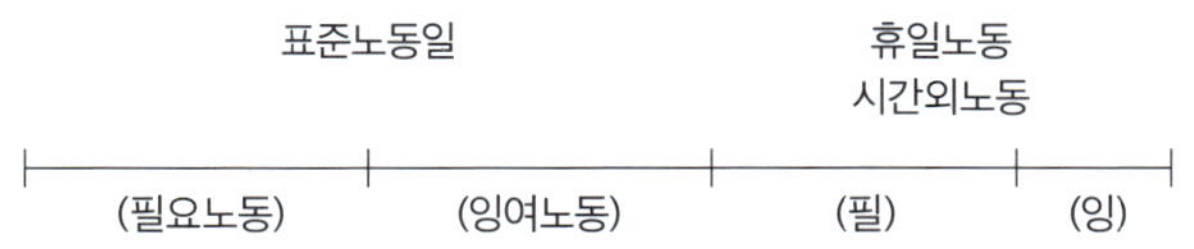

<그림 4-4> 휴일노동이나 시간외노동의 잉여가치율

동에서는 시간당 임금수준이 정규노동시간의 시간당 임금수준보다 1.5~2배나 높습니다(<그림 4-4> 참조).

성과급제 임금

노동자가 하루에 얼마나 많이 생산하는가, 즉 노동의 성과에 따라, 노동자가 임금을 받는 것을 성과급제 임금이라고 합니다. 그러나 평균적인 노동자는 자기의 하루의 생산량에 의거하여 하루의 노동력을 재생산할 수 있는 임금을 얻어야 하기 때문에, 생산물 1개당 임금은 다음과 같이 결정될 수밖에 없습니다.

$$\text{생산물 1개당 임금} = \frac{\text{노동력의 하루의 가치}}{\text{평균적인 노동자의 하루 생산량}}$$

예컨대 노동력의 하루의 가치가 12,000원이고, '평균적인' 노동자가 8시간 노동일(=필요노동 4시간+잉여노동 4시간)에 생산물을 100개 만든다면, 생산물 1개당 임금(성과급)은 120원(=노동력의 하루의 가치 12,000원÷평균적인 노동자의 하루 생산량 100개)이 되어야 할 것입니다. 그런데 만약 평균적인 노동자가 더욱 큰 일당을 얻기 위해 노력한 결과로 하루에 200개를 만들게 되었다면, 당분간은 노동자가 24,000원(=120원×200개)을 벌 수 있을 것입니다.

그러나 노동자와 가족의 하루 생활비가 계속 12,000원인 경우에는, 자본가는 노동자의 일당을 12,000원으로 감축시키려고 노력할 것이며, 따라서 생산물 1개당 임금은 머지않아 120원에서 60원으로 저하하게 될 것입니다. 왜냐하면 '60원×200개=12,000원'이어서, 노동자의 하루 생활비와 같기 때문입니다.

그러나 위와 같은 생산물 1개당 임금수준의 변경은 노자간의 투쟁을 야기할 것입니다. 왜냐하면 노동자가 노동강도를 강화하여 하루의 임금 수령액을 12,000원에 24,000원으로 2배 증가시켰는데, 이제 자본가가 생산물 1개당 임금을 120원에서 60원으로 인하하여 종전의 임금액을 준다면, 노동자들은 매우 불리하고 자본가들은 매우 큰 이익을 얻기 때문입니다. 또한 노동자는 노동력의 가치를 지급 받는 것이 아니라, 생산물의 수량에 따라 지급 받는다는 성과급의 외관을 진실이라고 믿고, 상품 1개의 판매가격은 인하하지도 않으면서 상품 1개당 임금을 인하하는 것은 이치에 맞지 않다고 반대하기 때문입니다.

성과급은 자본가에게 매우 유리한 임금형태라고 모두들 말하는데, 왜 그럴까요? 첫째로 불량품에 대해서는 임금을 지급하지 않으므로, 노동의 질을 통제할 수 있기 때문입니다. 둘째로 평균 생산량을 생산하지 못하면 노동자는 하루의 생활에 필요한 임금액을 받지

234

못하게 되어 있으므로, 노동자는 스스로 열심히 일할 수밖에 없기 때문입니다. 또한 더 큰 일당을 벌기 위하여, 노동자가 스스로 노동 강도를 강화하기 때문입니다. 셋째로 성과급제 임금을 주는 체제에서는 노동에 대한 감독이 필요 없게 되기 때문입니다.

끝으로, 노동자들의 개성이나 독립성을 키워주면서 상호 간의 경쟁심을 유발하여 1인당 생산량을 증가시키기 때문입니다. 이것은 처음에는 개인의 일당을 증가시키지만, 나중에는 생산물 1개당 임금 그 자체를 인하함으로써 노동자의 일당을 노동자의 하루 생활비 수준으로 감소시키게 됩니다. 이렇게 되면 자본가는 동일한 노동일에 노동력의 하루의 가치에 해당하는 임금을 주면서, 더욱 큰 생산량을 얻게 됩니다.

5부

자본의 축적과정과
새로운 사회

마르크스가 '자본의 축적과정'에서 밝히려는 것은, 자본가가 노동자를 착취해 얻은 잉여가치를 다시 자본으로 전환시켜 자본 규모를 점점 더 증가시키는 과정에서, 노동자 계급에 대한 자본가 계급의 지배력이 약화되지 않고 어떻게 더욱 강화되는가를 해명하는 것입니다. 이렇게 되어야만 자본가는 노동자를 계속 착취·억압할 수 있기 때문입니다. 마르크스가 가장 중요하게 여기는 사실은, 자본가들이 상대적 잉여가치를 증가시키기 위해 더욱 더 노동절약적인 생산방법을 채택함으로써 실업자가 증가한다는 것입니다. 실업자가 증가하면 노동조합의 힘도 약화되어 자본가 계급에 대항할 세력이 지리멸렬하게 되며, 따라서 자본가 계급의 독재가 더욱 강화될 수 있기 때문입니다.

『자본론』이 불완전한 이유

마이클 리보위츠가 『자본론을 넘어서』(2003)에서 나열한 '『자본론』이 불완전한 이유'를 여러분에게 소개하려고 합니다. 매우 흥미 있는 주장입니다. 주장의 핵심은, 『자본론』에서는 자본가 계급이 노동자 계급을 억압하고 착취하는 것만 주로 설명하는데, 이렇게 되면 노동자 계급이 자본가 계급에 대항해서 투쟁하는 측면은 전혀 설명하지 않기 때문에, 자본주의는 영구불멸한다는 잘못된 인식을 줄 수 있다는 점입니다.

리보위츠에 따르면, 마르크스의 연구방법론에서 핵심은 총체성과 변증법적 논리의 전개입니다. 총체성이란 사회를 유기적 전체로 파악하는 것인데, 이 경우 사회를 규정하는 모든 요소들이 외부로부터 슬며시 도입되어서는 안 되며 그 전체 속에서 재생산되어야 합니다. 다시 말해 전제와 조건이 결과로서 다시 나타나야 합니다.

그런데 『자본론』에서는 총체로서의 자본을 설명할 때, 임금노동이 전제로서 나타날 뿐 자본의 결과로서는 나타나지 않는다는 것입니다. 예를 들면 마르크스는 제1권(778쪽)에서 "노동자 계급의 유지와 재생산은 언제나 자본의 재생산에 필요한 조건이다. 그러나 이 조건의 충족을 자본가는 안심하고 노동자의 자기 유지 본능과 생식 본능에 맡길 수 있다"라고 말하고 있는데, 이런 언급은 총체성의 원칙에서 벗어난다는 것입니다.

총체(유기적 전체)로서의 자본은 자기의 순환 또는 재생산에서 자기의 전제와 조건을 스스로 재생산해야 합니다. 그러나 자본이 존재할 수 있는 필수조건인 임금노동자는 자본에 의해 직접적으로 재생산되지 않습니다. 따라서 자본의 생산과정과는 독립적으로 임금노동의 생산과정을 연구해 전자를 보완해야만, 총체로서의 자본주의를 머릿속에서 분명하게 재생할 수 있다는 것입니다. 즉 마르크스가 처음의 연구계획에는 있었지만 저술하지 못한 『임금노동론』을 완성하여 『자본론』과 한 쌍을 만들어야, 자본주의를 총체적이고 과학적으로 이해할 수 있다는 것입니다.

그리고 변증법에 따르면, 모든 사물은 대립물의 통일이며 대립물의 투쟁을 통해 발전하기 때문에, 자본주의의 발전과정을 자본과 임금노동 사이의 투쟁에 의해 파악할 필요가 있다는 것입니다. 왜냐하면 자본의 생산과정과 임금노동의 생산과정은 그 목적에 있어 전혀 상이하기 때문입니다.

자본은 노동력의 착취를 통한 가치증식을 목적으로 하지만, 임금노동은 "노동자의 자기 계발 욕망"을 충족시키는 것을 목적으로 합니다. 따라서 노동자들은 사회적으로 발달한 인간의 욕구를 충족시킬 수 있는 생활자료와 여유를 요구합니다. 이에 따라 자본과 임금노동 사이에는 임금과 노동일(하루의 노동시간)을 둘러싼 투쟁이 생깁니다.

그런데 『자본론』에는 자본의 목적만 있고, 임금노동의 목적은 없다는 것입니다. 물론 『자본론』에도 제1권 제10장(노동일)에는 계급투쟁에 관한 언급이 있지만, 거기에서는 노동자들의 방어적인 투쟁만이 있을 뿐이고 주체인 노동자들의 공격적인 투쟁은 없습니다. 그러므로 노동자들이 자기들의 목적을 달성하기 위해 투쟁한다는 점을 분명히 밝히는 『임금노동론』이 있어야만 『자본론』의 불완전성이 극복될 수 있다고 합니다.

또한 리보위츠는, 『자본론』은 정치경제학의 테두리를 뛰어넘자는 '젊은 마르크스young Marx'의 외침을 구체화하지 못하고 오히려 정치경제학의 테두리 안에 머물고 있다고 합니다. 젊은 마르크스에 따르면, 부르주아정치경제학은 노동자를 '인간'으로 이해하지 않고 자본을 부유하게 하는 '일하는 동물'로 취급함으로써, 임금노동자의 소외와 불만을 무시했습니다.

그런데 『자본론』에서도 자본의 추상적이고 일반적인 경향만이 일면적으로 강조되고, 노동자들이 인간다운 삶을 위해 벌이는 투쟁의 역할은 제대로 분석되고 있지 않습니다. 이에 따라 자본의 경향들이 객체적이고 기술적인 법칙으로 간주되었으며, 계급투쟁의 중심성 대신 생산력의 자립적 발전과 기술의 중립성을 내포하는 경제주의가 당연히 대두할 수밖에 없었다는 것입니다. 그러므로 정치경제학의 테두리를 뛰어넘기 위해서는 『자본론』이 『임금노동론』에 의해 보완되어야 한다고 합니다.

리보위츠에 따르면, 인간주의자이자 계급혁명 이론가로서의 젊은 마르크스와 유물론적 과학자로서의 성숙한 마르크스 사이에 인식론적 또는 지적 단절이 있다는 주장의 근거는, 『임금노동론』을 쓰지 못함으로써 생긴 『자본론』의 일면적 성격 때문이며, 실제로는 젊은 마르크스나 성숙한 마르크스나 계속해서 '총체로서의 자본주의'라는 관점을 가지고 있었다는 것입니다.

더욱이 리보위츠는 임금노동자로서의 노동자 이외에 '인간으로서의 노동자'라는 측면을 『임금노동론』에 도입함으로써, 노동운동과 새로운 사회운동(예를 들어 여성운동·환경운동·반전운동 등)을 하나의 대중운동으로 결합시킬 수 있다고 주장합니다. 왜냐하면 임금노동자는 자본가와 맺는 관계에서뿐만 아니라, 각종의 가족관계와 사회관계 속에서 자기 자신을 재생산하고 있기 때문입니다.

리보위츠의 주장은 『자본론』의 불완전성을 잘 지적하고 있습니다. 따라서 이 책에서는 자본주의를 자본과 임금노동 사이의 투쟁이라는 관점에서 분석하고 있으며, 어떻게 하면 『임금노동론』을 완성시킬 수 있을까를 고민하고 있습니다.

특히 5부에서는 자본과 임금노동 사이의 투쟁을 좀더 구체적으로 살펴보기 위해, 먼저 『자본론』 제1권 제7편(자본의 축적과정)을 해설하고, 다음으로 『자본론』 제3권 제3편(이윤율 저하 경향의 법칙)에 있는 공황이론을 해명하면서, 1900년 이후 발발한 세 번의 세계대공황을 설명하며, 끝으로 『자본론』 여기저기에 있는 자본주의 이후의 새로운 사회에 관한 마르크스의 아이디어를 종합해 보겠습니다.

01

자본의 축적과정

마르크스가 '자본의 축적과정'에서 밝히려는 것은, 자본가가 노동자를 착취해 얻은 잉여가치를 다시 자본으로 전환시켜 자본 규모를 점점 더 증가시키는 과정에서, 노동자 계급에 대한 자본가 계급의 지배력이 약화되지 않고 어떻게 더욱 강화되는가를 해명하는 것입니다.

자본축적이란

지금까지는 산업자본의 순환을 다음과 같이 표현했습니다.

$$M-C(MP, LP)-----P-----C'-M'(=M+m)$$

하지만 산업자본이 계속 순환하는 것을 분명히 나타내기 위해서는 〈그림 5-1〉처럼 원형으로 표현하는 것이 더욱 좋습니다. 100원

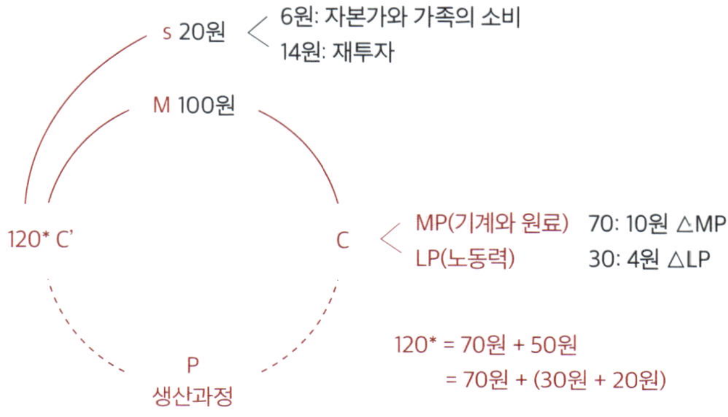

<그림 5-1> 산업자본의 회전

을 투자한 자본가는, 기계와 원료 등 생산수단을 구매하는 데 70원을 지출하고(불변자본), 노동력을 구매하는 데 30원을 지출합니다(가변자본). 그 뒤 노동자에게 기계를 사용하여 원료를 가공하게 함으로써, 잉여가치를 지닌 새로운 상품(C′)을 만들어냅니다. 이 상품을 시장에서 파니까, 자본가는 투자자본 100원뿐만 아니라 잉여가치(s) 20원을 얻게 되는 것입니다.

이 전체 과정이 하루 동안 일어난 것이라고 가정하면, 이 자본의 회전시간은 1일입니다. 다음 날 자본가는 처음의 투자자본 100원과 잉여가치 20원을 다시 불변자본과 가변자본에 지출하여 생산 규모를 확대할 것입니다. 100원은 전날처럼 불변자본 70원과 가변자본 30원으로 지출할 것이지만, 20원은 어떻게 사용하게 될까요?

잉여가치 20원을 취득한 자본가가, 이 잉여가치를 다음과 같이 사용한다고 가정해 봅시다. 즉 그 일부인 6원은 자기와 가족을 위해 개인적으로 소비하고, 나머지 14원은 공장을 확대하기 위하여 기계와 원료의 추가 구매에 10원 그리고 노동력의 추가 구매에 4원을 투자할 것입니다. 잉여가치 20원 중 14원은 개인적 소비에 사용되지 않고, 불변자본과 가변자본으로 다시 전환됩니다.

이처럼 잉여가치를 자본(불변자본과 가변자본)으로 다시 전환시키는 것을 자본의 축적이라고 부릅니다(I: 790). 잉여가치 20원 중 14원이 자본으로 다시 전환되었기 때문에, '자본축적률'은 70퍼센트입니다.

$$\text{자본축적률} = \frac{\text{불변자본의 증가액(10원)} + \text{가변자본의 증가액(4원)}}{\text{잉여가치(20원)}} = 70\%$$

자본축적률이 0인 경우, 다시 말해 자본가가 잉여가치 전체를 개인적으로 소비하는 경우 내일도 오늘과 동일한 자본 규모와 생산기술로 생산할 것인데, 이를 '단순재생산'이라고 합니다. 하지만 잉여가치 중 일부라도 자본으로 재전환되면, 즉 자본축적률이 0보다 크면 내일의 생산이 오늘보다 확대될 것이며 이를 '확대재생산'이라고 합니다.

반대로 잉여가치뿐 아니라 자본의 일부까지도 주식투기에 사용한다면, 내일의 생산은 오늘보다 축소될 것이며 이를 '축소재생산'이라고 합니다.

자본가가 가진 현재의 자본은 잉여가치가 축적된 것

기업이 생산을 매일 그리고 매년 계속하는 경우, 기업가가 가진 현재의 자본이 어디로부터 발생했는가에 대해 새로운 시각을 가질 수 있습니다. 두 가지 경우로 나누어 생각해 봅시다.

갑과 을이라는 두 사람이 각각 최초에 1,000원의 화폐를 가지고 있으며, 각각은 매년 개인적 소비를 위해 200원을 지출한다고 합시다. 갑은 이 1,000원을 자본으로 투자하지 않고 집의 금고에 넣어두면서 매년 200원을 소비에 사용한다면, 5년 뒤에는 화폐가 한 푼도 남아 있지 않을 것입니다. 그런데 을은 이 1,000원을 자본으로 투자하여 매년 200원의 잉여가치를 얻으면서 매년 200원을 소비한다면, 5년 뒤에도 여전히 1,000원의 자본을 가지고 있을 것입니다.

을은 처음에 1,000원을 가지고 있었고, 5년 동안 1,000원의 잉여가치를 얻었으며 1,000원을 소비했는데 여전히 1,000원의 자본을 가지고 있습니다. 이것은 다음과 같이 해석할 수 있습니다. 즉 을은 갑과 마찬가지로 처음의 1,000원으로 매년 200원씩 5년 동안 소비했으나 매년 200원씩 얻은 잉여가치를 5년 동안 축적했기 때문에, 현재 1,000원의 자본을 가지게 되었다는 것입니다. 결국 을의 현재의 자본 1,000원은 잉여가치가 축적된 것입니다(I: 793-795). 이것이 첫 번째 경우입니다.

다음으로 두 번째 경우를 살펴봅시다. 만약 을이 매년 얻은 잉여가치(=투자자본의 20퍼센트)를 모두 축적한다면, 그의 자본 규모는 다음과 같이 증대할 것입니다(매년의 물가상승률은 고려하지 않음).

1970년 1월 1일 투자	1,000원
1971년 1월 1일 자본	1,200원(=1,000원+1,000원×20%=1,000원×1.2)
1972년 1월 1일 자본	1,440원(=1,000원×1.2^2)
1980년 1월 1일 자본	6,192원(=1,000원×1.2^{10})
1990년 1월 1일 자본	38,338원(=1,000원×1.2^{20})
2000년 1월 1일 자본	237,376원(=1,000원×1.2^{30})
2010년 1월 1일 자본	1,469,772원(=1,000원×1.2^{40})
2020년 1월 1일 자본	9,100,438원(=1,000원×1.2^{50})

<표 5-1> 자본 규모의 증대

1970년 1월 1일에 1,000원이던 자본이 20년 뒤인 1990년 1월 1일에는 38,338원이 되고, 50년 뒤인 2020년 1월 1일에는 9,100,438원이 되었습니다. 처음의 자본 1,000원은 현재의 자본 9,100,438원에 비하면, 그 비중이 0.01퍼센트에 지나지 않으므로, 자본가가 가진 현재의 자본 전부는 노동자를 착취한 잉여가치가 축적된 것에 지나지 않는다고 충분히 주장할 수 있습니다(I: 794-796).

그런데 우리는 이 책의 3부 2장 '노동력의 매매'에서, 자본가와 노동자가 노동력을 매매하는 노동시장에서는 자유·소유·평등·공리주의가 지배한다고 말한 바 있습니다. 다시 말해, 노동시장에서 자본가와 노동자는 자기들의 자유의지에 따른다는 '자유'의 원칙이, 자본가는 자기가 소유한 화폐로 노동자의 유일한 재산인 노동력을

노동자와 자본가
자본가는 노동자의 노동으로 형성된 잉여가
치를 통해 자신의 배를 살찌운다.

구매한다는 '소유'의 원칙이, 자본가는 노동자에게 노동력의 가치에
해당하는 화폐를 지급하고 노동력을 산다는 '평등'의 원칙이. 또한
이 거래를 통해 자본가는 잉여가치를 얻을 수 있고 노동자는 생계를
유지할 수 있기 때문에 두 사람 모두가 이익을 본다는 '공리주의'의
원칙이 지배한다는 것이었습니다.

그러나 우리는 자본의 축적을 관찰함으로써 자본이 '잉여가치가
축적된 것'이라는 사실을 알았기 때문에, 이제는 노동력을 매매하는
노동시장에 자유·소유·평등·공리주의의 원리가 적용된다고 말할
수 없게 된 것입니다. 그 이유는 무엇일까요?

첫째로 자본가가 노동력을 구매하는 자본(가변자본) 그 자체가,
자본가가 스스로의 노동으로 번 것이 아니라 노동자를 착취하여 얻
은 잉여가치이기 때문입니다. 다시 말해 자본가는 자기 것이 아니라
노동자를 착취한 화폐로 다시 노동자의 노동력을 구매하고 있는 것
입니다. 그러므로 자기의 노동으로 얻은 소유물을 타인의 소유물과

등가로 교환한다는 '소유와 평등'의 원리가 여기에서는 적용되지 않습니다.

둘째로 자본 그 자체는 처음부터 노동자를 착취하여 잉여가치를 공짜로 얻을 수 있는 특권을 가지고 있기 때문에 자본가와 노동자가 평등하지도 않으며, 노동자는 이런 착취관계를 피할 수 있는 자유도 없고, 노동력 매매를 통해 두 사람 모두가 이익을 얻는다는 공리주의도 적용할 수 없습니다.

특히 노동자의 입장에서는, 자신의 노동력으로 자본가의 자본을 더욱더 증가시키며 자기의 적인 자본가의 세력을 더욱 강화시키기 때문에, 의기소침해지고 자신감을 잃으며 노동의 기쁨을 전혀 느낄 수가 없게 됩니다(이것을 노동자의 '자기소외'라고 부른다. 본래 '자기소외'는 헤겔 변증법의 기본 개념으로, 이후 마르크스주의로 이어졌다).

현실적인 자본축적과 자본가 계급의 역사적 역할

2020년에 생산된 생산재(생산수단)와 소비재(생활자료)가 2020년에 소비된 생산재와 소비재보다 더욱 커야만, 실제로 자본의 축적 또는 확대재생산이 일어날 수 있습니다.

어느 사회에서 2020년에 생산된 생산재와 소비재가 각각 7,000원과 2,045원이라고 하고, 그것의 가치 구성이 〈표 5-2〉와 같다고 가정합시다.

$$\text{생산재 부문}(D_1) \quad 7{,}000원 = 5{,}000C_1 + 1{,}000V_1 + 1{,}000S_1$$

$$\text{소비재 부문}(D_2) \quad 2{,}045원 = 1{,}461C_2 + 292V_2 + 292S_2$$

*생산재 부문은 제1부문(D_1)이고 소비재 부문은 제2부문(D_2)임. C는 상품의 생산에 소비된 생산재이고, V는 임금액이며, S는 노동자가 창조한 잉여가치임.

<표 5-2> 총생산물의 가치 구성 예

2020년에 소비된 생산수단(기계와 원료)은, 제1부문에서 생산재를 생산하기 위하여 소비한 5,000원과, 제2부문에서 소비재를 생산하기 위하여 소비한 1,461원, 합계 6,461원에 이릅니다. 그런데 2020년에 생산된 생산수단이 7,000원이므로, 2020년에 소비된 생산수단 6,461원을 보충하고도 539원어치가 남기 때문에, 2021년에 생산 규모를 확대할 수 있는 것입니다.

또한 2020년에 생산된 소비재 2,045원이, 2020년에 두 부문의 노동자들이 '임금 전부(노동자는 임금으로 살아야 하기 때문에, 임금 모두를 소비재를 사는 데 지출하여 저축은 하지 않는다고 가정한다)'로 구매한 소비재 1,292원(제1부문의 노동자가 소비한 1,000원어치와 제2부문의 노동자가 소비한 292원어치)과, 두 부문의 자본가들이 잉여가치 중 일부로 구매한 소비재 금액(이것은 이 표에 나타나 있지 않음. 제1부문의 자본가는 잉여가치 1,000원 중에서 일부를, 제2부문의 자본가는 잉여가치 292원 중 일부를 소비재의 구입에 지출했을 것임)을 합계한 금액보다 커야만, 2021년에 노동자를 추가적으로 고용하여 생산을 확대할 수 있을 것입니다(더욱 자세한 분석은 『자본론』 제2권 제3편 참조).

애덤 스미스는 자본을 축적하는 과정에서 잉여가치가 모두 '노동력의 추가 구매'에 사용된다고 생각했으며, 따라서 '자본축적은 생산적 노동자의 증가'라고 이해했습니다. 그러나 생산을 확대하기 위해서는, 생산수단과 노동력 모두를 추가로 구매해야 되기 때문에, 잉여가치는 두 생산요소의 추가 구매에 사용되어야만 합니다. 그러므로 낡은 기계를 새로운 '노동절약적' 기계로 대체하는 경우, 이미 고용되어 있는 노동자들이 해고될 수 있다는 것을 항상 기억해야 할 것입니다. 이것은 아래에서 자세히 다룰 것입니다.

부르주아경제학에서는 자본가가 잉여가치를 자본으로 축적하기 위해, 모든 개인적 향락의 유혹을 물리치고 근검절약하는 '도인'처럼 묘사되기도 합니다. 그러나 도인처럼 보이면, 은행이나 동료 자본가들이 가난하다고 거래를 하지 않으려고 하기 때문에, 자본가는 곤란에 빠집니다. 그런데 자본이 증대함에 따라 잉여가치 또한 증대하기 때문에, 자본가는 사실상 축적욕과 향락욕을 동시에 만족시키고 있다고 보아야 현실의 온갖 사치와 낭비를 올바르게 파악할 수 있을 것입니다.

그렇지만 자본주의 사회에서 자본가가 축적에 몰두하지 않으면 몰락할 수밖에 없는 사회적 메커니즘이 작동하고 있는 것은 사실입니다. 자본가들 사이의 경쟁 때문에 파산하지 않으려면, 잉여가치를 계속 자본으로 축적하여 생산 규모를 확대하고 혁신[혁신은, '새로운 상품과 원료의 개발, 새로운 생산방법과 기술의 도입, 새로운 시장의 개척, 원료의 새로운 공급원 개척, 노동조직의 재편(예를 들어 컨베이어벨트 도입), 산업조직의 재편(예를 들어 독점 형성)'을 가리킨다. 혁신을 통한 '창조적 파괴'가 자본주의의 특징이라고 말한 슘페터가 내린 혁신의 정의다]을 도모해야 할 것입니다. 더욱이 자본주의적 생산이 발전함에 따라, 자본으로 기능할 수 있는 '최소자본 규모'가 끊임없이 증대하기 때문에, 잉여가치를 자본으로 계속 전환시키지 않으면 자본가의 대열에서 밀려날 수밖에 없습니다. 예컨대 전에는 하루 1,000대의 자동차를 생산하는 것이 공장의 최적 규모였다면, 지금은 10만 대를 생산하는 것이 최적 규모일 수 있기 때문입니다.

이처럼 자본을 축적하는 데 몰두하여 혁신을 끊임없이 도모하기 때문에, 마르크스는 자본가 계급의 역사적 역할을 다음과 같이 '높이' 평가합니다.

자본가는 인격화한 자본으로서만 역사적 가치와, (…) 역사적 생존권을 가지고 있다(I: 807).

이것을 해석하면 다음과 같습니다. 자본의 유일한 목적은 '가치증식'이며, 이런 자본이 인간의 탈을 쓰고 나타난 것이 '자본가'이므로, 자본가는 자본의 가치를 증식하는 데 온갖 노력을 다합니다. '절대적 잉여가치'를 생산하기 위하여 노동시간을 무자비하게 연장하고, '상대적 잉여가치'를 생산하기 위하여 노동생산성을 향상시키고 노동강도를 강화하며, 자본 규모를 증가시키기 위하여 잉여가치를 개인적 소비보다 축적에 더욱 많이 사용합니다.

이처럼 가치를 증식하는 과정에서 자본가는 '자기도 모르는 사이에' 더 높은 단계의 사회(즉 자본주의 이후의 '새로운 사회')를 위한 물

1896년 남아프리카 요하네스버그의 한 광산에서 다이아몬드를 캐기 위해 흑인 광부들을 부리고 있는 자본가
끊임없이 자본의 가치를 증식하는 데 온갖 노력을 다하는 자본가만이 자본가 계급의 역사적 역할을 다한다고 할 수 있다.

질적 조건들과 주체적 조건들을 만들어낸다는 것입니다.

예컨대 새로운 과학기술과 생산방식이 발명되어 사회의 생산력이 크게 발전함으로써, 노동시간을 단축하고 풍요한 생활과 여가를 즐길 수 있는 물질적 조건이 점점 더 만들어진다고 보아야 할 것입니다. 그리고 끊임없는 생산방식의 변화와 새로운 상품의 등장은, 주민의 대다수를 차지하는 노동자들로 하여금 일자리를 잃지 않으려면 재능을 다양하게 개발하라고 강요하게 됩니다. 이리하여 인간들은 점점 더 전면적으로 발달한 인간이 되어갈 수밖에 없습니다.

또한 소비자가 꿈에도 생각하지 못한 상품들을 개발하여 공급함으로써, 인간의 새로운 욕망을 창조하면서 욕망을 손쉽게 충족시키는 방법들을 발전시키고 있습니다.

또한 생산방법의 고도화와 생산 규모의 거대화로 말미암아, 기업이 자본가 개인의 기업이 아니라 사회의 기업이라는 성격을 점점 더 띠게 됩니다. 주식회사의 경우처럼 각계각층의 사람들이 기업에 자금을 제공하여 기업의 경영에 참여할 뿐만 아니라, 기업의 생산이 사회의 모든 생산 부문들과 교류함으로써 유지되고 확장되기 때문입니다.

만약 이러한 물질적 조건들과 주체적 조건들 위에서, 기업의 목적을 잉여가치를 획득하는 데 두지 않고 주민 전체의 필요와 욕구를 충족시키는 것에 둔다면, 자본주의는 새로운 더 높은 단계의 사회로 이행하게 될 것입니다.

투자자본의 구성

마르크스는 투자자본이 잉여가치를 낳지 않는 불변자본과 잉여가치를 낳는 가변자본으로 분할된다고 보기 때문에, 투자자본의 구성은 매우 중요한 의미를 가지고 있습니다. 투자자본의 구성에 관한 마르크스의 개념은, 『자본론』 제1권 제7편에서는 '실업자가 누적된다'라는 이론의 기반이 되며, 제3권 제3편에서는 '이윤율은 저하하는 경향을 가진다'라는 이론의 주춧돌이 되고 있습니다. 따라서 여기에서 좀 더 자세하게 설명하고자 합니다. 마르크스는 다음과 같이 말합니다.

자본의 구성은 두 측면에서 고찰할 수 있다. 가치의 측면에서 고찰하면, 이 구성은 자본이 불변자본[즉 생산수단과 가치]과 가변자본 [즉 노동력의 가치 또는 임금총액]으로 분할되는 비율에 의해 결정된다. 생산과정에서 기능하는 소재의 측면에서 고찰하면, 어떤 자본이든 생산수단과 살아 있는 노동력으로 분할되는데, 이 구성은 사용되는 생산수단의 양과 이 생산수단의 활용에 필요한 노동량 사이의 관계에 의해 결정된다. 나는 전자를 '자본의 가치 구성'이라고 부르고, 후자를 '자본의 기술적 구성'이라고 부른다. 양자 사이에는 긴밀한 상호관계가 있다. 이 상호관계를 표현하기 위해 나는 자본의 가치 구성이 자본의 기술적 구성에 의해 결정되고 또 기술적 구성의 변화를 반영하는 경우, 그것을 '자본의 유기적 구성'이라고 부른다. 내가 간단히 자본의 구성이라고 말할 때는 언제나 자본의 유기적 구성을 의미하는 것으로 이해해야 한다(I: 836-837).

투자자본 중 불변자본(C)은 기계·원료 등의 생산수단을 구매해야 하고, 가변자본(V)은 노동력을 구매해야 합니다.

불변자본(C) = 생산수단의 단위당 가치(Pc) × 생산수단의 양(Qc)

가변자본(V) = 취업노동자 1인당 임금수준(Pv) × 취업노동자의 수(Qv)

$$① \text{ 자본의 가치 구성} = \frac{C}{V} = \frac{Pc \cdot Qc}{Pv \cdot Qv} = \frac{Pc}{Pv} \times \frac{Qc}{Qv}$$

공장을 운영하기 위해서는, 일정한 수량의 생산수단과 일정한 수의 노동자가 필요하며, 생산수단의 양과 노동자의 수 사이에 일정한 기술적인 비율이 유지되어야 합니다.

$$②\ \text{자본의 기술적 구성} = \frac{Qc}{Qv}$$

자본의 기술적 구성이 상승하면, 다시 말해 취업노동자 한 사람이 다루는 생산수단의 양이 증가하면 노동생산성이 상승하게 되고, 따라서 생산수단의 가치(Pc)와 노동력의 가치(Pv)가 하락할 것이므로, ①번 식에서 보는 바와 같이 자본의 가치 구성도 변화할 것입니다.

그런데 '자본의 유기적 구성'은, '자본의 기술적 구성이라는 실물적 비율의 변화를 그대로 반영하는 가치 구성'이라고 마르크스는 부르고 있으므로, ①번 식에서 기술적 구성의 변화를 반영하면서도 기술적 구성의 변화에 따라 생기는 생산수단의 가치와 노동력의 가치의 변화를 고려하지 않는 것이 바로 자본의 유기적 구성이 될 것입니다. 따라서 ①번 식에서 기술적 구성(Qc/Qv)의 변화를 허용하면서도 'Pc/Pv'를 고정시켜 두면, 자본의 유기적 구성이 되는 것입니다.

$$③\ \text{자본의 유기적 구성} = \frac{Pc}{Pv} \times \frac{Qc}{Qv}$$

지금까지 자본의 기술적 구성과 유기적 구성 그리고 가치 구성의 개념을 올바르게 파악하지 못했기 때문에 마르크스의 이론을 이해하는 과정에서 여러 가지의 혼란과 불필요한 논쟁이 있었지만, 위와 같이 해석하면 마르크스의 주요한 이론들을 쉽게 이해할 수 있습니다.

현실의 통계자료에서 자본의 가치 구성과 기술적·유기적 구성을 어떻게 계산할 수 있을까요? 섬유 공장의 예를 들어봅시다. 2010년에는 섬유 공장을 건설·운영하는 데 평균 100억 원(당시의 가격, 경상가격*)의 자본이 필요했는데, 이 중 20억 원은 건물·기계·원료 등 생산수단의 구입에 투자했고, 80억 원은 노동자의 고용에 투자했습니다. 그런데 2020년에는 투자자본의 평균 규모가 140억 원으로 증가했을 뿐 아니라, 그중 생산수단의 구매에 100억 원, 그리고 노동자의 고용에 40억 원을 투자해야 했습니다.

'자본의 가치 구성'은 2010년과 2020년의 경상가격으로 표시된, 불변자본액을 가변자본액으로 나눈 것입니다.

$$2010년 \quad \frac{20억\ 원}{80억\ 원} = \frac{1}{4}$$

$$2020년 \quad \frac{100억\ 원}{40억\ 원} = \frac{10}{4}$$

<자본의 가치 구성>

* 물가의 변동을 그대로 나타낸 가격을 말한다.

섬유 공장 자본의 가치 구성은 2010년부터 2020년 사이에 10배 상승했습니다. 그러나 이 10배는, 취업한 노동자의 수에 비해 생산수단의 규모가 2010년부터 2020년 사이에 실제로 10배나 증가했다는 것 또는 노동절약적인 기계가 실제로 10배나 많이 도입되었다는 것을 가리킬 수는 없습니다. 왜냐하면 그 사이에 기계와 원료의 가격 및 화폐 임금수준이 크게 변화했을 것이기 때문입니다.

2010년부터 2020년 사이에 기계·원료 등 생산수단과 노동력의 가격이, 한편에서는 통화량의 증가나 수요초과에 의하여 상승했을 것이고, 다른 한편에서는 노동생산성의 향상에 의하여 하락했을 것입니다. 따라서 2020년의 생산수단 가격과 노동력 가격을 모두 2010년의 가격으로 환산해야만, 생산수단의 구매에 투자된 자본(불변자본)이 2010년에서 2020년 사이에 실제로 얼마나 증감했는지를 명백히 알 수 있을 것이고, 노동력의 구입에 투자된 자본(가변자본)이 2010년에서 2020년 사이에 실제로 얼마나 증감했는지를 명백히 알 수 있을 것입니다.

만약 2010년부터 2020년 사이에 생산수단(기계와 원료)의 가격이 2배 상승했다면, 2020년의 불변자본 100억 원은 2010년 가격으로는 50억 원이 될 뿐이고, 그 사이에 불변자본 투자액은 실제로 20억 원(2010년)에서 50억 원으로 2.5배 증가했다고 말할 수 있을 것입니다. 그리고 2010년부터 2020년 사이에 노동자의 화폐 임금수준이 4배 상승했다면, 2020년의 가변자본액 40억 원은 2010년 가격으로 10억 원에 지나지 않을 것이고, 그 사이에 가변자본 투자액은 실제로 80억 원(2010년)에서 10억 원으로 대폭 감소한 것을 알 수 있습니다. 여기에서 우리는 자본의 유기적 구성을 계산할 수 있는 것입니다.

$$2010년 \quad \frac{20억\ 원}{80억\ 원} = \frac{1}{4}$$

$$2020년 \quad \frac{50억\ 원}{10억\ 원} = \frac{20}{4}$$

<자본의 유기적 구성>

결국 생산수단의 규모는 취업노동자의 수에 비해, 2010년부터 2020년 사이에 실제로 20배나 증가한 것입니다. 따라서 자본의 기술적 구성은 마찬가지로 2010년 1/4에서 2020년에는 20/4으로 20배 증가하게 됩니다.

자본의 유기적 구성과 기술적 구성이 2010년에서 2020년 사이에 20배 상승했다는 것은, 취업노동자의 수에 비해 기계와 원료 등 생산수단의 규모가 20배나 크게 증가한 것, 거꾸로 말하면 생산수단의 규모에 비해 노동자의 고용 필요성이 1/20로 크게 감축한 것을 가리킵니다. 다시 말해 그 사이에 노동절약적인 새로운 기술이 광범하게 도입되면서 노동생산성이 크게 상승했다는 것입니다.

자본축적의 진행과 고용량의 변화

자본축적이 진행됨에 따라 아래 표와 같이 고용량이 변화하게 마련입니다. 그런데 이 표에서는 자본축적에 따라 노동생산성이 상승했음에도 노동자의 임금수준이 변하지 않기 때문에, 'C : V'는 '자본의 가치 구성'이 아니라 '자본의 유기적 구성'을 나타내고 있습니다.

자본의 기술적·유기적 구성이 변하지 않으면서 자본축적이 진행하는 경우는 〈표 5-3〉에서 A로부터 B로 진행하는 경우인데, 동일한 기술과 생산방식을 가지고 자본을 축적하는 셈입니다. 이 경우 고용량은 50명에서 200명으로 증가하며, 150명의 노동자가 추가적으로 고용됩니다. 따라서 '자본의 축적은 프롤레타리아의 증식(I: 838)'입니다. 왜냐하면 실업자·농촌의 과잉인구·가정주부·새로운 노동연령층 등이 임금노동자 계급에 계속해서 들어오기 때문입니다.

	투자자본	C : V	가변자본	임금수준	고용량	고용량 투자자본 1만 원당
A	10,000원	1 : 1	5,000원	100원	50명	50명
B	40,000원	1 : 1	20,000원	100원	200명	50명
C	40,000원	3 : 1	10,000원	100원	100명	25명
D	60,000원	9 : 1	6,000원	100원	60명	10명

<표 5-3> 자본축적과 고용량

투자자본의 증가에 따라 추가로 고용해야 할 노동자가 150명 필요한데, 현재의 노동가능인구(15세 이상의 인구)가 150명의 노동자를 추가로 공급할 수 없을 경우에는 임금수준이 상승할 것입니다. 임금수준은 노동력의 가치를 넘어설 수 있습니다. 호황이 장기간 계속되는 시기에는 이러한 현상이 나타납니다(불황이 장기간 계속되는 시기에는 임금수준이 노동력의 가치보다 낮을 수 있다. 이리하여 호황기와 불황기를 평균하면 임금수준은 노동력의 가치와 같아진다).

그러나 임금수준의 상승은 일정한 한계 안에 머물 수밖에 없습니다. 만약 임금수준이 등귀함으로써 노동자가 창조한 부가가치 중 임금 부분이 증가하고 잉여가치 부분이 감소한다면, 다시 말해 잉여가치액과 잉여가치율이 감소한다면, 자본으로 재투자되는 금액(즉 축적 규모)이 줄어들 것입니다. 따라서 새로운 노동자에 대한 수요가 감소함으로써 구인 수vacancies가 구직자 수job seekers의 수준으로 감소하고, 임금수준의 상승은 중단될 것입니다(I: 848).

흔히들 임금수준이 상승하는 것은 노동가능인구가 감소하기 때문이고, 임금수준이 저하하는 것은 노동가능인구가 증가하기 때문이라고 주장합니다. 또는 임금수준은 항상 '최저생계비' 수준에 머물 수밖에 없다고 주장하기도 합니다(임금철칙설: 독일의 사회주의자인 라살에 의해 정식화되었다. 그는 평균 임금은 생계 유지와 자손 번식을 위한 최저생계비 수준에 머물 수밖에 없다고 주장했다). 즉 임금수준이 최저생계비 수준보다 높으면 노동자들이 일찍 결혼해서 노동가능인구를 증가시킴으로써 임금수준을 낮추고, 임금수준이 최저생계비 수준보다 낮으면 노동자들이 결혼을 미룸으로써 노동가능인구의 증가를 막아 임금수준을 높인다는 것입니다.

그러나 이런 주장들은, 사람이 태어나서 노동할 수 있는 나이가 될 때까지(즉 노동가능인구가 될 때까지) 적어도 15년은 걸린다는 사실을 무시하고 있으며, 특히 이 15년이라는 긴 시간 동안 자본가가 가만히 앉아 구경만 할 것이라고 가정하고 있는데, 이것은 자본가를 전혀 모르고 하는 이야기입니다(곧 설명하는 바와 같이, 자본가는 노동절약적인 기계를 도입해 노동자의 부족을 해소할 것이다).

따라서 '노동가능인구가 증가하거나 감소한다 →임금수준이 저하하거나 등귀한다 →자본축적이 증가하거나 감소한다'라는 순서와 논리는 잘못된 것입니다. 오히려 다음과 같은 논리가 옳습니다. 즉 자본축적에 따른 가변자본팽창률*이 구직자 증가율을 능가하기 때문에 임금수준이 등귀하며, 가변자본팽창률이 구직자 증가율보다 작아지기 때문에 임금수준이 저하한다는 것입니다. 그러므로 '축적률이 독립변수이고 임금률은 종속변수이지, 그 반대가 아닙니다(I: 847).'

다음으로 자본의 기술적·유기적 구성이 상승하면서 자본축적이 진행되는 경우를 살펴봅시다. 〈표 5-3〉에서 'A→C→D'의 경우가 여기에 속합니다. 고용량이 절대적으로 증가하다가 감소하고(50명 →100명→60명), 투자자본 1만 원당 고용량은 '50명→25명→10명'으로 계속 감소하고 있습니다. 고용량은 자본의 유기적 구성의 상승률

이 자본 규모의 증가율보다 작은가 큰가에 따라 증감합니다. 예컨대 'A→C'의 경우에는 자본의 유기적 구성이 1에서 3으로 상승했음에도 자본 규모가 4배나 증가함으로써 고용량이 오히려 증가했지만, 'C→D'의 경우에는 자본의 유기적 구성이 3배 증가했는데도 자본 규모가 1.5배 증가하는 데 그쳤기 때문에 고용량이 100명에서 60명으로 감소한 것입니다.

그런데 자본가들은 대체로 기존의 생산방법을 유지하면서 일정 기간 동안 생산 규모를 확대하다가 일정한 기간이 지난 뒤 새로운 생산 방법을 전면적으로 도입한다고 예상할 수 있습니다. 이렇게 되면 경로는 'A→B→D'가 될 것입니다. 즉 기술적 구성과 유기적 구성이 불변인 채 축적이 진행되기 때문에 취업자가 50명에서 200명으로 증가하다가 그 뒤 새로운 기술체계가 도입되기 때문에, 취업자가 200명에서 60명으로 축소되면서 140명은 해고되어 실업자가 되는 것입니다. 이 140명의 실업자는, 자본의 가치증식에 필요한 노동자의 수(60명)보다 많다는 의미에서 상대적 과잉인구입니다(Ⅰ: 860).

그렇다면 자본의 기술적 구성(Qc/Qv)과 유기적 구성이 상승하는 것은 피할 수 없을까요? 자본이 노동생산성을 향상시켜 생활자료의 가치를 저하시킴으로써 상대적 잉여가치를 얻기 위하여 노력하는 한, 노동절약적 기술혁신의 도입은 불가피합니다. 또한 다수의 자본이 경쟁하는 경우에는 개별 자본가가 초과이윤을 얻기 위하여 또는 경쟁에서 패배하지 않기 위하여 새로운 기술혁신을 도입하는 한, 자본 전체의 기술적·유기적 구성은 상승할 수밖에 없습니다.

또한 기술적 구성의 상승은, 개별 자본의 규모가 크면 클수록 그리고 새로운 자본의 형성이 활발하면 할수록 그만큼 더 빨리 진행합니다. 자본 규모가 커지면 대규모로 과학적인 생산방법을 도입할 수 있기 때문이며, 새로 형성되는 자본은 항상 최신 기술을 이용하여 시장을 개척하려고 하기 때문입니다.

그런데 개별 자본의 규모가 증대하는 방식은, 자본의 '집적'과 '집중'이라는 두 가지가 있습니다. 자본의 집적은 개별 자본이 자기의 잉여가치를 축적하는 것을 가리키고, 자본의 집중은 개별 자본이 경쟁과 신용*을 통하여 다른 자본을 인수·합병하는 것을 가리킵니다. 자본의 집적에서는 개별 자본의 수가 변동하지 않지만, 자본의 집중에서는 개별 자본의 수가 감소합니다(새로운 자본의 형성과 옛날 자본의 분열은 개별 자본의 수를 증가시킵니다). 다른 자본의 인수와 합병에 의한 자본의 집중은 자본의 집적에 비해 훨씬 빨리 대규모 자본을 형성하며, 이리하여 생산력의 발달과 기술적 구성의 상승에 크게 기여했습니다(I: 852-857).

누적되는 실업자

자본이 상대적 잉여가치를 증가시키기 위하여, 노동생산성을 상승시킬 노동절약적 기술혁신을 끊임없이 도모하기 때문에, 자본주의 사회에서는 취업자가 해고되어 실업자로 될 가능성이 점점 더 높아지며, 또한 새로 노동시장에 등장하는 청소년(특히 고등학교와 대학

---

* 은행에서 돈을 빌리는 것

교의 졸업생)이 일자리를 가질 가능성은 점점 더 낮아집니다. 그러나 이런 기본적인 경향은 자본주의 경제의 경기변동에 의해 수정됩니다.

호황기에 기계제 대공업은 생산 규모를 비약적으로 확대하기 때문에 구인 수가 폭증하여 노동자가 모자란다고 아우성을 치며, 그 반대로 불황기에 기계제 대공업은 생산 규모를 갑자기 축소하기 때문에 취업자가 대규모로 해고되면서 일자리가 부족하다고 아우성을 칩니다. 여기에서 우리는 실업자가 생기고 없어지며 그리고 다시 생기는 현상이 반복되는 것을 볼 수 있습니다.

마르크스는 실업자를, 자본의 가치증식에 필요한 노동자의 수를 초과한다는 의미에서 상대적 과잉인구라고 부르기도 하고, 산업이 필요로 하면 언제나 다시 취업할 준비가 되어 있다는 의미에서 산업예비군*이라고 부르기도 합니다(I: 861, 863). 더욱이 그는 "상대적 과잉인구가 자본축적의 지렛대로, 심지어는 자본주의적 생산양식의 생존조건이 된다(I: 861)"라고 말하기까지 합니다. 그 이유는 무엇일까요?

첫째로 항상 실업자가 있으므로, 자본가는 노동인구의 자연적인 증가에 신경 쓰지 않고 자본을 축적할 수 있기 때문입니다. 둘째로 실업자가 생산 규모를 돌발적이고 비약적으로 확대하는 데 필요한 노동인구를 항상 공급해 주기 때문입니다. 셋째로 실업자가 임금 상승을 억제하고 자본가의 독재를 확립하는 데 기여하기 때문입니다. 실업자가 있기 때문에, 자본가는 호황기에는 취업노동자들의 요구

---

* 자본주의적 산업에서 기계 도입과 생산기술의 발달로 인하여 직업을 잃거나 구하지 못한 사람들을 가리킨다.

(예를 들어 임금 인상, 노동조건 개선, 노동시간 단축, 인사권 또는 경영권 요구)를 들어주지 않을 수도 있으며, 불황기에는 취업노동자들에 대한 압력(예를 들어 임금 인하, 노동시간 연장, 해고)을 강화할 수도 있습니다.

이렇기 때문에 노동조합은 취업자와 실업자 사이의 단결을 강화해야만 임금수준을 향상시킬 수 있습니다. 예컨대 노동조합이 실업자에게 생활비를 보조하든지 정부로부터 실업급여를 받을 수 있게 해야만, 실업자가 자본가에게 낮은 임금으로 노동력을 판매하는 것을 막을 수 있을 것입니다.

실업자가 살아가는 형태는 대체로 세 가지가 있습니다. 직장에서 해고되어 실업자가 되었다가 다시 고용되기를 반복하는 형태가 있습니다. 또한 농촌인구가 도시로 끊임없이 유입되는 것에서 보듯이 농촌에는 잠재적 실업자 또는 위장실업자가 항상 대기하고 있습니다. 이들이 농촌을 떠나더라도 농업생산량이 줄어들지 않기 때문에, 그들은 농업에 종사하고 있는 것처럼 보이지만 사실상 실업자임에 틀림없습니다. 끝으로 실업자 중에는 매우 불규칙적으로 취업하거나 산업재해나 질병 등으로 취업할 수 없는 사람들이 있으며, 이들은 사회의 구호를 받아야 하는 빈민층입니다.

마르크스는 실업자가 누적되는 것이 "자본주의적 축적의 절대적 일반법칙이다(I: 878)"이라고 말합니다. 그러나 앞서 '자본축적의 진행과 고용량의 변화'를 설명한 부분에서 보듯이, 자본의 기술적·유기적 구성의 상승률보다 자본 규모의 상승률이 더욱 크다면 취업자는 더욱 증가하기 때문에 실업자는 축소될 수 있습니다.

그러나 자본의 기술적·유기적 구성의 상승률이 자본 규모의 상승률보다 큰지 작은지를 '이론적으로는' 확정할 수 없기 때문에, '자본의 기술적·유기적 구성의 상승은 실업자를 증가시킨다'라는 한 경향을 하나의 법칙으로 제시했다고 보아야 할 것입니다. 그리고 '자본 규모의 증대는 실업자를 감소시킨다'라는 다른 하나의 경향을 또 다른 법칙으로 제시하고 있는 것입니다.

그러므로 자본주의 경제에서는 실업자를 증가시키는 경향이나 법칙과 실업자를 감소시키는 경향이나 법칙이 상호작용하면서 공존하고 있으며, 어느 법칙이 현실적으로 우위를 차지하는가에 따라 실업자가 증가하거나 감소할 것입니다(5부 2장의 '이윤율의 저하 경향과 상승 경향의 법칙'에서 해설하는 바와 같이, 마르크스가 말한 '이윤율 저하 경향'도 '이윤율이 실제로 장기적으로 저하한다'라는 경향을 예측한 것이 아니라, 자본을 축적하는 과정에는 '이윤율 저하 경향'과 '이윤율 상승 경향'이 상호작용하고 있음을 지적한 것에 지나지 않는다).

어쨌든 실업자가 점점 증가하는 현상은 자본주의 사회에서 하나의 고유한 경향인 것은 부정할 수 없습니다. 자본은 상대적 잉여가치를 생산하기 위해 끊임없이 노동생산성을 향상시켜야 하는데, 이를 위해서는 노동절약적인 기계화와 자동화를 도입해 자본의 기술적·유기적 구성을 상승시킬 수밖에 없기 때문에, 취업노동자는 해고되고 새로운 노동연령층은 일자리를 구할 수 없게 되어 실업자가 점점 증가하게 되는 것입니다.

그러나 자본이 자본 규모를 증가시켜 취업자를 증가시키고 실업자를 감소시키는 경향도 자본주의 사회에서 하나의 고유한 경향입

1930년대 세계대공황
당시 직업소개소에는 수많은 실업자들이 모여들었다.

니다. 왜냐하면 앞서 '현실적인 자본축적과 자본가 계급의 역사적 역할'을 설명한 부분에서 보듯이, 자본가들은 경쟁에서 이기기 위하여 자본축적에 매진할 수밖에 없으며, 또한 '자본축적의 진행과 고용량의 변화'에서 설명한 대로 자본은 집적과 집중을 통하여 끊임없이 자본규모를 증대시키기 때문입니다. 그러므로 실업자에 관한 이 율배반적이고 모순적인 두 가지 경향이 자본주의 사회에서 실제로 작동하고 있습니다.

그런데 부르주아경제학에서는, '노동자들을 축출하는 모든 기계들은, 이 축출되는 노동자들을 취업시킬 만한 자본을 동시에 그리고 반드시 만들어낸다'라는 보상이론을 주장함으로써, 실업자의 증대 경향을 부정하고 있습니다. 이 보상이론을 구체적인 예에 따라 자세히 설명해 보도록 하겠습니다.

6,000원의 자본을 가진 카펫 공장의 공장장이 원료 구입에 3,000원을 투자하고, 노동자 고용에 3,000원(연봉 30원으로 100명을 고용한다고 가정)을 투자함으로써, 카펫 공장을 운영하고 있다고 합시다. 그런데 새로운 기계(1,500원짜리)가 등장했으므로, 그 기계를 도입하고 노동자 50명(연간 임금총액 1,500원)을 해고하게 되었을 때, 보상이론에서는 이 해고된 50명을 새로 고용할 수 있는 자본이 동시에 반드시 생긴다는 것입니다. 그러나 그 근거는 분명히 제시하지 않았기 때문에, 그런 가능성이 있는 곳을 하나씩 점검해 봅시다.

첫째로 카펫 공장은 50명의 노동자만 필요하기 때문에, 나머지 50명은 자본의 가치증식에 더 이상 직접적으로 필요하지 않는 과잉인구, 즉 실업자입니다. 따라서 카펫 공장의 공장장이 가진 자본 6,000원 중에는 과잉인구 50명을 고용할 수 있는 부분이 없습니다.

둘째로 사회 전체적으로 보면 전에는 100명의 노동자가 임금을 받아 생활자료를 소비했는데 지금은 50명만 고용되므로, 나머지 50명이 소비하던 생활자료가 어디에든 남아 있을 것입니다.

이 생활자료가 해고된 50명을 고용하는 자본이 될 수 없을까요? '새로운 사회'에서는 이 생활자료를 근거로 새로운 고용 분야를 개척할 수 있을 것입니다만, 자본주의 사회에서는 전혀 그런 일이 일어날 수 없습니다. 카펫 공장의 노동자가 100명에서 50명으로 감축되고 노동자들의 소비 수요가 3,000원에서 1,500원으로 감소하면 생활자료의 판매액은 1,500원만큼 감소할 것이므로, 생활자료를 생산하는 부문은 생산을 축소하고 노동자들을 해고해야 할 것이기 때문입니다.

셋째로 카펫 공장에서는 50명의 해고가 있었지만, 기계 제조 공장에서는 50명 이상의 노동자가 새로 고용될 것이 아니겠어요? 하지만 기계 제조 공장에서 고용이 증가하더라도 카펫 공장의 노동자가 그곳에 고용된다는 보장이 없기 때문에, 해고된 노동자에 대한 보상은 될 수 없습니다. 또한 1,500원짜리 기계의 가치는 'C(불변자료)+V(가변자본)+S(잉여가치)'로 구성되어 있기 때문에, V의 크기는 해고된 50명을 모두 고용할 수 있는 금액이 되지 못합니다.

더욱이 기계 제조 공장이 1,500원짜리 기계를 생산하기 위해 50명의 노동자를 추가로 고용했다 하더라도, 이 노동자들을 계속 고용할 수 있기 위해서는 기계를 계속 생산해야만 합니다. 다시 말해 카펫 공장에서 기계를 계속 도입하면서 노동자를 끊임없이 해고해야만, 기계 제조 공장에서 50명의 노동자를 계속 고용할 수 있는 것입니다.

그런데 한번 도입한 기계는 그것의 내용연수까지 몇 년 동안 사용될 것이므로 그동안에는 기계에 대한 수요가 나타나지 않으며, 따라서 기계 제조 공장은 추가로 고용한 50명의 노동자를 계속 고용하기가 어려울 것입니다.

물론 역사적으로 볼 때 기계의 도입과 기계 제조 공업의 발달은 사회 전체적으로 고용을 증가시켰는데, 이것은 위의 '보상이론'과는 전혀 다른 경로를 거친 것이었습니다. 고용이 증가한 부문들을 나열해 봅시다. 기계를 생산하는 부문에서 고용이 증가했고, 기계의 도입으로 원료 소비량이 갑자기 증가하여 원료를 생산하는 부문에서 고용이 증가했습니다. 그러자 기계로 생산한 원료가 매우 싸고 풍부해졌기 때문에 원료를 가공하는 부문에서 고용이 증가했습니다.

기계의 도입으로 잉여가치가 증대함에 따라, 상류층의 소득이 증가해 사치재산업이 발달하고 여기에서 또 고용이 증가했습니다. 나중에는 기계제 대공업의 발달로 생산수단과 생활자료가 증가함으로써, 자본의 회임기간*이 긴 사업들(예를 들어 도로·철도·교량·운하·부두)이 개척되었고, 여기에 대량의 노동자가 고용되었습니다.

그러나 기계화와 자동화가 취업자를 계속 증가시키는 것은 아닙니다. 마르크스의 시대에도 기계제 대공업의 발달로 말미암아, 기계가 노동자를 대체하고 노동일이 연장되며 노동강도가 강화되었기 때문에, 산업부문에서는 노동자들에 대한 수요가 상대적으로 감소했고 오히려 하인·하녀·심부름꾼 등과 같은 봉사자 계급이 크게 증가하게 되었습니다. 이런 현상을 보면서, 마르크스는 "기계를 자본주의적으로 사용한 결과가 얼마나 훌륭한가!(I: 603)"라고 비꼬았습니다(1부 2장 '자본주의적 생산양식과 사회구성체' 참조).

기계화와 자동화는 지금도 고용문제를 야기하고 있습니다. 특히 정보통신혁명과 컴퓨터화·로봇화 및 인공지능AI의 발달은 생산직뿐만 아니라 사무직 노동자의 수까지 감소시키고 있습니다. 그리고 기계화와 자동화가 비교적 어려운 부문으로 고용이 이동하는 경향을 보이고 있습니다. 3차 산업**에서 고용이 증가하는 것도 이 산업들

---

* 투자의 시작으로부터 재화나 서비스가 생산되기까지의 기간

** 1·2차 산업의 발전을 기초로 하여 서비스를 생산하는 서비스산업을 말한다. 도소매업·교육·국방·유흥업·전기수도업·수송업·공공행정·개인서비스·음식업·숙박업·의료업 등이 이에 속하며 자본주의의 발전과 함께 증가하는 추세다.

리먼브라더스의 뉴욕 본사
1850년에 설립되어 꾸준한 확장과 명성을 쌓아올린 세계적인 투자금융 회사인 리먼브라더스는 2008년 미국의 서브프라임 모기지 사태로 인해 파산 신청을 냈다. 그 여파로 그해 전 세계적인 경제악화의 여파가 잇따랐다.

에서는 기계화와 로봇화가 상대적으로 어렵기 때문입니다.

1950년대 이래 유럽에서 이뤄진 사회보장제도의 확대(예컨대 학교와 병원의 무료화, 영유아·노인·장애인 등을 돌보는 사회복지사의 증가), 최근의 노동시간 단축 운동, 일자리 나누기 운동 등은 증가하는 실업을 줄이려는 정부의 시도였다고 볼 수 있습니다. 물론 자본가 측에서는 임금비용의 삭감이 전제되어야 고용을 증가시킬 것이므로, 정규직을 축소하고 비정규직*을 증가시키려 하며 정규직에게도 '변

---

* 정규직에 속하지 않는 시간제 고용직, 계약직, 일용직, 임시직, 파견근로직 등의 고용 형태를 뜻한다. 실질적으로 정규직과 같은 일을 하면서도 열악한 대우와 차별을 받으며, 계약기간이 끝나면 더는 일할 수 없는 고용 불안 등의 이유로 노동계로부터 비판을 받는다.

형근로시간제'*를 적용하는 추세입니다.

특히 2008년 9월부터 시작된 세계대공황으로 말미암아 세계 전체의 실업자 수가 1930년대 이후 가장 큰 규모에 달했습니다. 그리고 기계화와 자동화 때문에 고용 없는 성장**이 한국에서도 계속되고 있습니다. 따라서 실업을 해소하는 문제를, 이윤 획득을 목적으로 하는 민간기업에게 맡길 수 없다는 것이 더욱 분명해지고 있습니다.

노동자 계급의 궁핍화 경향

마르크스가 말한 '노동자 계급의 궁핍화' 경향은, 노동자 계급의 실질임금이 역사적으로 점점 더 낮아졌다든지 앞으로 점점 더 낮아진다고 예측한 것이 아닙니다. 마르크스는 분명히 다음과 같이 말했습니다.

> 자본이 축적됨에 따라 노동자의 상태는, 그가 받는 임금이 많든 적든, 악화되지 않을 수 없다는 결론이 나온다(I: 879).

그러면 궁핍화 경향에는 어떤 사항들이 포함되어 있을까요?

첫째로 상대적 잉여가치를 생산하기 위해 노동생산성을 향상시키

---

* 하루의 노동시간이 8시간으로 정해진 상태에서도 변형근로시간제에서는 1주 동안의 노동시간 40시간을 기업의 필요에 따라 분배하여 노동하게 한다. 예를 들어 월요일과 화요일은 5시간씩 노동시키고 수·목·금요일은 각각 10시간씩 노동하게 한다. 또한 반년이나 1년 동안의 총 노동시간을 기업의 필요(예를 들어 대목인 시기와 한가한 시기)에 따라 월별이나 주별로 나누어 노동시키기도 한다.

** 국민경제는 성장하지만 취업자는 늘어나지 않는 상황을 말한다.

는 모든 방법들(예를 들어 분업·기계화·자동화)은 노동자를 지배·착취하는 방법으로서, 노동자를 불구로 만들고 기계의 부속물로 만들며, 머리를 쓸 필요 없이 기계의 움직임에 순응하게만 만들기 때문에 노동을 혐오스러운 고통으로 전환시킨다는 점입니다.

둘째로 축적이 진행될수록 위와 같은 노동자의 희생은 더욱더 커진다는 점입니다. 셋째로 자본을 축적하는 과정은 실업자를 주기적으로 양산하기 때문에, 자본가 계급 측에서는 부가 축적되지만, 자본가를 위하여 노동하고 생산하는 노동자 계급 측에서는 빈궁·노동의 고통·노예상태·무지·야만화·도덕적 타락이 축적된다는 점입니다.

이런 노동자 계급의 궁핍화 경향은, 사회의 물질적 부가 노동자를 포함한 인민대중의 자기발전 욕망을 충족시키기 위해 존재하는 것이 아니기 때문에 생겨납니다. 오히려 노동자가 자본의 가치증식 욕망을 충족시키기 위해 존재하는 자본주의 사회에서는 피할 수 없는 현상입니다.

> 종교에서는 인간 자신의 두뇌의 산물[신]이 인간을 지배하듯이, 자본주의적 생산에서는 인간 자신의 손의 산물[기계 등 생산물]이 인간을 지배한다(I : 848).

자본주의는, 한편에서는 부가 일부의 사람들에게 집중되고 다른 한편에서는 노동력만을 가진 무산대중이 대규모로 나타남으로써 성립하였습니다. 그리고 자본주의가 존속하기 위해서는, 한편에서는 자본가 계급이 상품을 생산·판매함으로써 잉여가치를 획득해 자본을 계속 축적해야 하고, 다른 한편에서는 노동자 계급이 자기 노동력을 스스로 이용할 수 있는 어떤 생산수단도 소유할 수 없어서 계속 노동력을 팔아서만 생존해야 할 것입니다.

다시 말해 자본축적 과정은, '자본주의적 생산과정은 (…) 상품이나 잉여가치를 생산할 뿐만 아니라, 자본관계 자체를 즉 한편으로는 자본가, 다른 한편으로는 임금노동자를 생산하고 재생산한다(I:788-789)'는 것을 증명해야 합니다.

이런 의미에서 자본축적 과정이 실업자를 누적시켜 무산대중을 계속 존속하게 만든다는 것을 보여준 마르크스의 이론적 공헌은 매우 크다고 할 수 있습니다. 좀 더 철학적으로 말하면, "실업자가 사라지면, 자본주의는 망할 것입니다."

02

주기적으로 발생하는 경제 위기와 공황

지금 세계 전체가 경제 위기와 공황에 휩싸여 있기 때문에(※저자는 이 책을 2008년 이후 경제 위기와 공황 국면에 저술하였다 - 정리자 주), 이 책에서도 마르크스의 공황이론을 조금이나마 다룰 필요가 있습니다[마르크스의 공황이론은 『자본론』 제3권 제3편(이윤율 저하 경향의 법칙)에서 전개된다]. 경기변동이 어떤 국면들을 통과하고 있는가, 경제 위기와 공황은 무엇이 다른가, 마르크스의 공황이론의 핵심이라고 이야기되는 '이윤율 저하 경향의 법칙'은 어떻게 구성되는가, 경제 위기를 일으키는 요인들은 무엇인가, 그리고 1900년 이후 세 차례에 걸쳐 폭발한 세계대공황의 전체적인 경로는 어떠했는가 등을 해명할 것입니다.

경제 위기와 공황의 차이

〈그림 5-2〉에서 보는 바와 같이, 자본주의 경제는 순탄하게 발전

해 가는 것이 아니라 여러 가지 상이한 국면들을 거치면서 발전해 갑니다. 활황(또는 붐boom)에서는 경기가 너무 좋아서 실업자가 거의 사라지고 물가가 상당히 오르며 온갖 투기(석유·원자재·토지·건물·주식·유가증권에 대한 투기)가 일어납니다. 큰 수요를 예상하는 투기꾼들의 투기적인 수요 때문에, 재화와 서비스 생산자들이 생산 규모를 더욱 확장하게 되어 시장이 상품으로 점점 포화상태에 빠집니다.

그러다가 갑자기 상품들이 팔리지 않아, 생산자들은 생산을 축소하고 노동자를 해고하며 대출 받은 돈과 빚을 갚기 위해 상품들의 가격을 인하하지만 빚을 모두 갚지 못해 파산하기 시작합니다. 그리고 투기꾼들(여기에는 개인뿐만 아니라 상공업기업·예금은행·투자은행·증권회사·보험회사 등도 포함)도 자기들이 투기한 상품들에 대한 수요가 예상대로 증가하지 않아 투기한 상품들의 가격이 폭락함으로써,

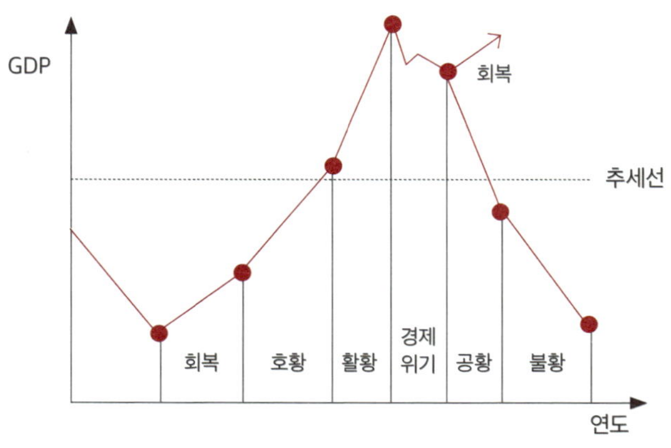

<그림 5-2> 경기변동의 국면

276

자기들이 차입한 자금을 갚지 못해 파산하기 시작합니다. 이런 산업자본·상업자본·금융자본의 파산에 따라 국민경제가 깊은 수렁에 빠지게 됩니다. 이것이 바로 경제 위기 국면입니다.

이 경제 위기 국면에서는 정부가 경제에 개입할 수밖에 없습니다. 기업과 금융기관 들이 파산하는 것을 그대로 둔다면, 경제 전체와 사회가 더욱 큰 혼란에 빠지고 현 정권의 다음 선거에 악영향을 미치기 때문입니다. 따라서 정부는 재정금융 확장정책을 채택하여 돈을 풀기 시작합니다. 이자율을 낮추고 자금지원을 강화하며 대출 규모와 재정지출 규모를 증가시키기 때문에, 산업자본·상업자본·금융자본의 파산이 중지되면서 점차로 경기가 회복 국면에 들어갈 것입니다.

그런데 어떤 특수한 상황에서는 정부가 재정금융 확장정책을 채택하여 이자율을 인하하고 자금지원을 강화하며 대출 규모와 재정지출 규모를 확대하거나 하더라도, 산업자본·상업자본·금융자본의 파산이 멈추지 않고 더욱더 연쇄적인 파산으로 이어져 실업자가 대규모로 생겨납니다. 이것이 바로 공황 국면입니다.

그러므로 경제 위기 국면은, 경제가 다시 회복 국면으로 돌아갈 것인가, 아니면 공황 국면으로 빠질 것인가의 갈림길에 있다고 보면 될 것입니다. 미국의 경우에 2007년부터 경제 위기가 시작되었고, 미국 정부가 온갖 지원정책을 실시했음에도 2008년 9월에 거대한 투자은행인 리먼브라더스가 파산한 것을 보면, 경제 위기 국면이 회복 국면으로 돌아가지 못하고 공황 국면으로 빠졌다고 말할 수 있습니다.

이윤율 저하 경향과 상승 경향의 법칙

우리는 이미 4부 1장의 '노동강도의 강화'에서 아래와 같은 연간 이윤율(r)의 공식을 검토한 바 있습니다.

$$r = \frac{\text{연간 잉여가치액}}{(\text{불변자본 투자액} + \text{가변자본 투자액})} = \frac{\text{가변자본 1회전시간의 잉여가치 생산액} \times \text{가변자본의 연간 회전 수}}{(\text{불변자본 투자액} + \text{가변자본 투자액})}$$

$$= \frac{(\text{가변자본 1회전시간의 잉여가치 생산액} \div \text{가변자본 투자액}) \times \text{가변자본의 연간 회전 수}}{(\text{불변자본 투자액} \div \text{가변자본 투자액}) + 1}$$

$$= \frac{\text{실질 잉여가치율} \times \text{가변자본의 연간 회전 수}}{(\text{불변자본 투자액} \div \text{가변자본 투자액}) + 1}$$

위의 공식을 기호로 사용해서 다시 쓰면 다음과 같습니다.

$$r = \frac{s \times t}{c + v} = \frac{(s \div v) \times t}{(c \div v) + 1} = \frac{\dfrac{s}{v} \times t}{\dfrac{Pc}{Pv} \times \dfrac{Qc}{Qv} + 1}$$

c : 불변자본 투자액(기계와 원료의 구입비)

v : 가변자본 투자액(노동력의 구입비)

t : 가변자본의 연간 회전 수

s : 가변자본 1회전시간의 잉여가치 생산액

이 공식에서 우리는 연간 이윤율을 상승시키거나 저하시키는 요인들을 알 수 있습니다. 첫째로 연간 이윤율(r)은, 연간 얻는 잉여가치(s×t)를 투자총액(c+v)으로 나눈 것입니다. 둘째로 실질 잉여가치율(s÷v: 즉 노동일 중 잉여노동÷필요노동)이 상승하고 가변자본의 연간 회전 수(t)가 증가하면, 연간 이윤율은 상승합니다. 또는 연간 잉여가치율[즉 (s÷v)×t]이 상승하면, 연간 이윤율은 상승합니다. 셋째로 자본의 가치 구성(s÷v)이나 기술적 구성(Qc/Qv)이 상승하련, 연간 이윤율은 저하합니다.

연간 이윤율이 자본주의 경제에서 가장 중요한 개념인 이유는 자본가들이 이윤을 얻기 위해 활동하기 때문이며, 그것이 자본가의 투자자본이 얼마나 증대하는가를 보여주는 지표이기 때문입니다. 만약 자본가가 1년 동안에 얻은 이윤을 한 푼도 개인적으로 소비하지 않고 모두 투자한다면, 연간 이윤율은 자본증가율*과 동일한 크기가 됩니다.

그러나 자본가는 잉여가치의 일부를 자기와 가족의 생활을 위하여 지출하기 때문에 모든 잉여가치가 재투자되지 않으므로, 연간 이윤율은 자본증가율의 최댓값이라고 일반적으로 말할 수 있습니다. 따라서 높은 이윤율은 자본가의 투자의욕을 북돋울 뿐만 아니라 투자능력을 강화합니다.

그런데 자본축적이 진행되는 과정에서, 자본가는 연간 이윤율이 저하하는 경향과 연간 이윤율이 상승하는 경향에 동시에 부닥치게

---

* $r = \dfrac{s×t}{c+v} ≒ \dfrac{\triangle c+\triangle v}{c+v}$, 즉 이자율 ≒ 자본증가율

됩니다. 자본가가 상대적 잉여가치(또는 초과이윤)를 증대시키기 위해서는, 노동생산성을 향상시켜 상품(특히 노동력)의 가치를 저하시켜야만 합니다. 자본가는 노동자를 기계로 대체하는 노동절약적인 생산방법을 채택할 수밖에 없습니다.

이에 따라 공장에서는 잉여가치를 낳는 노동력에 비해 잉여가치를 낳지 않는 기계와 원료의 양이 점점 더 증가하며, 따라서 자본의 기술적 구성(Qc/Qv)이 상승하게 됩니다(자본가가 노동생산성을 향상시키려면 기계 등을 도입하여 자본의 기술적 구성을 상승시켜야 하고, 또한 노동생산성이 향상되면 원료 등을 더 많이 소비하기 때문에 자본의 기술적 구성은 당연히 상승하게 된다. 그러므로 자본의 기술적 구성의 상승은, 노동생산성 향상의 전제이자 결과라고 말해야 할 것이다).

자본의 기술적 구성의 상승은, 앞쪽의 '연간 이윤율(r)'을 나타낸 식에서 보는 바와 같이, 기타 요소들이 어떻게 변하는가에 관계없이 연간 이윤율을 저하시키는 경향을 지니고 있습니다.

자본축적의 진행이 이윤율을 저하시키는 경향을 가지고 있다고 마르크스가 이야기하는 것은, 자본가가 더 많은 잉여가치를 얻기 위해 공장의 생산과정에서 잉여가치를 창조하는 노동자를 잉여가치를 창조하지 않는 기계로 대체하고 있다는 가장 단순한 이유 때문입니다. 왼쪽의 식에서 즉 자본의 기술적 구성(Qc/Qv)이 올라가니까 연간 이윤율은 저하하는 경향을 나타낸다는 것입니다. 이윤율이 저하하는 경향은 실제로 이윤율이 저하한다는 이야기가 아닙니다.

그런데 자본축적의 진행은 연간 이윤율을 상승시키는 경향을 또한 지니고 있습니다. 노동생산성 향상의 전제이자 결과인, 자본의

280

기술적 구성의 상승은 이윤율을 상승시키는 여러 가지 요소를 만들어내기도 합니다.

첫째로 노동생산성의 향상으로 상품들(생산재와 소비재)의 가치가 저하하므로, 자본가는 전보다 적은 총투자액으로 동일한 규모의 공장을 운영할 수 있게 됩니다. '연간 이윤율(r)' 공식에서 불변자본 투자액(c)과 가변자본 투자액(v)이 감소하기 때문에 연간 이윤율(r)이 상승하게 되는 것으로 나타납니다.

둘째로 소비재의 가치가 저하하므로, 노동자가 하루에 필수적으로 소비해야 할 생필품(예를 들어 라면 100개)의 가치가 저하합니다. 이리하여 노동력의 가치가 실질임금의 인하 없이 저하하고, 따라서 하루의 노동시간 중 필요노동 부분이 감소하고 잉여노동 부분이 증가하므로, 실질 잉여가치율(=잉여노동/필요노동)이 상승하게 됩니다. '연간 이윤율(r)' 공식에서는 실질 잉여가치율(s/v)이 상승하기 때문에, 연간 이윤율(r)이 상승하게 되는 것으로 나타납니다.

셋째로 기계의 도입이나 컨베이어벨트를 빨리 돌려 상품의 생산시간이 단축되면, 연간 이윤율 공식에서 가변자본의 연간 회전 수(t)가 증가하므로, 연간 이윤율(r)이 상승하게 됩니다.

또한 자본축적에 따라 일반적으로 교통망이나 통신망이 더욱 잘 정비된다면, 상품의 판매시간이나 지급결제시간이 단축되기 때문에, 상품이 유통과정에 묶여 있는 유통시간이 짧아지며, 이것이 연간 회전 수(t)를 증가시키기 때문에 연간 이윤율(r)이 상승하게 됩니다.

이처럼 자본의 축적과정은 이윤율을 상승시키는 경향도 지니고 있습니다. 그러므로 마르크스가 말한 '이윤율 저하 경향의 법칙'은 오히려 '이윤을 저하 경향과 상승 경향의 법칙'이라고 명명하는 것이 훨씬 남들에게 오해를 불러일으키지 않았을 것입니다. 그런데 이 두 반대되는 경향들 중 어느 것이 더 우세한가는 이론적으로는 알 수가 없습니다. 따라서 마르크스의 이윤율 저하 경향의 법칙은 이윤율이 장기적으로 실제로 저하하리라는 것을 예측한 법칙이 결코 아닙니다.

마르크스는 자본이 점점 더 축적되는 과정에서 노동자 계급과 자본가 계급의 '운명'이 어떻게 되는가를 종합적으로 파악하고 싶었습니다. 그래서 '자본은 상대적 잉여가치를 증가시키려고 노동생산성을 향상시키는 과정에서, 잉여가치를 창조하는 노동자를 점점 더 기계로 대체한다'라는 사실을 자본축적 과정의 가장 핵심적인 내용으로 삼은 것입니다. 이렇게 되어 점점 더 생산과정에서 해고되어 실업자로 전락할 수밖에 없는 것이 노동자 계급의 '운명'이 되는 것입니다.

다른 한편으로는 자본가 계급은 이윤율 저하 경향과 상승 경향이라는 모순적인 경향들에 부닥치게 되고, 이 모순적인 경향들이 공황을 폭발시킴으로써 자본주의 체제가 붕괴될지도 모른다는 걱정에 계속 사로잡히게 되는 것이 자본가 계급의 '운명'이 되는 것입니다.

자본축적이 야기하는 모순들과 공황의 폭발

경제 위기나 공황은 자본축적 과정에서 생긴 모순들이 폭발하는 특수한 형태일 뿐만 아니라, 그 모순들을 해소하는 형태이기도 합니다. 다시 말해 그 모순들이 경제 위기나 공황의 형태로 폭발하거, 경제 위기나 공황을 거치면서 그 모순들이 당분간 해소된다는 뜻입니다. 그러면 자본축적 과정에서 생기는 모순들 중 매우 중요한 몇 개를 예로 들어봅시다.

첫째는 이윤율 저하 경향과 상승 경향 사이의 모순입니다. 이 모순이 어떤 형태를 취할 때, 자본축적 과정 전체가 혼란에 빠져 경제 위기나 공황을 야기하게 될까요?

형태 1 저하 경향이 상승 경향보다 커서 이윤율이 실제로 저하하지만 자본축적이 갑자기 중단되지 않고 점차적으로 감소하는 경우에는, 경제 위기나 공황이 일어나지 않습니다.

예컨대 자본 규모가 1,000원에서 2,000원으로 2배로 증가하여 이윤율이 20퍼센트에서 10퍼센트로 저하한다면, 이윤량은 여전히 200원이기 때문에, 자본가는 여전히 200원을 재투자하면서(이윤량 모두를 재투자한다고 가정함) 축적을 계속할 수 있을 것입니다. 또한 자본 규모가 1,000원에서 2,000원으로 2배로 증가하여 이윤율이 20퍼센트에서 8퍼센트로 저하한다면, 이윤량은 200원에서 160원으로 감소합니다.

만약 '이윤을 자본으로 재투자하는 데 필요한 최소의 자본 규모 (적어도 기계 1대를 '추가'로 설치하게 되면 원료비와 임금 등을 포함해서 추가적으로 필요하게 되는 자본 규모)'가 150원이라고 한다면, 자본축적은 이전의 200원보다는 작은 160원 규모로 진행될 것이므로 갑자기 중단되지는 않을 것입니다. 다시 말해 경제 위기나 공황이 발생하지 않습니다.

형태 2 자본 규모가 1,000원에서 2,000원으로 증가하면서 이윤율이 20퍼센트에서 7퍼센트로 저하한다면, 이윤량이 200원에서 140원으로 감소하면서 자본축적은 중단될 것입니다. 왜냐하면 140원으로는 기계를 1대도 추가할 수 없기 때문입니다.

이때 단순재생산이 일어나게 되는데, 이렇게 되면 경제 전체에서는 각각의 생산자들이 정상적인 확대재생산을 예상하며 생산한 생산재와 소비재가 팔리지 않아 '과잉생산 공황'이 발생합니다.

경제 전체에서 각 산업부문들은 분업과 협업을 통하여 매우 밀접하게 연관을 맺고 있기 때문에, 일부 주요한 산업 분야에서 이윤율이 저하하면서 이윤량이 '최소의 자본 규모' 이하로 감소하면 이 산업 분야에서 자본축적이 중단됩니다. 따라서 다른 산업 분야로부터 구입하던 생산재와 소비재(노동자가 임금으로 구매하게 됨)의 양이 대폭 감소함으로써, 다른 산업 분야들은 상품들을 팔 수 없게 됩니다.

이리하여 '과잉생산'이 나타나고, 기업들이 파산하기 시작할 것입니다. 물론 일부 주요한 산업 분야도 이윤량이 감소하여 자기가 갚아야 할 빚을 모두 갚을 수 없게 되면, 파산할 수밖에 없을 것입니다. 이것이 바로 경제 위기이고 공황입니다.

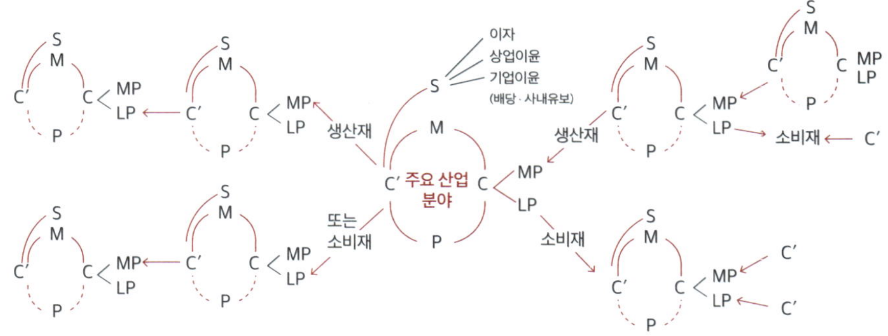

<그림 5-3> 산업 분야들의 연관

둘째는 이윤율 저하와 이윤량 증가 사이의 모순입니다. 이윤율이 저하하면 개별 자본가는 이윤율의 저하를 이윤량의 증가로 보상하기 위하여, 자본의 집적과 집중을 통하여 생산 규모를 확대하게 됩니다. 이리하여 산업자본으로 기능할 수 있는 자본의 최소 규모가 증대하게 됩니다. 자본의 최소 규모가 커지면, 새로운 독립적인 자본의 형성이 어려워집니다. 그런데 신생독립자본은 자본 규모가 작기 때문에 높은 이윤율을 낳는 새로운 기술을 도입할 뿐만 아니라 새로운 사회적 욕망과 새로운 상품을 창조함으로써, 시장을 더욱 넓고 높은 수준으로 확대시키는 역할을 수행합니다.

따라서 대규모 자본이 시장을 장악하고 있으면, 새로운 기술의 도입이 부진하고, 노동생산성 향상이 지체되며, 신상품 개발이 지연되고, 실업자 감소와 임금수준 상승이 일어나며, 잉여가치율 상승이 지체되는 등으로 경제가 큰 어려움에 부닥칩니다. 이윤량의 증대로 이윤율의 저하를 보상하는 소수의 기존 대자본의 수중에서만 자본 축적이 행해진다면, 생산의 활력은 사라져버리고 말 것입니다. 이렇듯 경제가 장기 불황 상태에 빠지면서 경제 위기가 계속됩니다.

셋째는 잉여가치의 생산과 실현 사이의 모순입니다. 잉여가치를 더 많이 생산하는 것과 잉여가치를 지닌 상품들을 판매하는 것(이것이 잉여가치의 실현임)은 개념이나 시간과 공간에서 일치하지 않습니다. 잉여가치를 더 많이 생산하려면, 노동생산성을 향상시켜야 하고 노동강도를 강화해야 하며 생산 규모를 확대해야 합니다. 다른 한편 잉여가치를 화폐로 실현하기 위해서는, 투자수요와 생산재 생산 사이에 그리고 소비수요와 소비재생산 사이에 일정한 비례관계가 유지되어야 합니다. 또한 증가하는 생산량이 모두 팔리기 위해서는, 사회의 소비능력이나 시장이 계속 확대되어야 합니다.

그런데 자본주의 경제에서는 개별 자본가들이 자기들의 장래 예상에 따라 경쟁적으로 생산하기 때문에 경제 전체에 무계획성과 무정부성이 지배하게 되며, 수요와 생산 사이에 일정한 비례관계를 유지할 수 없어서 상품들이 지니고 있는 잉여가치를 화폐로 실현하기가 어렵습니다.

물론 소수의 대규모 자본들이 산업의 일정한 부문들을 독점이나 과점의 형태로 지배하는 경우가 생겼지만, 대규모 자본들이 서로 경쟁적으로 더 큰 이윤을 얻기 위해 투쟁하는 동안은 무계획성이 사라질 수가 없습니다. 다음으로 사회의 소비능력은 확대되기가 어렵습니다. 자본가는 더 많은 잉여가치를 얻기 위해 임금노동자의 임금 수준을 낮추려고 노력하고, 잉여가치의 상당한 부분을 개인적 소비에 지출하지 않고 축적에 사용하려고 하기 때문입니다.

최근에는 자본가들이 최신 과학기술을 도입하여 새로운 상품을 대량으로 생산하지만, 이 상품을 살 수 있는 구매력이 부족하기 때문에 상품들이 팔리지 않아 창고에 쌓이고 기업은 결국 파산하고 있습니다. 구매력이 부족한 이유는, 최신 기술을 도입하여 노동자를 기계로 대체하면서 대규모로 실업자를 만들어내기 때문이며, 또한 비용을 삭감하기 위해 임금수준을 줄이고 정규직을 비정규직으로 전환시키기 때문입니다.

넷째는 자본의 가치증식 목표와 수단 사이의 모순입니다. 자본은 '기존'의 자신의 가치를 최대한으로 증식시키는 것이 목표인데, 이 목표를 달성하기 위해서는 새로운 생산방법을 도입하고 노동생산성을 향상시켜야 합니다. 그런데 새로운 기계를 도입해서 노동생산성을 향상시키면, 기존의 기계설비는 폐기되거나 가치가 감소할 수밖에 없습니다.

결국 자본가들은 가치증식이라는 목표를 달성하기 위하여 그 목표를 달성할 수 없는 수단을 사용하고 있는 셈입니다. 그런데 노동생산성의 향상이 기존 자본 가치를 증가시킬 수 있는 경우는, 노동생산성의 향상이 이윤을 증대시켜 이윤 중 자본으로 축적되는 부분을 증가시키는 경우뿐인데, 이렇게 되지 못한다면 자본은 파산하여 경제 전체를 혼란에 빠뜨릴 것입니다.

또한 어떤 자본가가 초과이윤을 얻기 위해 기술혁신을 단행한다면, 다른 자본가들은 상품들을 팔지 못해 파산함으로써 경제 전체의 재생산과정이 중단될 수 있습니다. 예컨대 1974년 공황 시기에 일본의 종합상사는 하청 계열 기업의 임금을 대폭 삭감하여 수출을 크게 증가시켰는데, 이로 말미암아 선진국의 산업들이 파산함으로써 세계경제의 공황이 더욱 심화된 적이 있습니다.

다섯째는 자본의 최소 규모의 증대와 잠재적 화폐자본의 과잉 사이의 모순입니다. 자본의 기술적 구성의 상승은 산업자본으로 기능할 수 있는 '자본의 최소 규모'를 증대시킵니다. 그러면 이 최소 규모에 미달하는 자본은 잠재적 화폐자본으로서 은행과 유가증권시장에 몰려 투기의 자금 원천이 됩니다. 이 과잉의 화폐자본은 유가증권에 대한 투기를 강화하여 유가증권의 가격을 대폭 상승시키며, 이자율이 상승하리라는 '소문'이나 경제 사정이 장래 나빠지리라는 소문에 의해서도 유가증권 가격이 폭락함으로써 투기를 몰락시키고 경제 위기와 공황을 야기하게 됩니다.

또한 과잉의 화폐자본은 장래 전망이 좋은 산업 분야를 지나치게 확장함으로써, 과잉생산과 판매 불능을 야기하여 산업 전체를 파괴하게 됩니다. 그리고 과잉의 화폐자본은 상인으로 하여금 구매한 상품이 모두 팔리기도 전에 또다시 구매하는 것을 반복하게 함으로써, 상품들의 생산을 더욱 확장시키게 됩니다. 이 투기적(또는 가공적인) 수요는 대규모의 상품을 창고에 재고로 보관하게 하는데, 생산자나 소비자가 상인이 예상한 만큼 상품들을 구매하지 않을 때 상인들은 파산하게 되고 경제 전체가 혼란에 빠집니다.

위에서 말한 모순들이 자본주의가 존속하는 한 사라지지 않기 때문에, 경제 위기와 공황도 계속 발생하는 것입니다. 그러나 경제 위기와 공황이 자본주의 경제의 여러 모순들 때문에 생기기도 하지만, 그로 인해 위의 모순들을 당분간 해소하는 역할도 하기 때문에 자본주의가 아직까지 존속하고 있는 것입니다. 특히 공황 뒤의 불황 국면에서 경제를 회복시키기 위한 조건들이 마련됩니다.

예컨대 산업부문들 사이의 균형이나 비례관계는 일부 자본의 파멸에 의해 회복됩니다. 또한 생산의 거대한 감축은 노동자들을 해고시켜 실업자를 대규모로 만들어냄으로써, 임금수준의 인하는 물론 노동자들을 노예로 부릴 수 있게 합니다. 기계나 원료 등의 가격도 폭락합니다. 이리하여 상품 가격의 폭락과 무한경쟁은, 자본가로 하여금 새로운 기계와 새로운 개선된 생산방법을 채택하여 자기 상품의 개별 가치를 시장가치 이하로 인하하도록 강요함으로써, 경제를 회복 국면으로 들어가게 합니다. 물론 이 불황 국면에서 온갖 혁신이 도입되어야만 경제는 회복 국면에 들어갈 수 있습니다.

이리하여 순환 전체가 또다시 새로 시작된다. 생산 규모의 확대, 시장의 확대, 그리고 생산성의 증대를 기초로 동일한 결함 많은 순환이 또다시 시작된다(Ⅲ: 318).

1900년 이후 세 번에 걸친 세계대공황

자본주의 경제는 1900년 이후 거대한 세계대공황을 세 번이나 겪었습니다. 1929년, 1974년 그리고 2008년에 공황이 폭발했습니다.

1929년 뉴욕 증권거래소의 주식가격이 폭락하면서 세계대공황이

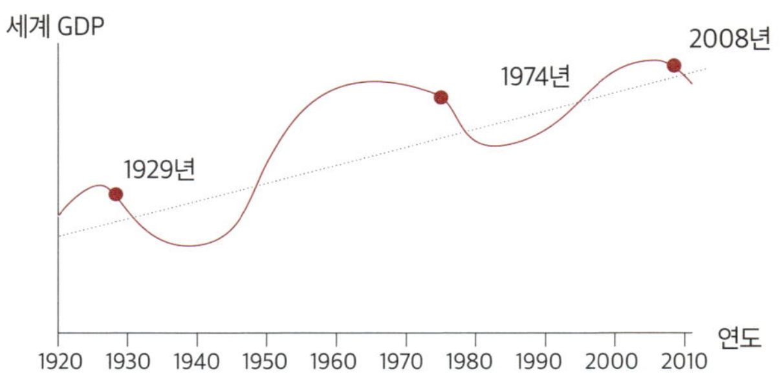

<그림 5-4> 세계대공황의 추이

시작되었습니다. 이 공황이 회복 국면으로 접어든 것은 제2차 세계대전이 발발한 1939년이었습니다. 대공황을 극복하기 위해 미국의 루스벨트 대통령은 뉴딜정책*을 채택했고, 독일의 히틀러는 파시즘을 도입했습니다만, 어느 나라에서도 공황을 치유하지는 못했습니다.

루스벨트 대통령은 당시 유행하던 시장만능주의와 자유방임주의를 배격하고 정부가 앞장서서 대규모 토목공사, 사회보장제도, 노동조합의 권리 확장 등을 실시했고, 히틀러는 독재체제를 구축하여 모든 인적·물적 자원을 마음대로 각 산업부문에 배치하고 특히 군수산업을 육성하였습니다. 오히려 히틀러의 독일이 공황으로부터 더욱 빨리 탈출하는 것처럼 보였지만, 군수산업을 육성한 독일은 1939년에 폴란드를 침공했으며 이리하여 제2차 세계대전을 일으켰습니다.

* 미국 루스벨트 대통령의 지도 아래 대공황을 극복하기 위해 추진한 여러 정책이다. 정부가 적극적으로 개입하여 자유방임주의에 수정을 가했다는 점에서 미국 역사상 획기적 의의를 가진다.

제2차 세계대전이 끝난 직후 베를린의 모습

많은 희생과 상처만을 남긴 전쟁이 끝나자 사람들은 그들을 위한 복지정책을 요구하였다.

　모든 선진국 정부는, 전쟁을 준비하고 집행하는 과정에서 군수산업을 확장하고 생필품을 배급하며 실업자를 군대에 동원하는 등의 방법을 통해 대공황으로부터 탈출할 수 있었던 것입니다.

　자유주의자 케인스는, 제1차 세계대전 이후 세계경제의 중심지가 미국으로 옮겨가던 시대에 영국에서 살면서, 거대한 실업과 산업의 쇠퇴를 직접 목격했습니다. 이리하여 영국 정부가 제1차 세계대전이 끝나자 금본위제로 복귀하려고 하는 것을 반대하면서 관리통화제도*를 제안했고, 패전국 독일에게 거대한 전쟁배상금을 물리는 것을 반대했습니다.

* 금 대신 불환지폐를 화폐의 기본으로 삼는 제도

또한 자본주의 경제는 시장에 맡겨두면 결코 완전고용을 달성할수 없다는 점을 강조하면서, 정부가 경제에 개입하여 '실업과 소득분배의 불평등'을 해결하지 않으면 자본주의는 망한다고 외쳤습니다.

그리하여 정부가 경제 전체의 소비와 투자를 증가시킬 것을 제안했고, 모든 국가는 국제적 경쟁과 투쟁을 야기하는 자유무역을 버리고 국민적 자급자족을 추구해야 한다고 주장했습니다. 1936년에 출간된『고용, 이자 및 화폐에 관한 일반이론』은, 1870년부터 1930년까지 경제학계를 지배해온 시장만능주의적이고 자유무역주의적인 주류경제학(신고전파 경제학)에 큰 타격을 주었으며, 케인스의 경제 사상은 1945년부터 1970년까지 경제학을 주도하게 됩니다.

제2차 세계대전이 인민대중의 큰 희생을 요구한 총력전이었기 때문에, 전쟁이 끝난 뒤 유권자들은 정부에 완전고용(실업자가 없는 상태), 복지국가, 혼합경제*를 요구했습니다. 1950년부터 1970년 사이에는 이 세 가지가 사회적 합의였고, 노동당이든 보수당이든 모든 정당이 이 사회적 합의를 존중할 수밖에 없었습니다. 복지국가에서는 병원과 학교가 모두 무료이고, 일자리를 구할 수 없는 모든 사람(학교를 갓 졸업한 사람까지 포함)은 실업수당을 받고, 서민들은 월세가 싼 장기임대주택을 배당 받았습니다. 노인들은 살기에 충분한 연금을 아무 조건 없이 받았으며, 갓난아기와 노인은 매주 사회복지사로부터 온갖 도움을 받았습니다.

1950년부터 1970년까지를 자본주의의 황금기라고 부르는데, 복

---

* 시장경제의 기반 위에 정부가 적극적으로 개입하는 경제 형태를 말한다. 1929년의 대공황 이후 자본주의 체제의 여러 결함에 대한 반성으로 제기되었다.

지국가의 건설과 유지가 오히려 경제성장률을 높였습니다. 인민대중의 복지를 위하여, 의료·교육·주거·실업급여·노후연금 등으로 지출된 정부 재정이 국내시장을 확대하는 역할을 했기 때문입니다. 물론 부자들은 소득의 50퍼센트 정도를 세금으로 냈기 때문에, 재산과 소득의 불평등이 상승하지 않았습니다. 복지 지출의 증가로 서민의 구매력이 늘어나고, 국내의 생산활동이 확장되면서 고용과 소득이 증가하므로, 경제성장이 촉진되고 정부의 세금 수입이 다시 증가하는 선순환이 이루어진 것입니다.

그런데 이 황금기에 미국 정부가 '세계의 경찰' 노릇을 하느라고 너무나 많은 군사비를 지출했으며, 미국 경제가 서독과 일본으로부터 심한 도전을 받아 무역수지가 적자로 바뀌었습니다. 또한 미국 달러의 가치가 점점 더 하락하여 1971년에 미국의 닉슨 대통령은 달러와 금의 교환(국제통화기금 규정에 따르면, 타국 정부가 미국달러 35달러를 미국 정부에 제시하면 미국 정부는 금 1온스를 주게 되어 있었다)을 폐지했으며(2부 3장에 있는 '현재의 불환지폐' 참조), 1973년에는 모든 통화가 고정환율제를 버리고 변동환율제를 채택하게 되었는데, 환율의 불확실성 때문에 국제거래가 상당한 타격을 받게 됩니다.

또한 1972년 미국 대통령 선거 당시 재선을 바라던 닉슨 대통령은 재정금융 확장정책을 채택할 수밖에 없었는데, 이것이 야기하는 무역수지 적자를 줄이기 위하여 그는 일본과 서독 정부에게 엔과 도이치 마르크의 평가절상(예컨대 'US$1=Y100'을 'US$1=Y80'으로 변화시키는 것을 '엔의 평가절상'이라고 한다. 이렇게 되면 미국 사람은 일본 상품이 비싸지기 때문에 수입하지 않을 것이고, 일본 사람은 미국 상품이 싸

밀턴 프리드먼

1912~2006. 자유방임주의와 시장제도를 통한 자유로운 경제활동을 주장한 미국의 경제학자이다. 1976년에 노벨경제학상을 받았다.

지기 때문에 더 많이 수입하게 된다. 미국 측에서는 수입이 줄고 수출이 늘어나므로, 무역수지 적자가 줄어든다)을 요구했습니다. 일본과 서독 정부는 평가절상으로 말미암은 국제경쟁력의 상실을 우려하여, 평가절상을 하지 않고 자기들이 가지고 있던 달러를 모두 지출하여 미국 상품 등 외국 상품을 구매하는 정책을 채택했습니다.

세계에서 가장 높은 경제성장률을 자랑하던 일본은 달러의 대부분을 수출품의 생산에 필요한 원자재 구입에 사용했으므로, 세계의 원자재(원자재는 광산물과 농산물 중 공산품의 원료가 되는 것을 가리킨다. 석유·석탄·철광석·망간광석·구리광석·아연광석·납광석·보크사이트·원모·원면·밀·보리·콩·설탕 등이 있다) 가격이 폭등하면서 원자재에 대한 투기가 대규모로 성행했습니다(1972년 6월에는 런던에서 아기의 종이기저귀가 품귀 현상을 나타내어, 슈퍼마켓마다 고객 한 사람에게 기저귀를 한 개씩만 팔았다. 당시의 풍문에 의하면, 일본의 종합상사가 캐나다의 삼림을 대규모로 매입해 종이 가격을 올리고 있었다고 한다). 투기가 일으키는 세계경제 호황에 대한 환상 때문에, 토지·건물·주식·예술품 등의 가격도 폭등했습니다.

이런 와중에 석유수출국기구(OPEC)가 아랍과 이스라엘 사이에 전쟁이 터진 1973년 10월부터 1974년 1월 사이에 석유 가격을 배럴당 3달러에서 12달러로 4배 인상한 것입니다(사우디아라비아가 세계 최대의 석유수출국이고 미국의 열렬한 동맹국이기 때문에, OPEC의 석유 가격 인상은 미국 닉슨 정부의 동의를 받았을 가능성이 매우 높다. 당시 미국 정치계는 워터게이트 사건으로 닉슨을 탄핵하는 문제로 시끄러웠고, 미국 경제계는 석유가 한 방울도 나지 않는 서독과 일본에게 이기려면 석유 가격을 인상해야 한다고 주장하고 있었기 때문이다. 또한 당시의 미국 국무 장관은 닉슨과 마오쩌둥의 만남을 주선한 키신저였다).

원자재 가격도 오르고 석유 가격도 오르니까 국내 물가가 폭등하게 되었으므로, 선진국 정부들은 1974년 초부터 인플레이션을 막기 위해 재정금융 긴축정책을 채택하게 되었는데, 긴축정책을 취하니까 차입자금으로 투기에 열중한 기업들이 모두 망하고, 그 뒤를 이어 금융기관들도 파산하기 시작했습니다. 이것이 1974년에 폭발한 세계대공황입니다.

1974년에 발발한 세계대공황으로 케인스 경제학은 '인플레이션을 일으키는 경제학'으로 낙인이 찍히면서, 극우파 프리드먼의 '통화주의 경제학'이 경제학의 주도권을 잡게 되었습니다. 이런 주류경제학의 교체는 사회 전체의 계급투쟁과 큰 관련을 가지고 있었습니다. 1950년부터 1970년까지의 자본주의 황금기에는 완전고용·복지국가·혼합경제가 사회적 합의였으므로, 사회민주주의가 존중을 받으면서 노동자 계급의 세력이 크게 성장하고 자본가 계급의 독재가 상당히 약화되었습니다.

그런데 1974년의 세계공황을 계기로 자본가 계급은 독재적인 지배권을 다시 찾기 위하여, 1974년의 공황은 복지국가 때문이며 경제를 시장에 맡기면 경제가 공황으로부터 다시 회복된다고 온갖 부르주아적 대중매체를 이용하여 선전하기 시작했습니다. 더욱이 부르주아 세력은 "부자는 더욱 부자가 되어야 더욱 열심히 일하지만, 빈민은 더욱 가난해져야 더욱 열심히 일한다"라는 무당경제학을 떠들면서, 이전의 사회적 합의를 타파하기 시작한 것입니다. 이런 엄청난 사상투쟁 중에 1979년에 영국에서는 극우파인 대처[*]가 수상이 되고, 1980년에는 미국에서 극우파인 레이건[**]이 대통령에 당선되었습니다.

그런데 대처와 레이건을 가리켜 '신자유주의자'라고 부르는 이유는, 자유주의자나 보수주의자까지도 이전의 사회적 합의를 정당하다고 존중한 데 반해, 그들은 이전의 사회적 합의를 타파하려고 했기 때문입니다. 그렇지만 필자는 신자유주의자의 '신' 자가 긍정적인 의미를 주는 것 같아, 그냥 '부자들의 독재정권' 또는 '부자 위주의 경제 정책'이라고 부를 것입니다.

부자들의 독재정권은 집권하자마자, 노동자 계급의 세력을 부수기 시작했습니다. 첫째로 재정금융 긴축정책을 채택했습니다. 1974년의 대공황으로 기업과 은행이 파산하면서 실업자가 급격하게 증가하고 있는데도, 긴축정책을 채택하여 기업과 은행을 파산시키고 실업자를 더욱 증가시켰습니다. 실업자를 증가시켜 노동조합의 힘을 약화시켜야 부자들의 독재를 다시 확립할 수 있다고 믿었기 때문입니다.

---

[*] 마거릿 대처. 1925~2013. 영국의 보수당 정치가로 영국 최초의 여성 총리가 되었다. 긴축재정, 공기업의 민영화, 광부노조와의 정면 대결, 독단적인 정부 운영으로 '철의 여인'이라 불렸다.

[**] 로널드 레이건. 1911~2004. 미국의 제40대 대통령으로, 조세를 감면하고 사회복지 지출을 억제한 '레이거노믹스'로 재정 적자와 무역 적자를 초래하였다.

둘째로 복지국가를 해체하기 시작했습니다. 자본가 계급은 복지 국가의 건설로 말미암아 노동자 계급을 억압하고 위협하며 착취할 수 있는 여건이 크게 약화되었다고 보았기 때문입니다.

셋째로 자본가 계급이 마음대로 이윤을 더 크게 얻을 수 있도록 온갖 법규를 개악하거나 철폐했습니다. 노동법을 개악했고, 외환관리규정을 철폐하여 국제적인 자본이동을 자유롭게 했으며, 금융규제를 완화하거나 철폐함으로써 투기적인 금융활동을 크게 촉진했습니다.

넷째로 부자들에게는 감세하고 인민대중에게는 세금 부담을 더욱 크게 했습니다.

다섯째로 공기업을 민영화했습니다. 부자들에게 감세하고, 인민대중의 시위 증가에 대처하느라고 경찰력 증강 등 정부 지출을 증가시키다 보니, 재정 적자가 증가했습니다. 이 재정 적자를 감축하기 위하여 부자들의 독재정권은 국가의 장기적인 재산인 공기업을 팔게 된 것입니다. 공기업을 민영화하면, 경쟁이 도입되어 경영이 합리화된다는 선전은 모두 거짓말이었습니다.

영국의 대처 정부는 당시 철도를 민영화했는데, 차량은 3개 회사에, 철도 선로와 신호 등은 1개 회사에, 그리고 정거장이나 시간표 관리 등은 다른 몇 개 회사에 팔았습니다. 독립적인 다수의 회사가 철도 운영에 참여하니까, 기차가 '산으로 올라가' 정시에 운행되기가 어려웠습니다. 그리고 민간기업은 돈을 버는 것이 목적이기 때문에, 돈이 들어오면 먼저 주주에게 배당하여 주가를 올려야 했으므로, 철도 선로를 보수하고 신호등을 수리하는 일에 신경을 쓸 수 없었습니다.

그러다가 런던 시내의 서북쪽에 있는 패딩턴 역에서 신호등이 제대로 작동하지 않아, 열차끼리 부딪치는 바람에 31명이 죽는 영국 사상 최대의 철도 사고가 발생했습니다. 결국 민간회사는 파산하고 철도 선로와 신호등의 담당은 다시 공기업으로 되돌아왔습니다.

여섯째로 자본의 세계화를 이룩했습니다. 실업자가 증가하고 임금수준이 낮아지며 복지국가가 해체되면서, 인민대중의 소득은 감소하고 소득불평등이 심화되었습니다. 그 결과로 국내시장이 축소되어 상품들이 팔리지 않게 되었기 때문에, 선진국 정부들은 국제통화기금IMF · 세계은행IBRD · 세계무역기구WTO 등의 국제기구를 앞세워, 세계의 모든 정부들에 상품시장 · 외환시장 · 주식시장의 개방과 자유화를 요구하며, '경제에 대해 정부가 개입하지 말고 시장에 맡길 것'을 강요하였습니다.

이것이 바로 '자본의 세계화'이며, 이 과정에서 후진국들은 엄청난 손해를 보았습니다. 이 세계화에서 미국과 기타 선진국의 금융자본이 외국의 주식시장과 채권시장(국채와 회사채를 매매함)에서 투기를 통하여 매우 쉽게 높은 수익성을 올렸습니다. 이리하여 생산활동과 상업활동을 통해 이윤을 얻어야 하는 산업자본과 상업자본도 생산활동이나 상업활동보다 금융활동을 통해 수익을 올리려고 노력하게 된 것입니다.

예를 들면, 자동차회사 제너럴모터스GM나 전기전자회사 제너럴일렉트릭GE도 자기 그룹 안에 금융회사를 차려 금융활동에 종사함으로써 생산활동에서보다 더 큰 수익을 올리게 되었습니다. 이리하여 금융 부문이 경제를 지배하게 되었습니다. 이것을 가리켜 '경제의 금융화'라고 부릅니다.

그러나 금융활동은, 4부 3장 '금융활동에 종사하는 노동'에서 본 바와 같이, 새로운 부나 가치를 생산하는 것이 아니라, 타인의 부를 빼앗는 것이라서 기생적인 성격과 사기적인 성격을 지니고 있습니다. 또한 금융적 투기활동은 자금이 많고 정보에 밝은 금융자본가에게 더욱 많은 수익을 가져다주기 때문에, 세계 전체와 한 나라 안에서도 소득불평등을 더욱 심화시켰습니다.

더욱이 예금은행·투자은행·증권회사·펀드사·보험회사 등 기관투자가들이 거대한 주요 산업기업들의 대주주가 되면서, 산업기업들이 장기적인 연구·개발에는 투자하지 않고 단기적 이익을 올려 배당을 증가시키고 주식가격을 올리는 일에만 몰두하게 되었습니다. 이른바 '주주자본주의'가 확립된 것입니다. 기업은 단기적 이윤을 올리기 위해, 종업원을 대규모로 해고하고 정규직을 비정규직으로 대체하며 임금수준을 인하했습니다(심지어 일부 대기업은 '회계 조작'을 통해 거대한 이윤이 났다고 주주들에게 배당하다가, 몇 년 뒤에는 파산하는 경우도 있었다).

이리하여 새로운 부와 가치를 생산하는 산업기업은 점점 더 축소될 수밖에 없었고, 인민대중은 일자리를 잃고 낮은 임금에 허덕이게 되었습니다.

1980년부터 시작된 부자들의 독재정권은 위와 같이 '잉여가치를 낳는 생산적인 부분들'을 완전히 망가뜨렸습니다. 이렇게 되니까 점점 더 금융적인 투기와 사기로 수익을 올리려고 발버둥을 치게 되었으며, 2008년의 세계적인 금융공황이 발발하기 전에도 여러 차례에 걸쳐 금융위기가 발생했습니다.

1987년 10월에는 미국과 세계의 유가증권 시장이 며칠 동안 문을 닫을 정도로 유가증권 가격이 폭락했습니다. 1980년대 말에는 미국의 '저축대부조합'이 대규모로 파산했고, 1990년대 초에는 일본의 금융이 붕괴했으며, 1997년에는 아시아에서 금융·외환위기가 발생했습니다. 1998년 8월에는 러시아 정부가 외채에 대한 지급 정지를 선언했으며, 1998년 9월에 미국의 헤지펀드인 롱텀캐피털매니지먼트Long Term Capital Management, LTCM(헤지펀드 롱텀캐피털매니지먼트는 노벨경제학상을 받은 두 학자가 경영하던 금융회사였다)가 부도에 빠졌고, 2002년에는 아르헨티나에서 금융·외환위기가 터졌습니다.

2008년 9월에 터진 세계대공황을 조금 더 자세히 살펴봅시다. 2000년에 미국에서는 정보통신산업의 거품이 터져 주가가 폭락하고, 정보통신산업체들, 금융기관, 펀드사 등이 자금난에 빠져 파산의 위험에 부딪히게 되었습니다. 그래서 미국의 중앙은행인 연방준비제도이사회FRB[*]가 금리를 대폭 인하하면서 대규모로 자금을 공급했습니다.

이 거대한 자금이 20~30년 만기의 주택담보대출(모기지)^{**}을 확대하는 역할을 했습니다. 주택담보대출 전문회사, 상업은행, 저축대부조합 등이 모기지를 증가시킴으로써, 주택 가격의 상승, 주택 건설 증가를 촉진하고, 무주택자들로 하여금 지금 당장 주택을 사지

---

* 미국 특유의 중앙은행제도로, 미국 전역에 둔 12개의 연방준비은행을 통괄하여 운영한다.

** 주택을 담보로 장기주택자금을 대출해 주는 제도이다. 일반 대출이 만기가 될 때까지 자금이 묶이는 것과는 달리, 은행은 대출할 때 취득한 저당권을 담보로 하는 증권을 발행·유통시켜 또 다른 대출자금을 마련할 수 있는 특징이 있다.

않으면 큰 손실을 볼 수 있겠다는 믿음을 가지게 했습니다. 그래서 모기지를 제대로 갚을 수 있을까 의심스러운 비우량 차입자들도 모기지 회사로부터 대출을 받아 주택을 구입하게 되었습니다.

그런데 당시인 2001년에서 2006년 사이에는 주택 가격이 상승하고 있었기 때문에, 모기지 회사는 만약 비우량 차입자들이 모기지의 원금과 이자를 갚지 못하더라도 주택을 압류해 팔면 원리금을 회수할 수 있다고 자신만만했습니다. 또한 모기지 회사는 대출 받은 차입자들의 주택저당 관련 서류를 패니메이*나 프레디맥**과 같은 정부지원기관이나 투자은행, 보험회사, 펀드사 등 제2차 금융기관에 팔아서 자금을 조달하고, 이 자금을 다시 모기지를 확대하는 데 사용했습니다.

패니메이, 프레디맥, 그리고 제2차 금융기관들은 주택에 관한 각종 저당 관련 서류를 상환시기별, 이자율별, 지역별 등으로 구분하고, 신용도가 가장 높은 것, 중간 정도인 것, 그리고 가장 낮은 것 등을 섞어, 거대한 규모의 주택저당담보증권MBS이라는 모기지 관련 금융파생상품을 만들었습니다. 그리고 이 금융기관들은 신용평가기관(예를 들어 에스앤피S&P, 피치, 무디스)에 수수료를 듬뿍 주어 주택저당담보증권에 대하여 최상급의 평가AAA등급를 받아냈고, 또한 보험회사들(예를 들어 당시 세계 최대의 에이아이지AIG)은 주택저당담보증권의 원리금이 만기에 지급되지 않는 경우 그 원리금을 대신 지급하

* Fannie Mae: 미국의 종합금융회사로, 주택산업을 부양하기 위하여 1938년에 미국 의회어 의해 설립되었다.
** Freddie Mac: 패니메이와 같은 미국의 종합금융회사로, 1970년에 설립되어 저렴한 비용으로 주택 금융을 제공하고 있다.

세계 금융시장의 중심지인 뉴욕의 월스트리트

2007년에 발생한 미국의 금융위기는 미국 2위의 비우량 모기지 대출회사인 뉴센추리 파이낸셜이 파산하면서 시작되었지만, 미국만이 아니라 전세계적으로 금융위기를 불러왔다.

겠다는 보험증서cps를 발행하여 보험료를 챙겼습니다. 이리하여 주택저당담보증권은 가장 큰 수익을 얻을 수 있는 유가증권이 되어 세계 각국의 투자자들과 금융기관에 높은 가격으로 팔린 것입니다.

그런데 위에서 본 바와 같이, 1980년부터 추진된 부자 위주의 경제정책은 인민대중의 생활수준을 악화시키고 경제성장률도 저하시켰습니다. 그 결과 미국에서는 2006년 하반기부터 주택의 과잉생산, 주택 가격의 하락, 모기지(특히 비우량 모기지)의 상환연체율 상승 등이 나타나서, 주택건설회사의 주가 폭락과 파산, 주택저당담보증권의 가격 폭락, 모기지 관련 금융기관들의 주가 폭락과 파산, 주택저당담보증권을 대량 보유한 투자자들의 파산 등이 생겼습니다. 미국 경제가 금융위기 국면에 들어간 것입니다.

　미국의 중앙은행은 값싼 자금을 제공하기 위하여, 2007년 9월부터 이자율을 종전의 5.25퍼센트에서 계속 인하하여 2008년 4월 30일에는 2퍼센트로, 그리고 10월 29일에는 0퍼센트로 인하했습니다(미국 중앙은행의 금리는 단기적인 연방기금의 금리로서, 중앙은행이 예금은행에 대출할 때 적용하는 금리이고, 예금은행이 신용이 가장 좋은 고객에게 적용하는 금리는 대체로 중앙은행의 금리에 2퍼센트를 추가한다). 이렇게 값싼 자금을 공급했는데도 2008년 3월과 9월에 5위 안에 드는 투자은행 중 베어스턴스와 리먼브라더스가 파산했으므로, 위기 국면이 회복 국면으로 들어갈 수 없다는 것이 판명되면서 공황 국면으로 빠진 것입니다. 금융공황은 계속되어 온 실물경제의 불황상태를 더욱 악화시켜 산업공황의 국면으로 몰아넣었고, 이리하여 미국 경제가 세계경제와 더불어 공황 국면에 빠진 것입니다.

03

자본주의 이후의 새로운 사회

마르크스는 『자본론』 제1권 제8편 제32장(자본주의적 축적의 역사적 경향)에서 자본주의로부터 새로운 사회로 이행하는 것을 간단히 묘사하고 있으며, 『자본론』 곳곳에서 새로운 사회의 특징을 단편적으로 지적하고 있습니다.

『자본론』 세 권 전체에서 새로운 사회에 관한 묘사는 0.5퍼센트(13쪽)에 지나지 않기 때문에, 새로운 사회로 이행하기 위한 각종의 전략과 전술은 논의되고 있지 않으며, 자본가 계급으로부터 정치적·경제적 권력을 인민대중이 빼앗았다고 가정한 뒤에 어떻게 새로운 사회를 건설할 것인가에 대한 논의도 없습니다.

사실상 새로운 사회를 건설하는 전략과 전술은, 현장에 있는 우리들이 지금 당면한 문제점들을 집단적으로 해결하는 과정에서 점차로 구체화될 것이며, 그래야만 현 단계에 적합한 새로운 사회의 청사진도 창조될 것입니다. 여기에서는 새로운 사회에 관한 마르크스의 기본 사상을 살펴보겠습니다.

모스크바의 붉은 광장
노동절을 기념하기 위해 군중들이 모였다.

새로운 사회로 이행하는 형태

마르크스는 '노동과 소유'의 관점에서 다음과 같은 사회적 진화를
제시했습니다. 첫째 단계는 '자신의 노동에 의거한 사적 소유'의 단
계입니다.

생산수단에 대한 노동자의 사적 소유는 소경영small-scale industry의
기초이며, 소경영은 사회적 생산의 발전과 노동자 자신의 자유로운
개성의 발전에 필요한 조건이다. (…) 소경영 생산방식은 토지의 분할
과 기타 생산수단의 분산을 전제한다. 이 생산방식은 생산수단의 집
중을 허용하지 않기 때문에, 각 생산과정 안의 협업과 분업, 자연력에
대한 사회적 통제와 규제, 사회적 생산력의 자유로운 발전도 불가능
하게 한다. 따라서 이 생산방식은 생산과 사회가 자연발생적인 좁은
범위 안에서 운동할 때에만 적합하다(I: 1043-1044).

그러다가 일정한 발전 단계에 도달하자 위의 소경영은 철폐되었습니다.

개별적이고 분산적인 생산수단이 사회적으로 집중된 생산수단으로 전환되는 것, 따라서 다수인의 영세한 소유가 소수인의 거대한 소유로 전환되는 것, 광범한 인민대중으로부터 토지와 생활수단 및 노동도구를 수탈하는 것, 이 처참하고 가혹한 인민대중의 수탈이 자본의 역사의 전주곡을 이룬다(I: 1044).

이것에 관해서는 2부 1장(자본과 임금노동의 최초 형성과정)에서 설명한 바 있습니다.

둘째 단계는 '타인의 노동 착취에 의거한 자본주의적 사적 소유'의 단계입니다. 자본주의적 생산방식이 자기 발로 서게 되자마자, 이제 자본의 집중을 통해 소수의 자본가가 다수의 자본가를 수탈하고 파멸시킬 뿐만 아니라, 거대한 노동자 계급과 충돌하게 됩니다.

자본주의 발전의 (…) 모든 이익을 가로채고 독점하는 대자본가의 수는 끊임없이 줄어들지만, 빈곤·억압·예속·타락·착취는 더욱 더 증대하며 이와 동시에 자본주의적 생산과정의 메커니즘 그 자체에 의해 그 수가 항상 증가하며 훈련되고 통일되며 조직되는 계급인 노동자 계급의 반항도 더불어 성장한다(I: 1045-1046).

더욱이 자본주의는 주기적으로 거대한 경제 위기와 공황에 부닥

칩니다. 공장·사무실·기계가 쉬고 대규모의 실업자가 생겨 인민대중은 기아선상에 허덕이며, 상품으로 생산한 기계·원료·생활자료는 창고에 가득 쌓여 있습니다. 수많은 생산수단과 노동자가 있는데도 생산은 중단되며, 의식주생활에 필요한 생활자료는 창고에 가득 쌓여 있는데도 인민대중은 굶어죽고 있습니다. 도저히 이해할 수 없는 일입니다.

이 모든 원인이 '자본가가 이윤을 얻을 수 없으면, 생산을 중단하고 노동자를 해고하기 때문'임이 알려지면서, 생산과정의 모든 지식을 알고 있는 노동자 대중은, 소수 대자본가들의 모든 재산을 빼앗아 사회의 공동재산으로 전환시키고, 놀고 있는 공장·사무실·기계를 사용해서 주민들의 필요와 욕구를 충족시키기 위해 생산을 계속하게 됩니다.

자본의 독점은 [이 독점과 더불어 또 이 독점 밑에서 번창해 온] 생산방식을 속박하게 된다. 생산수단의 집중과 노동의 사회적 성격[*]은 마침내 생산수단과 노동의 자본주의적 겉껍질과 양립할 수 없는 지점에 도달한다. 자본주의적 겉껍질은 갈라져 망가진다. 자본주의적 사적 소유의 조종_{knell}이 울린다. 수탈자가 수탈당한다^{**}(I: 1046).

---

* '노동의 사회적 성격'은 개별적인 노동이 작업장 안과 사회 안의 분업과 협업의 발달을 통하여, 점점 더 사회적인 노동, 집단적인 노동 성격을 띠게 되는 것을 가리킨다.

** '수탈자가 수탈당한다'라는 말의 뜻은, '지금까지 소자본가들을 파멸시켜 그들의 재산을 빼앗던 소수 대자본가로부터 사회가 그의 재산을 빼앗는다'라는 뜻이다.

셋째 단계는 '토지와 생산수단의 공동 점유에 의거한 개인적 소유'의 단계입니다. 마르크스는 다음과 같이 말합니다.

자본주의적 사적 소유는, 자기 자신의 노동에 입각한 개인적 사적 소유의 첫 번째 부정이다. 그러나 자본주의적 생산은 자연과정의 필연성을 가지고, 자기 자신의 부정을 낳는다. 이것은 부정의 부정이다. 이 부정의 부정은 생산자에게 사적 소유를 재건하는 것이 아니라, 자본주의 시대의 성과—협업, 그리고 토지를 포함한 모든 생산수단의 공동점유—를 바탕으로 개인적 소유[개인들이 연합한 사회의 소유]를 재건한다(I: 1046).

개인적 소유는, 마르크스가 자본주의 이후의 새로운 사회를 '자유인들의 연합체'라고 부른 것과 관련이 있습니다.

공동소유의 생산수단으로 일하며 다양한 개인들의 노동력을 하나의 사회적 노동력으로 의식적으로 사용하는 자유로운 개인들의 연합을 생각해 보기로 하자. (…) 자유로운 개인들의 연합의 총생산물은 사회적 생산물이다. 이 생산물의 일부는 또다시 새로운 생산수단으로 쓰이기 위해 사회에 남는다. 그러나 다른 일부는 자유로운 개인들의 연합의 구성원에 의해 생활수단으로 소비된다(I: 102).

새로운 사회에서는, 자유롭고 평등한 모든 주민들이 자연이 준 토지와 노동이 생산한 생산수단과 사회의 모든 개인적 노동력을 공동의 결정에 의해 계획적으로 사용하게 됩니다. 자본주의에서 임금노동자는 공장의 기계를 자기의 것이 아니라 남의 것, 특히 자기의 적(자본가)의 것으로 대했지만, 새로운 사회에서는 노동자가 모든 것의 주인이기 때문에 토지나 모든 생산수단을 자기의 것으로 대하면서 생산하게 됩니다. 이것을 마르크스는 '개인적 소유'라고 말한 것 같습니다.

그리고 마르크스는 소경영으로부터 자본주의로 이행하는 것보다 자본주의로부터 새로운 사회로 이행하는 것이 훨씬 더 쉽다고 생각합니다.

개인들의 자기 노동에 토대를 둔 분산된 사적 소유를 자본주의적 사적 소유로 전환하는 것은, 이미 실제로 사회적 성격을 띠는 생산에 바탕을 두고 있는 자본주의적 사적 소유를 사회적 소유로 전환하는 것보다 비교할 수 없을 정도로 더 오래 걸리며 힘들고 어려운 과정인 것은 당연하다. 전자에서는 소수의 횡령자가 인민대중을 수탈하지만, 후자에서는 인민대중이 소수의 횡령자를 수탈하기 때문이다(I: 1046).

세계대공황이 지적하는 자본주의의 최대 모순

공황에서는 수많은 상공업 기업들과 금융기업들이 파산하고, 수많은 노동자들이 실업 상태에 빠지기 때문에, 엄청난 규모의 생산력(공장·기계·노동자)이 낭비됩니다. 이처럼 생산력이 낭비되면서 인민대중의 생활이 처참하게 되는 궁극적인 이유는 자본주의적 생산 관계 때문입니다. 자본가 계급이 모든 생산수단과 생활자료를 독점하면서, 주민들의 필요와 욕구를 충족시키기 위하여 생산하지 않고 자본의 가치증식을 위하여 생산하는 것이 문제의 핵심입니다.

생산력의 발전에 의해 상품이 너무 많이 생산되어 자본가의 이윤율을 낮추게 되면, 자본가 계급은 이윤율을 유지 또는 상승시키기 위하여 상품을 폐기 처분하고 생산량을 줄이며 노동자를 해고하게 됩니다. 만약 사회가 생산수단과 생활자료를 독점한다면, 모든 사람들의 이익을 위하여 생산수단과 생활자료를 사용함으로써 노동자의 노동시간을 줄이고 일자리를 나누어 가지면서 실업자가 생기지 않도록 할 것입니다.

마르크스는 사회체계의 변혁을 이야기할 때, "생산관계가 생산력의 발전을 억제하게 될 때 사회혁명의 시기가 온다"라고 말했습니다.

생산력은 인간의 '몸'이고, 생산관계는 인간의 '옷'에 비유할 수 있습니다. 몸이 성장하면 몸에 맞지 않는 헌 옷을 버리고 새로운 옷으로 갈아입는 것이, 인간의 육체적·정신적 발달에 좋습니다. 그런데 자본가 계급은 몸이 성장해서 옷이 찢어지려 하는데도, 지금의 옷이 너무 좋다고 오히려 몸의 일부를 잘라내고 있는데, 이것이 바로 경제 위기와 공황이라고 말할 수 있습니다.

생산할 수 있는 공장과 기계가 놀고 있고 노동자도 남아도는 상황에서, 부르주아경제학은 '인간의 무한한 욕망을 충족시키기 위하여 부족한 자원을 합리적으로 분배하는 방법을 연구하는 것'이 경제학의 목적이라고 떠들어대고 있습니다. 하지만 오히려 너무 많은 인적·물적 자원을 낭비하는 자본주의의 죄악을 어떻게 제거하는가를 연구하는 것이 경제학의 목적이 되어야 할 것입니다.

자본주의에서 일어나는 공황은 언제나 과잉생산 공황입니다. 상품들이 팔리지 않아서, 기업들이 파산하고 실업자가 급증하기 때문입니다.

그러면 도대체 무엇에 대해 과잉이라는 말일까요? 상품의 생산량이 모든 주민들의 필요와 욕구를 충족시키고도 남는다는 의미의 과잉은 결코 아닙니다. 왜냐하면 자본주의 사회에 빈민과 거지가 넘쳐나기 때문입니다. 오히려 과잉은, 상품의 생산량이 자본가 계급의 가치증식욕에 비해 너무 많아 이윤율을 저하시킨다는 의미의 과잉입니다. 생산물이 너무 많이 생산되어 가격이 폭락함으로써 정상적인 이윤을 얻을 수 없게 되는 것이 바로 '과잉생산 공황'입니다.

자본주의 사회에서는 실업자를 '과잉인구'라고 말합니다. 그러나 실업자가 많은 것을 보면서 한국에 인구가 너무 많다고 생각해서는 안 됩니다. 실업자는 자본가가 이윤을 얻는 데 필요한 노동자의 숫자를 초과하는 사람을 가리킬 뿐입니다. 전에는 1,000명의 노동자를 고용했는데, 경기가 좋지 않든지 새로운 기계를 도입하게 되어 400명의 노동자만 필요하게 된 자본가는 600명을 해고할 수밖에 없습니다. 이 해고된 노동자가 실업자입니다. 물론 이제 갓 노동자가 되려고 하는 청소년들도 자본가들이 고용하지 않으면 실업자 또는 상대적 과잉인구가 됩니다.

새로운 사회에서는 실업자가 없어질 것입니다. 왜냐하면 인력이 필요한 곳이 너무 많기 때문입니다. 당장에 하루의 노동시간을 대폭 줄여서 노동자들이 정상적인 생활을 하도록 하면, 실업자가 엄청 줄어들 것입니다. 그리고 가정에서 아이들의 성장을 도와주는 가사노동, 환경을 가꾸는 일, 부모가 직장에서 일하는 동안 아이들을 돌보는 일, 도서관에서 책을 읽는 사람들을 도와주는 일, 교통질서를 바로잡는 일, 장애인이 노약자를 돌보는 일, 산과 강을 시민들에게 구경시키는 일, 학생들에게 각종 운동을 가르쳐주는 일 등 사람들을 필요로 하는 일은 너무나 많습니다. 한국에는 지금 실업자가 넘쳐나지만, 새로운 사회에서는 오히려 인구가 너무 부족할 것입니다.

자본주의에서는 생산력과 생산관계의 모순에 의해 생산력이 낭비되면서 주민들의 생활수준이 갈수록 비참해집니다. 모든 주민이 부유하게 살 수 있는 생산수단과 노동인력이 있는데도, 자본가가 이 생산수단과 노동인력을 이윤 추구에만 사용하기 때문에 주민들의 삶이 비참해지는 것입니다.

이 모순을 해결하기 위해서는, 사회가 생산수단을 자본가 계급으로부터 빼앗아 모든 주민들을 위하여 사용해야 합니다. 공황이 발발하면, 우리는 자본주의 체제가 죽어 사라질 단계에 이르렀다는 것을 느껴야 합니다. 재벌들의 재산을 사회의 소유로 모두 전환시켜 사회가 그것을 완전히 사용함으로써, 모든 사람들을 궁핍과 무지와 질병과 스트레스로부터 해방시키며 생활수준을 향상시켜야 할 것입니다.

그런데 부자들은 흔히 "재산을 균등하게 나누면 빈곤을 균등하게 나누는 것과 같다"라는 이야기를 많이 합니다. 2024년 기준 한국의

'미국식 생활방식'을 선전하는 광고
판 앞에서 식량배급을 기다리는 실
업자들
자본주의 사회에서는 빈익빈부익부
현상이 갈수록 심해지고 있다

1인당 국민총소득GNI은 약 3만 6,600달러(약 5,000만 원) 정도인데, 이는 막 태어난 갓난아기까지 5,000만 국민 각자가 1년에 5,000만 원을 소비할 수 있는 생산력을 우리가 갖고 있다는 이야기입니다. 4인 가족은 1년에 2억 원을 쓸 수 있다는 것인데, 과연 얼마나 많은 가구가 실제로 이런 거대한 소득을 얻고 있을까요? 30년간 교수생활을 한 사람도 이런 거액의 소득을 받지 못하고 있으므로, 한 줌도 안 되는 한국의 부자들이 너무나 큰 소득을 얻고 있다고 말해야 할 것입니다.

억압·착취·불평등·투쟁이 격화되는 자본주의 사회에서 사랑·평등·평화·자유·연대가 보장되는 새로운 사회로 이행할 수 있는 물질적 토대는 지금의 한국도 충분히 가지고 있습니다('정부는 모든 개인에게 자격조사 없이 무조건적으로 일정한 기본소득을 개인의 은행구좌에 매월 넣어주어야 한다'라는 '기본소득안'이 지금 세계적으로 논의되고 있다).

새로운 사회의 경제적 내용

새로운 사회는 '공동의 생산수단으로 일하며 다양한 개인들의 노동력을 하나의 사회적 노동력으로 의식적으로 사용하는 자유로운 개인들의 연합'입니다(I: 102). 총생산물은 상품으로 전환되지 않은 채, 생산수단은 그 사회에 남고, 생활자료는 각 개인들에게 분배될 것입니다. 이 사회에서 노동시간은 상품의 가치로 자기를 표현하지 않고, 연합체의 다양한 욕망을 충족시키기 위해 연합체의 총 노동시간을 어떻게 배분하는가의 문제나 총생산물 중 개인적으로 소비되는 부분을 각자의 노동시간에 따라 분배하는 문제(물론 새로운 사회가 더욱 발전하면, 노동시간에 따라 분배하지 않고, 필요와 욕구에 따라 분배하게 될 것이다)에 등장하게 될 뿐입니다.

상품이 사라짐과 동시에 화폐도 사라집니다. '노동증명서는 개인이 공동노동에 참여한 부분과 [공동생산물 중 소비용으로 예정된 부분에 대한] 청구권을 확증하는 것에 지나지 않'으므로(I: 123, 주 1), 노동증명서는 화폐가 아닙니다. 이것은 극장의 입장권이 화폐가 아닌 것과 마찬가지입니다.

자본주의에서 주기적으로 막대한 물적·인적 자원을 낭비하는 공황은 생산의 목적이 자본가의 가치증식에 있었기 때문에 발생하는 것입니다. 새로운 사회에서는 생산의 목적이 주민들의 필요와 욕구를 충족시키는 것이기 때문에 과잉생산 공황은 있을 수 없습니다(III: 312). 새로운 사회는 현대 산업이 요구하는 각종의 재능들을 교육과 훈련을 통해 생산자들에게 가르치며, 이리하여 '부분적으로 발달한 개인'은 사라지고 '전면적으로 발달한 개인'이 나타납니다 (I: 656-658). 따라서 정치·경제·문화의 모든 분야에서 노동자들은 각종 업무를 번갈아가면서 담당하고, 모든 결정은 민주적으로 토론에 의해 이루어지므로 위계질서가 사라질 것입니다.

새로운 사회에서는 노동생산성이 더욱 상승할 것입니다. 앞에서 말한 '전면적으로 발달한 개인들'의 재능과 숙련 때문이며, 그리고 계획경제에서는 시장의 무정부성(경쟁 때문에 공급과 수요가 일치하기가 매우 어려운 성향)이 사라지므로 생산수단과 노동력의 낭비가 크게 감축되기 때문이고, 또한 상업과 금융업에 종사하는 '비생산적' 노동자들이 사라지기 때문입니다(I: 716).

또한 새로운 사회가 필요로 하는 총 노동량이 모든 노동가능인구들 사이에 균등하게 분배되기 때문에, 각 개인의 노동시간이 크게 단축됩니다. 더욱이 노동생산성이 향상될수록 사회가 사용할 수 있는 총 시간 중 물질적 생산에 사용되는 부분은 점점 더 작아지고, 개인의 문화적·사회적 활동에 사용되는 부분은 점점 더 커질 것입니다(I: 716).

새로운 사회의 낮은 단계에서는 사회의 총생산물이 각자가 투자한 금액에 따라 분배한다는 자본주의적 분배원칙에 따라 분배되는 것이 아니라 각자가 수행한 노동의 양에 따라 분배될 것이고, 새로운 사회의 높은 단계에서는 '능력에 따라 일하고, 필요에 따라 소비하는' 분배원칙이 확립될 것입니다(『고타강령 초안 비판』).

『자본론』을 읽어 자본주의를 바로 알자

경제학들은 자본가 계급이 가진 이데올로기들, 예컨대 '부자는 부유해질수록 더욱 열심히 일하고, 서민은 가난해질수록 더욱 열심히 일한다', '자본가가 마음대로 노동자를 해고하고 노동시간과 임금수준을 결정하면, 경제성장률이 상승한다', '빵을 크게 해서 나누어 먹어야지, 지금 빵을 갈라 먹으면 모두가 가난하게 된다'라는 이데올로기들을 합리화하기 위하여 온갖 수식과 도표를 사용하지만, 그것들은 자본가 계급의 이익을 옹호하는 궤변에 지나지 않습니다. 자본가 계급과 주류경제학자는 노동자들이 자유와 평등과 연대를 추구하면서 울분을 터뜨리는 인간이 아니라 '버튼만 누르면 작동하는 기계'라고 생각하기 때문입니다.

점점 더 분업과 협업이 세계적인 규모에서 실시되는 지금과 같은 상황에서는, 2008년 세계를 뒤흔든 '멜라민 분유 파동' 같은 일들이 반복될 수 있습니다. 이는 우유를 공급하는 중국의 가난한 농민에게 오스트레일리아의 다국적 분유회사가 우유 1리터의 구입 가격을 너무 내렸기 때문에 일어난 일입니다. 중국의 가난한 농민은 우유량을 증가시키기 위해 물을 붓거나, 식품에는 사용할 수 없고 플라스틱 원료를 생산하는 데 쓰는 화학약품인 멜라민을 섞었습니다. 당시에 이 멜라민 분유를 먹은 중국 아이들이 많이 죽었으며 거의 모든 과자에 이 멜라민 분유가 사용되었기 때문에 세계 전체가 공포의 소용돌이에 빠졌습니다.

이 사건에서 중국 농민만을 일방적으로 비난하기는 어렵습니다. '우유를 오염시키는 방법 말고는 굶어 죽는 것을 피할 수 없는 농민에게 책임을 물을 수 없다'라는 것이 1516년에 『유토피아』를 쓴 토머스 모어의 결론이고, 노벨경제학상을 받은 빈곤 문제 전문가인 아마티야 센의 결론이기도 합니다. 가난한 농민은 선택의 여지가 없었기 때문에 책임을 물을 수 없으며, 농민을 감옥에 넣기 전에 기본생활을 할 수 있도록 국가나 자본가가 지원하는 것이 필요할 것입니다.

그렇다면 다국적 분유회사 사장은 이렇게 호소할 것입니다. "우리는 자본주의 세계 시장에서 다른 분유회사들과 경쟁하는 과정에서 우유의 단가를 인하할 수밖에 없었기 때문에, 책임은 우리 회사에 있는 것이 아니라 자본주의 체제 그 자체에 있다. 그렇다고 매우 훌륭한 자본주의 체제를 타도할 수 있는가?"라고. 이 다국적 분유회사 사장의 호소는 디킨스의 『올리버 트위스트』에 나오는 도둑의 수령, 빌 사이크의 논법과 꼭 같습니다.

배심원 여러분, 물론 이 행상인의 목은 잘렸습니다. 그러나 이것은 나의 죄가 아니라 칼의 죄입니다. 이러한 일시적으로 불쾌한 일 때문에 과연 우리가 칼을 사용하지 말아야 하겠습니까? 생각해 보십시오! 칼이 없다면 농업과 공업이 어떻게 되겠습니까? 그것은 외과수술에서 치료에 도움을 주며 해부학에서는 과학의 도구로 쓰이지 않습니까? 그리고 또 즐거운 연회석상에서는 아주 좋은 조수가 아닙니까? 칼을 없애버린다는 것은 우리를 야만상태로 떨어뜨리는 것입니다(I: 597-598).

다국적 분유회사 사장의 논법은 자본가 계급과 그들의 앞잡이들로부터 호응을 받을 수 있었습니다만, 자본주의 사회는 점점 더 살기 어려운 환경에 부닥칠 수밖에 없습니다. 이윤을 획득하려는 자본가들의 충동으로 말미암아 자연 파괴, 기후 온난화, 실업자와 자살의 격증, 전쟁에 의한 물적·인적·문화 자원의 막대한 손실, 질병과 기아의 만연 등이 지구를 휩싸고 있기 때문입니다.

마르크스는 『자본론』에서 자본주의 사회의 경제적 운동법칙을 과학적으로 해명했습니다. 특히 그는 자본주의 사회에서 억압과 핍박을 받는 무산대중인 프롤레타리아 그리고 '자본주의적 생산양식의 타도와 모든 계급의 최종적 철폐를 자기의 역사적 사명으로 하고 있는 프롤레타리아'를 대변하고 있기 때문에, 자본주의를 변호하지 않고 있는 그대로 비판적으로 분석한 것입니다.

따라서 자본가 계급이나 부르주아경제학자들은 『자본론』을 읽을 수 있는 마음의 평정이나 이해력이 부족한 것 같습니다. 자본가와 자본을 양심적으로 분석하고 있으므로, 자기들의 지배에 대항한다는 노여움으로 말미암아 신경질이 나고 내용을 이해하려 해도 너무 어려워서, 케인스가 말한 것처럼 "『자본론』만큼 재미없는 책은 처음 보았다"라고 비판할 뿐입니다. 이윤의 원천이 노동자의 '잉여노동'이라는 마르크스의 주장을 치밀하게 반박하지도 못하며, 다만 "자본가가 투자를 했으니 그 대가를 주어야 하는데, 그 대가가 바로 이윤이 아닌가?"라고 응답할 뿐입니다.

또한 지금의 세계대공황에 대해서도 부르주아경제학은 어떤 과학적 분석도 내놓지 못하고 있습니다. 시장에 맡기면 모든 일이 순조롭게 진행된다고 계속 주장했기 때문에, 이런 엄청난 사건에 기절해 버린 것입니다. 그렇지만 그들은 전혀 반성하지 않습니다. 자본가 계급이 그대로 이 사회를 지배하는 한, 그들의 앞잡이 노릇을 하는 자기들에게는 불이익이 없을 것으로 믿고 있기 때문입니다.

나는 이 책을 쓰면서, 청소년들이 너무 일방적으로 대규모 신문과 방송이 매일 앵무새처럼 되뇌는 주류경제학의 이데올로기에 현혹되지 말고, 진실을 찾기를 희망하고 있습니다. 눈에 보이는 '현상' 뒤에는 현상을 지배하는 '본질'이 있다는 생각을 하기를 바라며, '본질이 현상과 꼭 같다면, 경제학을 공부할 필요가 없다'라는 것을 인식하기를 바랍니다.

그리고 흔히들 "소련이 망했으니까, 자본주의 이외에는 대안이 없다"라는 주장도 옳지 않습니다. 왜냐하면 새로운 사회는 하느님이 선물로 주는 것이 아니라, 현장에 살고 있는 우리가 당면하고 있는 문제들을 해결하는 과정에서 점점 더 구체적인 형상이 드러나게 될 것이기 때문입니다.

우리는 이미 새로운 사회에서는 실업자, 빈부격차, 사교육비·대학 등록금·병원비를 없애야 하며, 모든 사람에게 '요람에서 무덤까지' 기본생활을 할 수 있는 소득을 사회가 보장해야 한다는 것을 알았습니다. 그리고 사회가 부자들이 지배하는 사회가 되어서는 안 되고, 모든 사람이 자유롭고 평등하게 자기의 의견을 발표하는 가운데 모든 주요한 결정이 이루어지는 사회가 되어야 하는 것도 잘 알았습니다. 우리가 이런 경험에서 얻은 슬기를 모아 더 많이 연구하면서 새로운 사회의 모델을 만들면 되는 것입니다.

'유토피아'는 '이 세상에 없는 곳'이라는 뜻입니다. 아무도 가보지 못한 새로운 사회를 우리가 만들어가는 것입니다. 이때 중요한 것이 과학적이고 양심적이며 비판적인 정신입니다. 마르크스의 『자본론』으로부터 이런 정신을 얻었다면, 여러분의 노력은 큰 보상을 받은 것입니다.

자본주의의 본질을 잘 알고,
다가올 미래 사회를 스스로 만들어가자

　김수행 교수의 『자본론을 읽는 시간』은 2010년 4월 8일 두리미디어에서 초판 발간되었던 『청소년을 위한 자본론』의 복간본이다. 두리미디어라는 출판사는 몇 년 뒤 홀연히 자취를 감췄다. 복간을 준비하면서 편집부를 통해 여러 권의 판본을 입수하였는데, 확인된 가장 최근의 판본은 2014년 4월 10일 발간된 초판 8쇄이다. 쇄를 거듭하는 동안 본문의 내용은 거의 변화가 없었지만, 각 부의 처음에 자리한 읽기 자료는 위치를 바꾸기도 하고 내용이 보강되기도 했다. 『자본론을 읽는 시간』은 우리가 확인할 수 있었던 최근 판본인 초판 8쇄를 기준으로 하였다.

　2015년 저자의 갑작스러운 타계 이후 제자들 사이에서는 여러 차례 조심스럽게 복간논의가 있었지만, 두리미디어의 불분명한 행방과 이로 인한 판권 처리 문제로 번번이 무산되었다가 저자의 10주기를 앞둔 2025년 봄에 해냄출판사가 유족과 다시 판권 계약을 함으로써 비로소 복간 작업이 이루어지게 되었다. 처음에 복간을 논의할 시점에는 여러 명의 제자가 나누어 작업하려 하였으나, 계약 시점에 마침 건강상 이유로 명예퇴직을 한 상태였던 필자가 제일 부족한 능력에도 불구하고 작업을 도맡게 되었다.

원저의 상태는 개인적인 판단으로는 사실 고칠 데가 없었다. 아니, 한 글자도 고치고 싶지 않았다. 그만큼 저자의 글은 훌륭했고, 시간이 흘러 시의성이 약해진 부분조차도 그것이 가진 역사적 의미를 생각하면 그대로 남기고 싶었다. 편집부는 본문의 양을 좀 줄이고 싶어했지만, 정리자의 입장이 그러했기에 정말 불가피하게 들어내어야 했던 부분(예를 들어 집필 당시 집권하고 있었던 특정 정치세력에 대한 비판이 일반적인 '정부' 비판으로 읽힐 수 있는 부분이나, 당시 언론을 뜨겁게 달구었던 사회문제였으나 오늘날의 독자가 이해하기 위해 별도의 검색이 필요해 보이는 부분 등)을 제외하고는 원문에 거의 손을 대지 않았다. 들어낸 부분조차도 그것이 당대를 치열하게 살아낸 저자의 흔적이라 저자에게 송구한 마음을 지울 수 없다.

작업은 예상하지 못한 문제로 힘들었다. 원저의 디지털 콘텐츠가 남아 있지 않아 편집부에서는 이를 일일이 수작업으로 다시 쳐서 복원해야 했는데 여기에 시간이 많이 들었고, 수작업의 결과 원저에는 없던 수많은 편집상의 오류가 생겨났다. 필자가 세 번 이상 검토하면서 오류를 잡아내었고, 이후 편집부에서 일일이 원문과 대조하면서 다시 오류를 잡아내었다. 그랬음에도 불구하고 여전히 남아 있는 오류가 있다면 이는 전적으로 정리자의 잘못이다.

가장 시간이 많이 들었던 일은 무엇보다도 저자가 수없이 많이 인용한 『자본론』의 판본을 통일하는 일이었다. 원저에서 인용하고 있는 『자본론』 I, II, III권의 판본이 각각 달랐다. 모두 비봉출판사에서 출간된 저자 자신의 번역본이었지만, 『자본론』 I권은 2001년의 제2개역판, II권과 III권은 2004년의 제1개역판이었다. 저자는 생의 마지막 해인 2015년에 세 권 모두 '2015 개역판'을 출간하였다. 그래서 모든 인용들의 서지 표기가 바뀌어야 했다. 개역인지라 바뀐 것은 단지 쪽수만이 아니었다. 대부분의 번역이 미세하게 다듬어져 있었기에 그 부분들을 다 개역판에 맞추어 수정했다.

정리를 위해 이 책을 여러 번 반복해 읽으면서 저자가 이 책에 쏟은 정성을 가늠해 볼 수 있었다. 이 책은 단순히 『자본론』을 쉽게 풀어 쓴 책이 아니다. 책의 행간에 이 책을 읽을 젊은이들에 대한 저자의 공감과 사랑이 스며 있다. 자본주의 사회는 자본의 이윤 추구가 끊임없이 노동절약적인 생산기술 도입을 통해 생산과정에서 일자리를 줄이고, 그 결과 노동을 통해 생계를 꾸려갈 수밖에 없는 노동자가 일자리에서 쫓겨나는 것이 일상인 사회다. 저자는 이러한 자본주의 사회(4부)에서 태어나고 자란 젊은 세대들이 짊어져야 하는 삶의 무게를 애틋한 시선으로 바라보며, 젊은이들이 이 책을 통해 과학적이고 양심적이며 비판적인 정신을 얻게 되기를 희망한다.

자본주의는 한편에는 화폐를 축적한 자본가가, 다른 한편에는 토지와 같은 생산수단을 빼앗겨서 팔 수 있는 것은 노동력밖에 남지 않은 노동자가 특정한 역사적 국면에서 만나면서 탄생하였다(2부).

자본주의의 형성과 발전에서 임금노동자의 존재는 결정적이다. 임금노동은 자본이 추구하는 이윤의 원천인 잉여가치를 만들어냄과 동시에 노동력의 대가로 노동자가 받는 임금은 자본이 자본이게 하는 마지막 단계, 즉 생산된 상품이 판매되는 '목숨을 건 도약'을 가능하게 하는 결정적인 역할을 한다(3부).

이처럼 자본주의는 임금노동이라는 인간노동의 특수한 역사적 존재 형태에 의존하는 생산양식이다. 그럼에도 자본주의는 "인간들의 필요와 욕구를 직접적으로 충족시키는 것을 목적으로 삼고 있는 것이 아니라 자본가 계급의 이윤 획득 욕구를 충족시키는 것이 목적"(여는 글)이므로, 더 많은 이윤을 얻기 위해 노력하는 과정에서 서로 경쟁적으로 노동절약적인 생산기술을 도입하고(4부) 그 과정에서 끊임없이 대규모의 실업자를 만들어낸다(5부).

최근 자본주의 경제는 인공지능AI의 도입이 가져오는 변화의 소용돌이 속에 있다. 인공지능의 도입이 가져올 천문학적 이윤을 좇는 과정에서 과열된 자본간 경쟁은 1990년대 후반 시작되어 2000년에 붕괴한 닷컴버블에 비견되는 AI버블 논란을 불러올 만큼 경제 위기와 공황(5부 2장 참조)의 위험을 고조시키는 한편, 이른바 피지컬 AI의 결정판인 휴머노이드(인간의 모습을 한 로봇)가 작업장에서 인간의 노동을 대체하는 것이 현실이 되어가는 것이다. 최초의 휴머노이드들은 물론 인간노동의 산물이었겠지만, 머지않아 휴머노이드가 휴머노이드를 만드는 상황에 이르게 되면 자본주의는 변화의 분기점에 서게 될 것이다. 임금노동자가 없는 자본주의는 과연 존속 가능할 것인가?

여러분이 이 책을 읽지 않았다면 이런 질문이 왜 성립하는지를 이해할 수 없었을지도 모른다. 현대자동차가 생산공정에 자사에서 생산한 휴머노이드를 투입하는 문제를 두고 현대자동차 노조가 투쟁을 예고했다는 기사에 달린 댓글의 상당수는 '그렇게 되면 자동차 가격 내려서 좋겠다'라는 것이었다. 문제는 이러한 변화의 물결이 자동차공장에만 들이닥치는 것이 아니라는 점이다. 생산직이 아닌 사무직의 많은 일자리도 인공지능에 의해 대체될 수 있고, 이미 대체되고 있다.

자동차산업이 20세기를 풍미할 수 있었던 이유는 자동차공장의 노동자가 곧 자동차의 소비자였기 때문이다. 이는 자본주의에서 명멸했던 대부분의 산업에서 사실이다. 소비재가 아닌 생산재를 만드는 산업 부문도 결국 그 생산재를 사용하여 최종 소비재를 만드는 산업이 없다면 존재할 수 없다. 자본이 자본으로서 존속하기 위해서는 생산비용을 절감하는 것만으로는 충분하지 않다.

임금노동자의 소멸은 자본을 자본이게 하는 최종적 단계, 즉 생산된 상품이 판매되는 단계 자체를 위협한다. 아무리 인공지능으로 소수의 부자가 더 엄청난 부자가 된다고 하더라도 그들이 노동자들이 사주던 자동차만큼 많은 자동차를 살 수는 없다. AI 혁명의 가장 첨단에 서 있는 테슬라의 일론 머스크가 기본소득을 이야기하는 이유는 자본가들도 생산과정에서의 노동자 축출이 가져올 파국적인 미래를 예감하고 있기 때문이다.

자본주의 사회에서 자본주의의 본질과 동학에 대해 안다는 것은, 선박 사고로 바다에 던져진 선원이 바다 수영의 방법을 아는 것처럼 생존에 필수적이다. 자본주의 사회가 바다와 다른 점은 그 사회의 구성원인 우리가 생존의 환경과 규칙을 정하는 데 참여할 수 있다는 것이다. 다가올 미래 사회는 그 사회의 구성원인 우리가 만들어갈 수 있다. 독자 여러분이 이 책을 통해 저자가 강조한 '과학적이고 양심적이며 비판적인 정신'을 얻고, 험난한 자본주의 사회에서의 삶을 잘 헤쳐나가길 바란다.

2026년 3월 연남동에서
저자의 부족한 제자, 박도영 씀

마르크스의 생애와 학문적 실천

● 1818년
5월 5일: 독일 트리어에서 태어남. 아버지는 유대계 법률가. 현재 트리어의 마르크스 생가는 마르크스 박물관으로 되어 있음.

● 1835년
10월: 본 대학교 법학부에 입학.

● 1836년
8~10월: 여름방학을 트리어에서 보내다가 자기보다 4년 연상의 예니 폰 베스트팔렌과 은밀하게 약혼.
10월: 베를린 대학교 법학부에 입학. 법률, 역사, 특히 헤겔철학을 공부.

● 1838년
5월: 마르크스의 부친 사망.

● 1841년
4월: 베를린 대학교에서 연구를 마치고 예나 대학교에 『데모크리토스와 에피쿠로스의 자연철학의 차이』라는 박사청구논문으로 철학박사 학위를 받음.

● 1842년
10월: 급진적 자유주의자와 무정부주의자들이 중심이 되어 쾰른에서 주식회사 형태로 창설한 《라인신문》의 편집인이 됨.

3월: 《라인신문》은 정부 검열에 점점 더 견디기 어려웠고 공식 폐쇄명령을 받음. 《라인신문》 편집인 사임.

6월 19일: 예니 폰 베스트팔렌과 크로이즈나흐에서 결혼.

10월: 파리로 옮겨 혁명적 민주주의자 루게와 함께 새로운 급진적 잡지인 《독불연보》를 창간하려고 함.

12월: 「헤겔 법철학의 비판을 위하여」에서 입신출세주의에 빠져 있는 관료와 사유재산을 옹호하는 국가는 사회의 '일반이익'을 대표하지 않는다고 비판하고, 프롤레타리아가 인류를 구제할 계급이라고 주장함.

● 1844년

2월: 《독불연보》 창간호 발행.

3월: 《독불연보》 창간호에 실린 엥겔스의 「정치경제학 비판 개요」에 자극 받아 영국 경제학자들의 저작을 프랑스어판으로 읽기 시작함. 혁명적 민주주의와 공산주의의 차이 때문에 루게와 헤어지고 《독불연보》도 중단.

4~6월: 인간의 소외를 중심으로 자본주의를 비판한 미완성의 「경제학·철학 초고」를 씀.

7월: 파리에서 《전진》을 출판하는 독일 출신 급진사회주의자들과 협력.

8~12월: 엥겔스가 맨체스터에서 바르멘으로 돌아가는 길에 파리에서 마르크스를 만나 이론과 실천 모든 면에서 의견의 일치를 봄. 엥겔스와 함께 『신성가족』을 쓰면서 청년헤겔파인 브루노 바우어를 비판.

● 1845년

1월 11일: 프랑스 내무부가 마르크스와 《전진》 편집진에게 출국을 명령.

2월 3일: 파리를 떠나 아내와 딸과 함께 브뤼셀에 도착.

3~5월: 「포이어바흐에 관한 11개 명제」를 씀.

9월: 엥겔스와 함께 『독일 이데올로기』를 씀. 이 책을 통해 생산력과 생산관계로서의 토대가 이데올로기적 상부구조를 규정한다는 역사적 유물론을 전개함. 포스트 마르크시즘에서는 생산양식에 따른 역사 구분 이론이 경제적 결정론 또는 경제주의라고 크게 비판하고 있음.

● 1847년

7월: 1846년 12월에 출판된 프루동의 책 『빈곤의 철학』에 대해 『철학의 빈곤』으로 비판. 여기에서 계급투쟁의 진행이 경제학을 속류화시키고 있다고 주장하였고, 숙명론자·낭만파·인도주의자·박애주의자를 비판하면서 자본주의의 필연적인 운동법칙을 밝힐 것과 프롤레타리아를 위한 실천을 강조하였음.

● 1848년

1월: 엥겔스와 함께 『공산당선언』 완성. 자본주의의 역사적 성과를 찬양하면서 동시에 자본주의가 공황과 노동자 계급 때문에 붕괴될 것이라 예측.

2월: 프랑스 2월 혁명이 발발하여 유럽 전체로 확산됨.

3월: 벨기에 정부로부터 추방 명령을 받고 가족과 함께 프랑스에 도착.

4월: 쾰른에 와서 《신라인신문》을 창간해 대표 편집인이 됨.

5월 31일: 《신라인신문》 제1호 출판.

● 1849년

5월 9~16일: 《신라인신문》이 정부의 폭력적 전복을 주장한다는 이유로 프러시아 정부로부터 추방 명령을 받음.

5월 18일: 《신라인신문》의 폐간호 발행.

● **1851년**

1~6월: 대영박물관 열람실에서 경제학을 연구하기 시작함.

8월: 《뉴욕 데일리 트리뷴》의 유럽 주재 특파원으로 임명받아 1862년까지 기고함.

● **1857~1858년**

『정치경제학 비판 요강』을 위한 원고를 씀.

● **1861~1863년**

『잉여가치학설사』 세 권의 원고를 씀.

● **1864년**

9월 28일: 제1인터내셔널이 창설됨. 마르크스는 준비과정에서는 아무런 역할을 하지 않았고, 런던 망명자 사회와 차티스트운동에서 알려진 사회주의학자·저작자로 초청됨. 32명의 임시중앙위원회 위원 중 독일을 대표하는 사람으로 선출됨.

10~11월: 임시중앙위원회에서 제1인터내셔널의 규약과 원칙에 관해 논의하고 마르크스가 초안한 것을 채택함.

● **1865년**

12월:『자본론』세 권 전체의 초고가 완성됨.

● **1866년**

9월 3~8일: 제1인터내셔널 제1차 총회가 제네바에서 열림. 8시간 노동일이 제의됨.

● **1867년**

9월 14일: 『자본론』 제1권 출간. 마르크스는 독일어 초판(1867년), 독일어 제2판(1873년), 프랑스어판(1872~1875년)을 스스로 출판했으며, 그가 죽은 뒤 엥겔스가 독일어 제3판(1883년), 영어판(1886년), 독일어 제4판(1890년)을 출판함.

● **1871년**

3월 18일~5월 28일: 노동자 계급이 독불전쟁의 패배, 파리의 공백기를 틈타 프롤레타리아 독재를 실시하기 위해 파리코뮌을 세움.
9월 9~22일: 제1인터내셔널 런던총회에서 마르크스는 무정부주의자들(바쿠닌주의자와 프루동주의자)과 노동조합주의자들을 비판하는 일련의 결의를 제안하면서, 프롤레타리아가 정치투쟁을 전개해 정치권력을 장악해야 하며 각국에 독립적인 노동자정당을 건설해야 함을 강조함.

● **1875년**

5월: 라살 독일노동당과 아이제나흐 사회민주노동당이 합당하기 위해 만든 고타강령 초안을 비판. 공산주의가 '능력에 따라 일하고 노동에 따라 분배한다'는 낮은 단계로부터 '능력에 따라 일하고 필요에 따라 분배한다'는 높은 단계로 이행하는 것을 지적함.

● **1881년**

12월 2일: 부인이 암으로 죽음.

● **1883년**

3월 14일: 런던에서 사망. 슘페터와 케인스가 태어난 해. 런던의 북쪽 하이게이트 동네의 공동묘지에 묻힘.

• 단행본

김수행, 「『들어라 양키들아』로 처음 만난 마르크스」, 고은 외 공저, 『내 인생의 책들』, 한겨레신문사, 1995

＿＿＿, 『마르크스/슘페터/케인즈』, 중앙일보사, 1984

＿＿＿, 『새로운 사회를 위한 경제 이야기』, 한울출판사, 2008

＿＿＿, 『알기 쉬운 정치경제학』(제2개정판), 서울대학교출판부, 2008

＿＿＿, 『자본론 연구 1』, 한길사, 1988

＿＿＿, 『자본론의 현대적 해석』(제2개정판), 서울대학교출판부, 2008

＿＿＿, 『자본주의 경제의 위기와 공황』, 서울대학교출판부, 2006

＿＿＿, 『정치경제학원론』, 한길사, 1988

＿＿＿, 『정치경제학 에세이』, 새날, 1991

＿＿＿, 『경제학개론』, 비봉출판사, 1992

＿＿＿, 『정치경제학 특강』』, 새날, 1993

＿＿＿, 『21세기 정치경제학』, 새날, 1998

＿＿＿, 『한국에서 마르크스주의 경제학의 도입과 전개과정』, 서울대학교출판부, 2004

김수행 외 11명 공저, 『거꾸로, 희망이다, 혼돈의 시대, 한국의 지성 12인에게 길을 묻다』, ㈜참언론 시사N북, 2009

김수행 외 5인 공저, 『유럽의 제노포비아』, 문화과학사, 2006

김수행 외 6명 공저, 『행복경제 디자인, 세상을 바꾸는 상상력』, ㈜아리수에듀, 2009

김수행 편저, 『청년을 위한 경제학 강의』, 한겨레신문사, 1998

김수행·김공회, 『한국의 좌파경제학자들』, 서울대학교출판부, 2005

김수행·박승호, 『박정희 체제의 성립과 전개 및 몰락: 국제적·국내적 계급관계적 관점』, 서울대학교출판부, 2007

김수행·신정완 편, 『자본주의 이후의 새로운 사회』, 서울대학교출판부, 2007

＿＿＿＿＿＿＿, 『현대마르크스경제학의 쟁점들』, 서울대학교출판부, 2002

루돌프 힐퍼딩, 김수행·김진엽 공역, 『금융자본』, 새날, 1994

마코토 이토, 김수행 역, 『가치와 공황: 일본의 마르크스주의 경제학』, 비봉출판사, 1988

벤 파인·로렌스 해리스, 김수행 역, 『현대정치경제학 입문』, 한울, 1985

애덤 스미스, 김수행 역, 『국부론』(상·하, 개역판), 비봉출판사, 2007

앤드류 글린, 김수행·정상준 공역, 『고삐 풀린 자본주의: 1980년 이후』, 필맥, 2008

앤드류 글린·필립 암스트롱·존 해리슨, 김수행 역, 『1945년 이후의 자본주의』, 동아출판사, 1993

요한 모스트, 오타니 데이노쓰케 역, 『자본론입문』, 대월서점, 2009

카를 마르크스, 김수행 역, 『자본론 Ⅰ』(2015 개역판), 비봉출판사, 2015

＿＿＿＿＿＿＿＿＿＿＿＿＿, 『자본론 Ⅱ』(2015 개역판), 비봉출판사, 2015

＿＿＿＿＿＿＿＿＿＿＿＿＿, 『자본론 Ⅲ』(2015 개역판), 비봉출판사, 2015

카를 마르크스·프리드리히 엥겔스, 최인호 외 공역, 『자본론』(1-6권), 박종철출판사, 1991~1997

• 논문

김수행, 「9·11 제1주년을 맞이하여」, 《진보평론》, 14, 현장에서미래를, 2002

＿＿＿, 「경제개혁의 체계적 성격」, 《경제학연구》, 42(1), 한국경제학회, 1994

＿＿＿, 「고전적 마르크스주의의 옹호」, 《사회경제평론》, 28, 2007

＿＿＿, 「공황이론의 확대와 심화에 노력하자」, 《진보평론》, 39, 2009

＿＿＿, 「국민국가는 여전히 중요하다」, 《역사비평》, 58, 역사연구회, 2002

＿＿＿, 「국부론과 자본론의 이론적 계승과 단절」, 《이론》, 9, 1994

＿＿＿, 「그룬트리쎄의 공황론」, 《마르크스주의연구》, 제5권 제1호, 2008

＿＿＿, 「김대중 정부의 구조조정 비판」, 《경제논집》, 39(3/4), 2000

＿＿＿, 「나의 삶, 나의 학문」, 《사회경제평론》, 29(2), 2007

＿＿＿, 「독일수정주의논쟁: 베른슈타인, 카우츠키, 룩셈부르크」, 《사회와 사상》, 창간호, 한길사, 1988

＿＿＿, 「독점이론에 대한 힐퍼딩의 공헌」, 《경제논집》, 34(1), 1995

＿＿＿, 「로자 룩셈부르크가 작성한 확대재생산표식의 문제점」, 《마르크스주의연구》, 제5권 제4호, 2008

______, 「베네수엘라의 '21세기형 사회주의'?」, 《마르크스주의연구》, 제4권 제2호, 2007

______, 「사회주의와 화폐」, 《진보평론》, 30, 2006

______, 「세계대공황」, 구본호·정운영 외 저, 『20세기 경제: 100년을 읽는 22가지 keyword』, 중앙일보 이코노미스트, 2000

______, 「영국 노동당 100년의 역사」, 《다리》, 복간 제2호, 2000

______, 「영국 노동당 정부(1974-79년)의 신자유주의: 원인과 결과」, 《진보평론》, 37, 2008

______, 「영국 신보수주의의 경제적 귀결」, 《이론》, 13, 1995

______, 「우경화의 꽃이 만발하고 있다」, 《진보평론》, 28, 2006

______, 「자본론에서 볼 수 있는 자본주의 이후의 경제체제」, 《마르크스주의연구》, 3(2), 2006

______, 「자본론은 왜 불완전한가」, 《이론》, 4, 1993

______, 「자본론의 연구방법에 관한 일본의 논쟁」, 《마르크스주의연구》, 1(2), 경상대학교 사회과학연구원, 2004

______, 「자본의 세계화 경향에 관한 일 고찰」, 《경제논집》, 35(2/3), 1996

______, 「총선 결과를 진보운동의 새로운 계기로 활용하자」, 《진보평론》, 20, 2004

______, 「케인스의 자본주의 분석과 경제정책 비판」, 《마르크스주의연구》, 제6권 제2호, 2009

______, 「케인스주의에 대한 마르크스주의적 비판」, 《마르크스주의연구》, 3(1), 2006

______, 「현재의 장기불황과 마르크스의 공황론」, 《진보평론》, 29, 2006

김수행·이강국, 「최근 미국 신경제의 호황과 불황」, 《경제논집》, 40(2/3), 2001

김수행·장시복·정혁, 「1970년대 이후 장기불황과 자본의 대응」, 《경제논집》, 41(3), 2002

김수행·조복현, 「한국의 경제공황과 아시아모델」, 《사회경제평론》, 13, 한국사회경제학회, 1999

이상헌, 「노동과 복지: 보편적 권리로서의 기본소득 보장」, 김수행·신정완 편, 『자본주의 이후의 새로운 사회』, 서울대학교출판부, 2002

용어

ㄱ

가격 28, 51, 52, 73~78, 96~108,
117, 136, 137, 189, 196, 209, 256,
257, 276, 288, 289, 294, 295, 311
가격혁명 76, 105
가변자본 155~159, 194, 243~247,
253~261, 269, 278
가변자본팽창률 261
가사노동 142, 216, 217
가치 83, 86~107, 116~118, 138~167,
214~235
가치증식 129, 131, 132, 164, 219,
239, 251, 262, 264, 268, 273, 287,
310, 311, 314
가치증식과정 129, 150, 154, 156
가치창조과정 154
가치형성과정 150
가치형태 94~96
결사적인 도약 103
경상가격 256
경제 위기 11, 35, 52, 53, 59, 107,
275~277, 283~288, 306, 310
경제인 63, 64
경제적 토대 54, 55
경제주의 240, 323
계급투쟁 6, 16, 35, 50, 56, 240,
295, 323
계획경제 52, 61, 205, 315

고정자본 156~158, 212, 224
곡물법 169
공동노동 314
공산주의 6, 9, 32~35, 43, 49, 115,
120, 145, 210, 322, 325
공산주의자 연맹 35
공유지 73, 76
공장법 168, 169, 180, 182, 184
공황 11, 27, 35, 52, 53, 59, 82, 102,
110, 275, 277, 283~291, 306~314
과잉생산 52, 86, 102, 103, 284,
288, 311, 314
교환가치 87, 94, 153, 197
교환과정 70, 93, 94, 135, 136, 139,
146
교환관계 54, 55
구빈원 74, 75
국가독점자본주의 205
국제노동절 182, 183
국제통화기금 115, 293
균형가격 100
금융공황 13, 26, 116, 215, 228
299, 303
금융위기 300, 302
금융자본 17, 132, 134, 215, 228,
277
금융자본가 11, 16, 26, 29, 59, 60,
134, 227, 299
금화 93, 107, 110~117
기계제 대공업 200, 201, 206, 207,

자본론을 읽는 시간

초판 1쇄 2026년 4월 6일

지은이 | 김수행
정리 | 박도영
펴낸이 | 송영석

편집장 | 박신애 **기획편집** | 최예은 · 이나연 **디자인** | 박윤정 · 유보람
마케팅 | 김유종 · 한승민 **관리** | 송우석 · 전지연 · 채경민

펴낸곳 | (株)해냄출판사
등록번호 | 제10-229호
등록일자 | 1988년 5월 11일(설립일자 | 1983년 6월 24일)

04042 서울시 마포구 잔다리로 30 해냄빌딩 5 · 6층
대표전화 | 326-1600 **팩스** | 326-1624
홈페이지 | www.hainaim.com

ISBN 979-11-6714-147-7

파본은 본사나 구입하신 서점에서 교환하여 드립니다.

Karl Marx